가장 어두운 심연에서
최고의 기회가 찾아올 겁니다

박종훈

시장이 한쪽으로 쏠릴때,
그때가 가장 귀현합니다

홍춘욱

밀레니얼 이코노미

밀레니얼 이코노미

밀레니얼 세대의 한국 경제, 무엇이 달라지고 어떻게 돌파할 것인가

초판 1쇄 2019년 10월 28일
초판 11쇄 2020년 11월 2일

지은이 | 홍춘욱·박종훈
발행인 | 문태진
본부장 | 서금선
책임편집 | 김예원 편집2팀 | 김예원 정다이 김다혜
디자인 | this-cover.com 교정 | 윤정숙

기획편집팀 | 김혜연 이정아 박은영 오민정 허문선 송현경 박지영   저작권팀 | 정선주
마케팅팀 | 김동준 이주형 김혜민 김은지 정지연   디자인팀 | 김현철
경영지원팀 | 노강희 윤현성 정헌준 조샘 김기현 최지은
강연팀 | 장진항 조은빛 강유정 신유리

펴낸곳 | ㈜인플루엔셜
출판신고 | 2012년 5월 18일 제300-2012-1043호
주소 | (06040) 서울특별시 강남구 도산대로 156 제이콘텐트리빌딩 7층
전화 | 02)720-1034(기획편집) 02)720-1024(마케팅) 02)720-1042(강연섭외)
팩스 | 02)720-1043   전자우편 | books@influential.co.kr
홈페이지 | www.influential.co.kr

ⓒ 홍춘욱·박종훈, 2019
ISBN 979-11-89995-39-3 (03320)

MILLENNIAL
ECONOMY

밀레니얼 세대의 한국 경제,
무엇이 달라지고 어떻게 돌파할 것인가

밀레니얼 이코노미

홍춘욱·박종훈 지음

INFLUENTIAL
인 플 루 엔 셜

"2020년 이후 전 세계에서 밀레니얼 세대는
가장 많은 인구 수를 차지할 것이며, 소비와 노동 모두에서
가장 높은 비중을 차지하게 된다.
밀레니얼 이코노미는 이미 시작된 미래다!"

차례

프로젝트를 시작하며   10

Chapter 1.   **한국의 밀레니얼은 왜 이토록 힘들어졌을까**   19

역사상 최초로 부모보다 가난한 세대의 탄생?   21

기술이 노동생산성을 압도하는 시대로의 전환   25

[issue talk 1] 두 이코노미스트가 경험한 밀레니얼 후배들   30

문제는 철 지난 경제구조다   34

Chapter 2.   **밀레니얼의 일자리는 어디로 갔을까: 세대교체 지연**

                                                                           43

노동시장의 세대교체가 더딘 까닭   46

일자리 미스매치: 공대생은 부족하고 문과생은 남아도는 현상   54

[issue talk 2] 미국도 '문송'의 예외 지역이 아니다   65

노동시장의 새로운 변수: 외국인 노동자의 급증   68

대기업과 스타트업, 일자리 창출의 비중   72

[issue talk 3] 대기업은 왜 부동산에 투자하는가   75

그럼에도 밀레니얼은 왜 퇴사하는가   79

Chapter 3. **경제구조는 어떻게 재편될까: 기술 혁신과 일자리 변동**

87

기술은 국내 산업 전망을 어떻게 바꾸고 있나   92

10년 뒤 가장 유망한 일자리는?   106

제조업 | IT 산업 | 금융업 | 교육 산업 | 유통업

2020년 이후, 정부의 일자리 정책은 어디로   109

정부의 씀씀이가 더욱 중요해진다   115

Chapter 4. **밀레니얼 이코노미의 떠오르는 쟁점들**   125

스타트업은 새로운 엔진이 될 수 있을까   128

일하고 돈 버는 패턴의 변화: 긱 경제와 플랫폼 노동자들   134

공유경제, 소비와 생산의 신대륙   139

그들은 왜 연대하지 않을까: 노동조합의 미래   143

노동시장의 유연화와 높은 임금이 초래하는 일들   147

Chapter 5.   **돈이 모이지 않는 밀레니얼: 소비와 저축**   155

본질은 소득 감소가 아니라 자산 감소   158

목돈 마련은 왜 힘들어졌을까   162

밀레니얼 소비에 대한 착시   166

각개취향의 시대, 슈퍼스타의 탄생   172

저축도 적게 하는 건 아니다   178

[issue talk 4] 밀레니얼 세대도 노후에 국민연금 받을 수 있을까   185

돈을 불리는 삼각 포트폴리오   190

Chapter 6.   **밀레니얼, 재테크 어떻게 해야 할까: 부동산과 투자**

197

여전히 집만 한 재테크가 없다   201

2020년 이후 집값 상승은 둔화될까   206

시장과 정부의 엇박자 속 내 집 마련 전략   216

[issue talk 5] 밀레니얼을 위한 서울 아파트 공략 가이드   227

청약제도는 어떻게 로또가 되었나   232

밀레니얼이 부동산시장에서 밀려나고 있는 까닭   235

[issue talk 6] 우리도 유럽식 장기 모기지 모델을 도입할 수 있을까   241

과연 가계부채는 위험한가   245

금리와 환율, 그리고 장기 투자 전략   250

고수익 투자 상품의 유혹   259

밀레니얼은 기업의 미래를 바꿀 수 있을까   265

Chapter 7.   '58년 개띠' 세대의 은퇴와 부의 대물림   279

'58년 개띠'는 왜 임대사업자가 되었을까   281

양극화와 '금수저' 밀레니얼의 탄생   288

소득 크레바스와 피할 수 없는 정년 연장   293

연금 고갈, 최악의 시나리오를 넘어   301

[issue talk 7] 밀레니얼이 벤치마킹하면 좋을 국민연금의 자산운용 전략   308

주   315

밀레니얼에 의한,
밀레니얼의 경제 패러다임이 온다

한국 경제는 최근 대외적 환경의 급변뿐만 아니라 대내적 체질의 다채로운 변화를 겪고 있다. 그중 가장 눈에 띄는 것은 1958년생을 대표로 하는 '58년 개띠' 베이비붐 세대의 선두주자가 은퇴 연령에 도달한데다, IT 혁명의 수혜를 입은 새로운 세대, 즉 밀레니얼 세대가 전면에 부상하고 있다는 점이다.

다양한 정의가 있겠지만, 통상 밀레니얼 세대는 1981~1996년에 탄생한 이들을 의미한다.[1] 전 세계적으로 이제 이들이 노동시장에서 가장 높은 비율을 차지하고 있고, 소비 구매력의 관점에서도 핵심이 되어가고 있다.[2] 이렇게 밀레니얼 세대가 소비, 생산, 투자, 고용의 주축이 되는 경제구조를 '밀레니얼 이코노미millennial economy'라 부른다. 당연히 한국에서도 이러한 변화에서 예외일 수 없다.

그런데 한국에서는 '88년 용띠'를 대표 격으로 하는 이 세대의 시장 진입은 물론, 소비·투자·고용 부문에서의 활약도 녹록지 않아 보인다. 오히려 언론에서는 '역사상 최초로 부모보다 가난한 세대가 탄생했다'라는 자조 섞인 분석을 내놓을 정도다.[3] 분명 이들은 우리 역사상 가장 똑똑하고 풍족하게 자라난 세대다. 가방끈도 길고, 해외 경험도 많다. 그러나 취업은 어렵고, 소득이 낮으니 미래를 준비할 여력이 없다. 그들은 결혼도 적게 하고 출산도 거부한다. 이것은 단순히 특정 개인의 취향이나 선택의 문제가 아니다.

결론부터 말하자면, 밀레니얼 세대의 실질소득 수준이 이전 세대들에 비해 결코 낮은 것은 '아니다'. 그럼에도 살기가 힘들어졌다. 밀레니얼 세대의 자산 부족은 전 세계적 흐름[4]과 유사하면서도 다분히 한국적인 특수성이 감지되는 영역이다. 여기에 한국 경제가 앓는 구조적인 문제들이 켜켜이 숨어 있다. 대체 어디서부터 어떻게 잘못된 것일까? 이들은 어떻게 이 위기를 돌파해나가야 할까?

더 이상 '우리 때' 경험으로
밀레니얼 이코노미를 예견하지 말라

박종훈　　　　앞으로 밀레니얼 세대가 살아갈 경제 환경은 과거의 고성장 시대와는 크게 달라진, 저성장 시대일 겁니다. 경제 성장의 속도가 지금처럼 빠르게 더뎌지면 과거 기성세대가 누렸던 수많은 성공의 기회가 급격히 줄어들죠. 또 다른 문제는 고령화에 있습니다. 평균 수명이 늘어난 탓에 미처 노후 준비를 하지 못한 기성세대는 법과 제도까지 바꾸어가며 은퇴를 늦추고 있거든요. 그 결과 노동시장의 세대교체가 지연되면서 밀레니얼 세대의 취업난은 더욱 가중되고 있죠.

이 모든 난관을 뚫고 온갖 노력 끝에 좋은 직장에 취직한다고 해도 밀레니얼 세대는 자산을 형성하기가 쉽지 않습니다. 이미 앞선 세대가 부동산 등 각종 자산 가격을 끌어올려놓은 바람에 아예 자산시장에 진입하는 것조차 쉽지 않기 때문이죠. 이처럼 달라진 환경에도 불구하고 기성세대는 여전히 밀레니얼 세대에게 과거 자신의 경험을 토대로 미래를 예견합니다. 하지만 시대의 패러다임이 바뀌고 있는 지금과 같은 시기에 과거의 경험만을 토대로 미래를 내다보는 것은 너무나 위험합니다. 베이비붐 세대에게도 결국 위험한 부메랑이 되어 날아올 거예요.

지금은 부와 자산시장의 거대한 변화를 앞둔 임계의 시대입니다. 이런 상황에서 과거의 경험만으로 미래를 예측했다가는 큰 낭패를 보게 됩니다. 특히 우리는 이전에 한번도 경험하지 못한 새로운 길을 가고 있기 때문에 기성세대의 과거 경험이 오히려 독이 될 수도 있죠.

이 때문에 새로운 경제 패러다임, 밀레니얼 이코노미를 살아가기 위한 안내서가 그 어느 때보다 필요해 보였습니다. 하지만 워낙 거대한 변화가 시작된 탓에 한쪽만의 생각으로 미래를 예단하는 것보다는 비슷한 고민을 하는 다른 전문가와 함께 고민해보는 것이 더 낫겠다는 생각이 들었죠. '밀레니얼 이코노미' 프로젝트는 그렇게 가동을 시작했습니다.

공저자를 찾기 시작한 순간 누구보다도 가장 먼저 떠오른 전문가는 바로 홍춘욱 박사님이었어요. 홍 박사님은 놀랍도록 방대한 데이터를 지녔을 뿐만 아니라 이를 정확히 해석해줄 식견을 가진 최고의 전문가인데다, 저와는 다른 시각을 갖고 있었기 때문에 다양성을 확보하는 데는 최고의 파트너라는 생각이 들었습니다. 게다가 홍 박사님은 제가 진행하던 KBS1라디오 〈박종훈의 경제쇼〉에 출연하면서 저와 다양한 의견을 나누어왔기 때문에 이미 인연이 있었거든요. 다행히 홍 박사님도 흔쾌히 공저를 수락해주었고, 덕분에 밀레니얼을 위한 경제 안내서를 표방한 이 프로젝트를 성사시킬 수 있었습니다.

거의 30년 넘게 금융권과 언론계를 넘나들며 한국 경제를 분석해온 우리는 밀레니얼 세대라는 공통의 화두를 중심으로 2020년 이후의 우리 경제를 허심탄회하게 논의하기로 했다. 이미 여러 미디어 인터뷰와 저서를 통해 때로는 상반된 입장에서 한국 경제의 위기를 진단하고 미래를 예측해온 우리가 공통적으로 염려하고 있는 세대가 바로 밀레니얼이었기 때문이다. 이 문제의식에 의기투합한 우리가 뜨거운 여름날에 진행한 대담은 시종일관 흥미진진했다. 때로는 격렬하게 평행선을 달리기도 했고, 또 적지 않게 서로의 분석에 감탄하기도 했다.

밀레니얼 세대의 냉혹한 현실에 대해 꺼내놓은
솔직 대담한 논쟁들

홍춘욱　　　제가 박종훈 기자님과 책을 쓰기로 결심한 데에는 두 가지 이유가 있었습니다. 첫째, 박 기자님은 합리적인 근거를 제시하는 저널리스트이자 이코노미스트로서, 종종 제가 놓치거나 간과한 부분을 날카롭게 파고들며 토론하는 즐거움에 빠지게 해준 카운터파트너였습니다. 이미 라디오 〈박종훈의 경제쇼〉에서 한국 경제 현상을 두고 펼쳐진 우리의 난상토론은 매번 제게 지적 쾌감을 던져주었습니다. "그 지적은 일리가 있습니다. 다만 이런 면도 보면 좋겠죠?"라는 식의 예리하고 명석한 반문은 처음이었거든요. 그랬기에 인플루엔셜 측에서 박종훈 기자님과 밀레니얼 이코노미에 대해 대담을 하고 책을 함께 쓰면 어떻겠느냐고 제안했을 때 흔쾌히 승낙할 수 있었습니다.

이 책을 쓰게 된 두 번째 이유는 바로 제자들이었습니다. 저는 2012년부터 지금까지 숭실대 금융경제학과에서 1년에 한두 과목씩 강의하고 있습니다. 물론 직장생활에 치이다 보니 어떤 학기에는 정중하게 강의를 사양해야 할 때도 있죠. 그러나 학생들에게 제가 아는 지식을 전달하고 그들의 질문을 경청하는 과정은, 특히 강의가 끝난 뒤에 학생들과의 맥주 회동에서 오가던 대화는 참으로 흥미로웠습니다. 그런데 만남이 거듭될수록 대화의 주제가 한 군데로 집중되는 것을 느꼈습니다.

그렇죠. 주제의 거의 90%는 취업과 진학 문제였습니다. 금융권에 취직하기 위해서는 어떤 수업을 듣는 것이 나은지, 앞으로 사람을 많이 뽑을 직무는 어느 쪽인지. 아무리 4학년 전공 수업이었다고는 하지만 대화의 주제가 너무 편향되어 있다는 생각을 감출 수가 없더군요. 물론 그 이유는 너무나 자명했죠. 2030세대의 실업률이 10%에 육박하고, 무려 200만 명이 넘는 젊은이들이 매년 공무원과 공사시험에 몰두하는 상황에서 '캠퍼스의 낭만' 따위는 사치에 불과했을 테니까요.

그럴 때마다 제가 몇 가지 이야기를 들려주었는데요, 먼저 당신들의 잘못으로 이런 어려움이 생긴 것은 아니라는 것. 그리고 밀레니얼 세대의 취업난은 수요 쪽의 문제뿐만 아니라 공급 사이드의 문제에 기인하는 측면이 크다는 것. 이번 책은 그날의 맥주 회동에서 길게 설명해주지 못했지만 꼭 한번은 제대로 들려주고 싶었던, 이 세대를 위한 경제 수업 번외편을 담고 있다고 보아도 좋겠습니다.

몇 차례의 대담을 통해 우리가 현재의 한국 경제 상황에 대해 내놓은 진단은 '지연된 밀레니얼 이코노미delayed millennial economy'였다. 이전 세대가 해결하지 못한 채 끌고 온 여러 구조적 문제들 때문에 밀레니얼 세대가 주체적인 역할을 담당하지 못하고 있는, 즉 세대교체를 이루지 못하고 있는 상태라는 뜻이다. 아무도 '그래서 다음 성장 동력이 무엇인가'에 대해 명쾌한 대답을 내놓지 못하는 시대, 결국 이 모든 사태의 파장은 고스란히 밀레니얼 세대에게 몰아친다.

2020년 이후의 한국 사회와 밀레니얼 세대는 이전 세대가 남겨둔 경제구조, 산업, 노동, 소비, 투자의 여파들을 고스란히 맞닥뜨리게 될 것이다. 그리고 호황을 누렸던 은퇴 세대인 '58년 개띠'들 역시 이 여파들로부터 자유롭지 못할 것이다.

이 책은 밀레니얼 세대를 위한 종합적인 경제 안내서다. 이 책을 통해 우리는 한국 경제의 민낯을 파헤침과 동시에 2020년 이후 한국 경제의 변화 양상을 예측했다. 더불어 밀레니얼 세대가 이 상황을 돌파하기 위해 무엇을 대비해야 할지도 제시하려 애썼다. 밀레니얼 세대가 경험할 새로운 경제 환경의 큰 그림은 물론, 그들에게 가장 직접적으로 다가올 일자리와 부동산시장을 비롯하여 소비와 투자 부문, 정년 연장과 부의 대물림, 부모들의 은퇴 경제 예측까지 총망라하고 있다.

물론 뭔가 뾰족한 '정답'을 원한 독자들이라면 우리가 제시한 조언들이 만족스럽지 않을 수도 있다. 그러나 한국 경제가 처한 각종 문제의 구조적 원인을 탐색하고 명확하게 현실을 직시하는 일이 그에 못지않게 중요하다고 생각했다. 그리고 그 연장선에서 나름의 해결책을 제시했다.

책 한 권으로 미래를 조망하는 것은 쉬운 일이 아니지만 이 책이 밀레니얼 세대에게 미래를 준비하고 대비하게 해줄 아주 작은 등불이라도 될 수 있기를 희망한다. 또 이들의 부모 세대인 50~60대 독자들에게도 탄탄한 노후 준비를 위한 경제 나침반 역할을 할 수 있기를 기대한다.

끝으로 필자들의 대담 내용을 알기 쉽게 정리하고 또 조언해준 인플루엔셜 김예원 팀장에게도 감사하다는 말씀을 전하고 싶다.

홍춘욱·박종훈

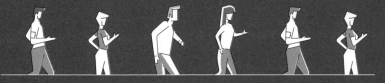

Chapter 1

한국의 밀레니얼은 왜 이토록 힘들어졌을까

— 다수의 언론에서 밀레니얼 세대를 두고 '역사상 최초로 부모보다 가난한 세대가 탄생했다'고 분석했다. 한국의 밀레니얼 세대는 왜 이토록 취업하기도, 결혼하기도, 집 사기도 힘들어진 것일까. 정말 그들은 이전 세대보다 가난해졌나? 그렇다면 그 원인은 무엇이라고 볼 수 있을까.

역사상 최초로 부모보다 가난한 세대의 탄생?

박종훈　　　간단한 질문부터 시작해보죠. 현재 한국의 밀레니얼 세대는 정말 '역사상 최초로 부모보다 가난한 세대'일까요? 데이터로만 따져보면 그렇지는 않습니다. 1인당 국민소득을 살펴봐도 밀레니얼 세대가 이전 세대들에 비해 평균적으로 실질소득이 적은 편이 아니거든요. 실제로 가구주가 39세 이하인 가구의 2019년 1분기 가구소득은 2010년 1분기에 비해 32% 늘어났습니다.[1] 같은 기간, 경제활동의 정점기에 있는 40대 가구주의 가구 소득도 32% 늘어난 점을 감안하면 특별히 밀레니얼 세대의 소득 증가 속도가 앞선 세대보다 못하다고 보기는 어렵습니다. 그런데 왜 이렇게 힘들다고 느끼는 걸까요?

단순하게 설명해보겠습니다. 우선 밀레니얼 이전 세대는 취업이 어렵지 않았습니다. 게다가 제가 회사에 입사했던 시절만 해도 정보통신기술 같은 특정 분야에 전문성이 있는 선배들이 거의 없었습니다. 그만큼 저희 이전 세대들의 지식 베이스가 얕았던 거죠. 그래서 어디든 들어가서 몇 년만 회사 생활을 열심히 하면 일 잘하는 직원으로 충분히 인정받을 수 있었습니다. 또 은행 이자율이 높았기 때문에 취직해서 한 푼 두 푼 적금을 들면 부부가 집 한 채 사는 것이 그리 어렵지 않았고요.

그러나 지금은 아닙니다. 취업도, 자산 축적도, 노후 준비도 뭐 하나 쉬워 보이는 게 없습니다. 이것에 대해서는 전 세계적인 숙련편향적 기술 시대의 도래 혹은 지식 기반 경제로의 전환이라는 거대한 경제 흐름의 변화, 그리고 수십 년간 한국 경제에 누적되어오다가 이제 청년층에게 일방적으로 불리하게 작동하고 있는 불합리한 구조 등 두 가지를 원인으로 들 수 있습니다.

홍춘욱　　　　네. 대체 무슨 일이 벌어져왔던 건지 차근차근 살펴봅시다. 먼저 한국 경제가 지난 30년간 얼마나 달라졌는지부터 알아보죠. 1인당 국민소득 통계가 적절하지 않다고 이야기하시는 분들이 많지만 그럼에도 여기서는 이 통계를 활용하겠습니다.

'58년 개띠'의 자녀 세대가 밀레니얼이고 그 중위값이 '88년 용띠'입니다. 서로 딱 30년 차이가 나는 세대들이죠. 밀레니얼 세대가 초등학교나 중학교에 다닐 즈음인 2000년에 우리나라의 1인당 국민소득이 1만 2,000달러였습니다. 그리고 2008년 글로벌 금융위기 때 상당히 나빠졌다가 다시 회복되어 2018년 1인당 국민소득이 3만 1,349달러에 이릅니다. 2000년 이후 20년 만에 우리나라는 거의 3배 정도 잘살게 되었다고 말해도 무방하겠죠. 그냥 단순하게 말하면

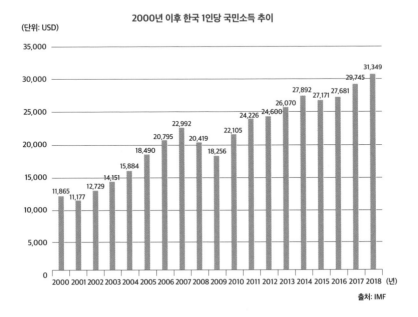

2000년 이후 한국 1인당 국민소득 추이

(단위: USD)

출처: IMF

그렇다는 겁니다. 그런데 우리가 정말 3배 정도 잘살게 되었는가에 대해서는 동의하기 힘든 분들도 많을 거예요. 왜 그럴까요?

아래는 우리나라 근로자 1인의 생산성 변화를 나타낸 그래프입니다. 2000년에 근로자 1인당 3만 2,000달러 정도를 생산했어요. 그러다 2018년이 되면 물가를 감안하여 5만 1,000달러 이상을 생산해내죠. 이 수치는 한국 경제의 성장 기반이 인구 증가나 자본 증대가 아니라, '생산성 향상'이었음을 의미합니다. 즉 2000년부터 2018년까지 거의 20년간 우리 근로자 1인의 생산성이 꾸준히 2~3%씩 증가해서 이제는 160% 수준이 되었다는 거죠.

이런 급격한 생산성 증가에 발맞춰, 교육 수준도 높아졌습니다. 따라서 회사생활을 하면서 생산성 향상을 위한 노력을 게을리한 사람들, 특히 1990년대 후반에 시작된 정보통신혁명을 제때 따라가지 못한 사람들은 새로 입사한 직원보다 생산성이 낮을 수도 있

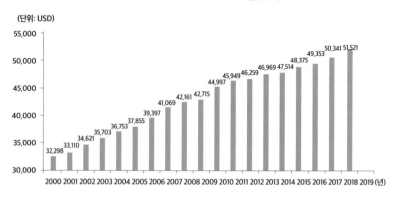

국내 1인당 생산성 변동 추이 (2010년 불변가격)

(단위: USD)

출처: 국제노동기구(ILO)

습니다. 물론 이게 무조건 좋은 일은 아닙니다. 이건 뒤에서 설명 드리겠습니다.

아무튼 이런 성장 단계에 있는 국가에서는 선배 직원보다 후배 직원이 더 똑똑할 수도 있습니다. 제 경우를 예로 들어보죠. 저도 박 기자님처럼 처음 사회에 진입했을 때인 1990년대 초에는 회사에서 '홍엑셀'로 불렸습니다. 그리고 회사 컴퓨터에 문제가 생기면 다들 "홍엑셀!"을 찾았지요(웃음). 신입들은 평균 2~3년 차만 되어도 일의 숙련도가 높아져요. 입사 20년 차인 관리자들이 쌓아온 생산성이나 지식의 레벨이 몇 년이면 추격 가능한 상태였던 거예요.

특히 IT 산업의 경우에는 단 몇 해만 지나도 천지개벽 수준으로 발전했죠. 인터넷으로의 전환이 가속화되고 새로운 기술 혁신이 이루어지기 시작할 때는 이렇듯 적응이 빠른 청년 노동자들이 유리했어요. 그래서 저희 세대가 굉장히 운이 좋은 세대였다고 이야기들 하시는 거죠.

기술이 노동생산성을 압도하는 시대로의 전환

홍춘욱 그런데 밀레니얼 세대가 사회에 진입한 최근에는 기술 혁신의 속도가 사람을 압도하기 시작했어요. 지난 20~30년 간 저희 세대가 축적해온 지식과 생산성을 현재의 세대가 따라잡기 힘들어진 거예요. 학계에서는 이런 시대를 '숙련편향적 기술 진보

Skill-Biased Technical Change·SBTC'의 시대라고 부릅니다. 이 숙련편향적 기술 진보로 인해 기존의 단순노무나 사무직 일자리는 점점 사라지고 정보통신기술[ICT] 분야 등의 고숙련 일자리만 증가하게 됩니다.

정보통신혁명으로 저숙련 노동자들, 특히 일반 사무직이 실직과 임금 하락이라는 피해를 고스란히 받게 되었어요. 2006년 데이비드 오토[David H. Autor] 매사추세츠공대[MIT] 경제학과 교수는 그의 유명한 논문[2]에서 1990~2000년 숙련 수준을 기준으로 양극단의 일자리는 모두 증가하고 중간 단계의 숙련도를 보이는 사무직 일자리만 줄어들었음을 입증했습니다. 실제로 이것이 2000년대 미국 중산층의 붕괴 원인으로 작동했다고도 하죠.

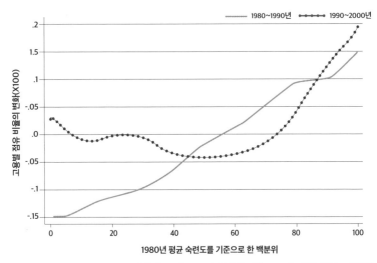

1980~2000년 미국 노동자들의 숙련도에 따른 일자리 점유율의 비율 변화

출처: Census Integrated Public Use Microsamples 1980, 1990, and 2000

증권 업계만 봐도, 예전에는 경영학과나 경제학과 출신을 많이 뽑았지만 지금은 공과대 출신을 굉장히 선호해요. 파이썬, R 같은 통계 프로그램과 프로그래밍 언어를 사용할 줄 알면 기업에서 앞다투어 데려간다는 말이죠. 이런 분들이 가는 대기업, 금융권, IT 기업들은 20년 전에 비해 생산성이 엄청나게 높아졌고, 당연히 연봉도 높겠죠. 그런데 이런 분들이 많지는 않아요. 아주 일부죠. 이런 인재가 되려면 준비하고 배워야 하는 것이 너무 많거든요.

예전에는 웬만한 대학의 졸업장만 가지고 있어도 기업을 골라 들어갈 수 있었어요. 그리고 취업에 성공한 이후에는 빠르게 회사 내에서 업무 생산성을 높여갈 수 있었고요. 그런데 이제는 그렇지 않은 시대가 되었습니다. 정보통신혁명에 이어, 4차 산업혁명이 시작되었다는데 왜 한국의 대학 졸업자들은 어려운 세상을 맞이하게 되었을까요? 그 이유는 '공급 과잉'에 있습니다. 1990년대부터 시작된 대학 정원의 확대, 더 나아가 새로운 대학의 설립으로 인해 대학 진학률이 60%까지 치솟았거든요.

그 결과 대졸 임금 프리미엄은 계속 떨어지는 중입니다. 임금 프리미엄이란 고졸자에 비해 대졸자가 얼마나 많은 임금을 받는지를 측정한 것인데 최근에는 30% 이내로 줄어들었습니다. 결국 졸업장보다는 숙련편향적인 기술을 지니고 있는지, 더 나아가 쉽게 습득하는 능력을 가지고 있는지가 중요해진 것이죠.

이렇게 밀레니얼 세대가 사회에 진입하는 시기에 취업의 문이 좁아졌습니다. 더불어 취업 준비 기간과 비용도 높아졌고요. 밀레

(로그임금 차이)

1980~2012년 한국의 대졸자와 고졸자의 임금 격차

출처: 최강식, 조윤애, <숙련편향적 기술 진보와 고용>, 산업연구원, 2013

니얼 세대가 갖는 압박감과 박탈감은 여기에 기인하는 것이죠. 이런 상황에서 이들은 일부 정치인이나 재벌의 특혜 또는 채용 비리 등에 정말 민감할 수밖에 없습니다. 밀레니얼 세대가 그토록 부르짖는 '공정함'에 대한 요구는 이런 맥락에서 이해할 수 있습니다.

밀레니얼 세대는 '58년 개띠'로 대표되는 베이비붐 세대의 자녀 세대로서 역사상 가장 풍요롭게 자라났지만 마찬가지로 가장 치열한 경쟁을 치르는 세대이기도 합니다. 사실상 그들의 부모 세대는 경험한 적이 없는 레이싱을 치르고 있죠. 그래서 이제 갓 사회에 진출한 밀레니얼 세대에게는 국가 전체가 '3배' 더 잘살게 되었다는 사실보다는 눈앞의 냉혹한 경쟁 사회가 더욱 실감나는 것입니다.

그들이 보기에는, 지식 기반 경제로 전환되던 시기에 사회에 진입한 부모 세대, 혹은 저희 같은 2차 베이비붐 세대는 '운이 좋았다'고밖에 생각되지 않는 지점이 있습니다. 그러니 '우리 때는 정말 열심히 했어. 너희들은 그러면 안 돼'라는 소리를 하는 사람은 '꼰대'로 보일 수밖에 없는 것입니다.

두 이코노미스트가 경험한
밀레니얼 후배들

박종훈　　　밀레니얼 세대에 속하는 후배들의 특징을 찾아
보자면, 가장 먼저 떠오르는 것은 '정보력'입니다. 저 같은 경우에
는 입사 10년 차를 지나기까지, 어떻게 하면 승진을 하는지, 어떻
게 하면 회사의 지원으로 해외 연수를 다녀올 수 있는지와 같은
인사제도나 복지 혜택 같은 것을 모르고 살았거든요. 그런데 요새
후배들은 회사에 있는 수많은 유익한 제도들을 빠삭하게 알더라
고요. 빠르게 정보를 입수해 동기들의 SNS나 단톡방 등을 통해 순
식간에 확산시키고요. 솔직히 놀라웠습니다. 본인에게 필요한 정
보를 체득하고 활용하는 능력이 우리 세대보다 훨씬 앞선 것이 아
닌가 하는 생각을 종종 해요.

　　그런데 그보다 제가 경험한 저희 세대와 밀레니얼 세대의 가장
중요한 차이점은 '공정함에 대한 기대 수준'이 높아졌다는 것이

에요. 저희 세대는 다소 부당한 결정들도 조직의 논리라며 허용하던 분위기가 있었는데, 지금 밀레니얼 세대는 그런 것을 거의 허용하지 않죠. 부당한 지시는 따를 수 없는 거고요. 또 자기 자신에 대한 원칙이나 기준도 굉장히 높아진 걸로 보여요. 그러다 보니까 기성세대와 충돌하는 지점이 생긴 거죠.

또 '미래에 대한 마인드'도 달라요. 사실 저희 때는 입사하고 10~20년 동안은 아무도 퇴직 이후의 삶을 걱정하지 않았습니다. 그런데 요새는 입사 5년 차인 후배들이 퇴직 이후를 계획하거나 미래에 대한 장기 계획을 세우더라고요.

마지막으로 가장 확연하게 차이를 보이는 부분은 '혁신에 대한 요구'예요. 밀레니얼 세대는 비효율이 있으면 즉시 문제를 제기하고, '모두 고쳐야 한다'고 이야기해요. 그러면 기성세대는 '조직이 잘 돌아가고 있는데 뭐가 문제라는 거야? (내가 해봐서 아는데) 섣불리 바꾸려다가 조직만 망가져'라고 다르게 생각하는 거죠. 밀레니얼 세대는 자신의 조직이 잘못된 관행을 고치려 하지 않으면 '이 회사는 내가 다닐 만한 곳이 아니구나'라고 생각하고 아무리 어렵게 입사했더라도 곧바로 퇴사해버리곤 하죠. 이 지점에서 기성세대와는 확실한 격차를 보인다고 생각했습니다.

홍춘욱　　　제가 모 대학의 겸임교수로 있다 보니 학생들을 만날 기회가 많습니다. 물론 이 학생들은 밀레니얼 세대보다는 좀 어리죠. 어쨌든 제가 다니는 회사의 후배들과 제가 가르치는 학생들을 살펴보니까 상당히 양극화되어 있더군요. 대체적으로는 취업난, 장기 불황, 미래에 대한 걱정을 굉장히 많이 하고요. 사실 이들은 교육을 굉장히 잘 받은 세대입니다. 유학이면 유학, 연수면 연수, 하다못해 자기계발 측면에서도 적극적인 분들이 많아요. 그래서 굳이 '금수저' 청년들을 언급하지 않아도, 어린 나이에 성공 가도를 달리는 이들도 많죠.

그런데 제가 놓치지 않았으면 하는 것은 그런 교육과 취업, 사회적 발언의 기회들로부터 배제된 청년들도 상당히 많다는 점입니다. 어쩌면 그들이 밀레니얼 세대의 상당 부분을 구성하거든요. 사실 저나 박 기자님은 주로 이미 직장을 잡았거나 좋은 대학을 다닌 후배들과 만나잖아요. 그런데 우리 주변에 있는 '88년 용띠'들만 이야기하다가는 핵심을 놓칠 수도 있겠다는 생각이 들 정도로 자기 목소리를 내지 못하는 청년들도 많더라는 거죠.

그럼에도 제가 경험한 바로는 이 세대는 두 가지 특징이 있습니다. 하나는 앞서 말한 것처럼 교육 수준과 성취욕이 상당히 높다는 점이고, 두 번째는 평등주의적 색채가 강해서 다른 이들에게 뒤처지는 것을 못 견뎌 한다는 것이죠. 그러나 희망 만큼의 성취가 어렵다 보니 현실에 주눅 든 친구들도 많이 보이더라고요. 20대가 연애를 하려면 돈이 필요하겠죠. 그러면 알바를 해야 하는데 동시에 학점도 따야 하잖습니까. 이 고민 저 고민이 많다보니 겉으로 보기엔 진득하지 못하다 싶은 면도 있고요. 불안이 스스로를 갉아먹는 친구들이 꽤 된다는 생각이 들었습니다.

그나마 이 세대에게는 남녀 간의 차이는 별로 없어 보입니다. 제가 남녀 공학인 대학에서 가르치고 있지만, 여학생이라고 조용히 있지는 않더라고요. 오히려 더 목소리가 크고 적극적인 학생들도 많고요. 표현이 조금 그렇습니다만, 그래도 세상이 나아지고 있다는 생각을 조금 해보았습니다.

문제는 철 지난 경제구조다

— 이 세대가 원하는 일자리의 유형은 아무래도 대기업, 그렇지 않으면 공무원 쪽이다. 수많은 '공시족'도 바로 이 세대에 포진해 있다. 그만큼 불안정한 취업 상황을 반영한 결과이기도 하다. 그런데 기업은 또 '뽑을 만한 사람이 없다'는 목소리도 낸다. 여기에는 구조적인 원인이 있어 보인다.

박종훈　　　2019년 현재 우리나라의 전체 실업률은 4.3% 수준입니다. 사실 수치만 보면 다른 나라들에 비해 심각한 수준은 아닙니다. 그런데 문제는 청년 실업률이에요. 청년 실업률이 2019년 3월에 10.8% 수준까지 상승했거든요. 지금까지 전체 실업률과 청년 실업률의 격차가 이렇게까지 벌어졌던 적은 없어요. 2000년에는 청년 실업률이 전체 실업률에 비해 3.7%p 정도 높았는데, 2016년에는 이 격차가 6.1%p로 벌어지면서 사상 최대치를 기록했습니다. 이대로 가다가는 2019년에 또다시 사상 최대치를 경신하게 될까 걱정입니다.[3]

그리고 또 한 가지 문제점은 비정규직 비율이에요. 우리나라 전체로 보자면 비정규직 비율이 최근 15년간 지속적으로 줄었어요. 그런데 청년층만은 비정규직 비율이 굉장히 높아졌어요. 2003년 15~24세 청년의 비정규직 비율은 36%였는데, 지금은 47.1%까지 높아졌거든요. 왜 이렇게 됐을까요? 우리 기성세대는 정규직이라는 울타리로 보호받는 상황에서 새로 늘어난 비정규직 일자리는 주로 청년 세대에게 떠넘겨진 상황이라고 볼 수 있습니다. 그러니 밀레니얼 세대의 입장에서는 "부모보다 내가 가난한 세대가 됐다"라는 진단이 피부에 와 닿는 거죠.

비정규직의 비율이 높은 것이 문제가 되는 이유는 여러 가지가 있겠지만 특히 경기 불황 시에 극심한 타격을 받는다는 점을 들 수 있습니다. 대표적인 예로 2015년 우리나라의 수출 규모가 급격히 감소했어요. 그랬더니 유독 밀레니얼 세대의 소득만 급감했습니다. 반면 다른 세대의 소득은 소폭 상승했거든요. 이 통계를 신뢰한다는 전제 하에 말씀드리자면, 수출 급감으로 인한 일시적 인력 감축의 여파로 비정규직이 직격탄을 맞았고, 비정규직 비율이 높았던 밀레니얼 세대의 소득 수준이 감소한 것으로 추정됩니다. 상대적으로 정규직 비율이 높은 40대 이상에서는 소득 감소가 발견되지 않았고요.

또 다른 문제는 임금 격차예요. 수년 전에 취재 차 독일에 갔다가 20명이 넘는 독일 청년들과 인터뷰할 기회가 있었어요. 그들 대부분이 중소기업이나 중견기업에 다니는 밀레니얼 세대였어요. 제가 그들에게 물어봤습니다. "여러분은 벤츠나 BMW 같은 대기업에서 스카우트 제의가 오면 이직할 생각이 있나요? 대기업에 가고 싶지 않나요?" 그랬더니 청년들은 한결같이 "아니다"라고 대답하더군요. "저희는 집 가까운 곳에 있는 회사에 그냥 다닐 겁니다." 왜 그럴까요? 독일의 경우 대개 중견 중소기업의 임금 수준이

벤츠나 BMW 같은 대기업의 85% 수준을 유지하거든요. 임금이 그렇게 크게 차이 나지 않으니까 본인들이 태어나고 자란 지역을 잘 떠나지 않는 거예요. 그런데 우리나라는 어떻죠? 다른 OECD 국가들과 비교해봐도 기업 규모별로 임금 격차가 엄청 크거든요.

우리나라도 원래는 이러지 않았습니다. 대기업-중소기업 간의 임금 격차가 이렇게 벌어진 것은 최근의 일이거든요. 아주 심각한 문제입니다. 통계청의 경제활동 인구조사를 보면 2016년 기준으로 전체 취업자 수가 약 2,600만 명이고 그중 300인 이상이 고용된 대기업의 취업자 수가 264만 명이에요.[4] 전체 취업자 중에 10% 정도밖에 안 되는 거죠. 대기업이 신규 채용을 줄이고 있는 최근 고용 상황을 감안하면 2019년에는 이 비율이 더 낮아질 것으로 보입니다.

거기에 대기업과 중소기업의 임금이 갈수록 벌어지는 추세예요. 2002년 즈음에는 대기업 대비 중소기업의 임금 수준이 67%였는데, 2014년에는 56%밖에 되지 않습니다. 그러니까 대기업 직원들이 100만 원을 벌 때, 중소기업 직원들은 56만 원밖에 못 받는 거죠. 이렇게 격차가 벌어지니까 밀레니얼 '세대 내'에서도 양극화가 심각해졌다는 거예요. 그래서 특히 중소기업에 취직한 청년들 입장에서는 '부모보다 가난한 세대'라는 말이 단순한 레토릭이 아니라 피부에 와 닿는 말이 된 거죠.

홍춘욱　　　그 통계 결과에는 조금 문제가 있다고 봅니다. 대기업-중소기업 간의 임금 격차에 대한 통계는 참여연대에서 발표한 건데요. 그 통계랑 같이 살펴보면 좋겠다 싶은 통계가 2013년 전경련이 발표한 것[5]과 OECD가 발표한 것(2017년에 발표되었지만 2014년 기준)[6]입니다.

간단하게 말해, 대기업에 고용된 사람들이 전경련의 통계 기준으로는 24% 이상이고, OECD 통계 기준으로는 10% 초반 수준이라는 것입니다. 물론 우리나라가 OECD 국가 중에 대기업의 고용 비중이 상대적으로 낮은 것은 분명한 사실입니다. 250인 이상을 고용하는 사업체의 근로자 수는 192만 명으로, 전체 근로자 1,504만 명의 12.6% 수준에 불과했으니까요.

이렇게 수치에 차이가 나는 이유는 통계 분류의 기준이 다르기 때문입니다. 예를 들어 금융기관의 '점포'를 무엇으로 볼지 등에

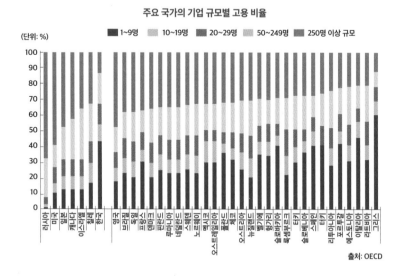

주요 국가의 기업 규모별 고용 비율

출처: OECD

따라 대기업의 고용 비중이 크게 변합니다. 1,000여 개의 점포를 가지고 있는 은행의 경우 각 점포당 인력은 10명 혹은 그 이하일 것입니다. 이들을 1,000여 개의 중소기업으로 간주할 것인지, 아니면 2만 명 이상의 인력을 고용한 대기업의 일원으로 볼 것인지 등에 따라 분류가 달라집니다.

박종훈　　　그럼 대기업 종사자 수가 전체의 24%일 가능성도 염두에 두는 것이 좋겠네요. 사실 대기업군에 종사하는 노동자가 전체의 10%밖에 안 된다는 것은 너무 적은 수치가 아닌가 하는 생각이 들긴 했었습니다.

홍춘욱　　　네. 아무리 크게 잡아도 우리나라 전체 근로자의 4분의 1만이 대기업군에 종사한다는 이야기죠. 기업의 규모에 따라 근로자 간의 임금 수준이 엄청나게 차이 난다는 것은 부정할 수 없는 사실입니다. 다만 대기업-중소기업 종사자의 수가 10분의 1이냐 4분의 1이냐는 적은 차이가 아니어서 어느 쪽을 언급하느냐에 따라 상당히 선동적으로 들릴 수도 있으니 양쪽을 모두 고려하자는 것입니다. 저도 데이터들 중에 어느 쪽이 더 정확한지는 모르겠습니다. 다만 이처럼 현격한 임금 차이가 밀레니얼 세대에게는 매우 가혹한 현실을 만드는 중요한 요인이라는 점에는 역시 동의합니다.

박종훈　　　그리고 제가 마지막으로 언급하고 싶은 것은 '밀레니얼이 도전하지 않는 이유'에 대한 것입니다. 기성세대들은 종종 "요새 젊은 것들은 도전 정신이 없어. 그러니 다들 공무원 시험이나 준비하고들 있지"라고 말해서 청년들의 분노를 자아내잖아요. 그런데 방금 언급한 것처럼 남들이 알 만한 회사에 들어가려고 해도 취업문이 좁아지기도 했거니와, 막상 어떤 회사에 들어가 최선을 다하더라도 그로 인해 얻을 보상이 베이비붐 세대가 누렸던 보상에 비해 형편없는 경우가 많다는 겁니다.

급격한 성장 국면이던 1970년대만 해도 30~40대의 나이에 굴지의 기업 사장을 하는 경우가 적지 않았어요. 당시에는 능력이 뛰어난 사람은 파격적인 '발탁인사'를 통해 30~40대에 사장까지 오를 수 있었던 거죠. 그러니 그때는 신입사원들이 "저도 열심히 해서 사장이 되겠습니다!"라고 포부를 밝힐 수도 있을 만큼, 최선을 다해 노력하면 젊은 나이에도 무엇이든 할 수 있던 시대였죠.

그러나 지금은 기업마다 관료 시스템이 정착되면서 드라마틱한 성공 신화는 좀처럼 찾아볼 수 없는 시대가 되었습니다. 나이 어린 밀레니얼 세대가 조직에서 아무리 뛰어난 능력을 발휘해도 사장이 되는 것은 불가능하다는 걸 알죠. 사실 30~40대에 사장이 되기는커녕 임원이 되기도 힘들죠. 그런데 이런 현상은 우리나라에서 두드러진 측면이 있습니다.

인텔에 밀려 '만년 2등'만 하던 CPU 개발사 AMD를 부활시킨 영웅 리사 수는 46세에 AMD 최고 경영자가 되었습니다. 그녀는 재벌 2세도 아니고, 대만 출신의 미국 이민자였어요. 그러나 한국은 어떻습니까? 2019년 4월, 청와대 대변인으로 고민정 전 KBS 아나운서가 새로 임명됐을 때 모든 언론사가 '39세 신임 대변인'이라고 헤드라인을 뽑았습니다. 39세에 대변인이 되었다는 것이 그렇게도 특별한 일일까요? 프랑스의 마크롱 대통령은 39세에 프랑스 대통령이 되었고, 캐나다의 트뤼도 총리도 44세에 총리로 선출되었는데 말입니다.

우리나라만 유독 나이를 따집니다. 장유유서가 뿌리내린 연공서열 문화는 우리 사회 곳곳에 촘촘하게 자리하고 있죠. 밀레니얼 세대의 시선에선 이것 때문에 이전 세대처럼 퀀텀 점프를 할 수 없어 보이는 겁니다.

며칠 밤낮을 지새우며 아무리 좋은 보고서를 써봤자 과실은 결국 임원인 베이비붐 세대에게 돌아간다는 걸 경험으로 알죠. 그러니 밀레니얼 세대가 보기에는 그나마 공무원 조직이 가장 공정한 세계인 거예요. 그래서 큰 도전과 획기적인 보상은 없지만, 법과 규정대로 주어진 업무만 제대로 하면 정년을 보장받는 공무원을 택하려는 거죠. 밀레니얼 세대가 편한 것을 좇아 공무원을 하려고 한다기보다는 그들에게 불리한 보상체계가 공무원을 가장 합리적인 선택으로 만들었다는 겁니다.

만일 이런 체계가 고착화되면 밀레니얼 이코노미에 희망은 없다는 이야기를 할 수밖에 없습니다. 심지어 그들이 중심에 서는 경제는 오지도 않고 있고요. 이러한 사회적 분위기를 어떻게 돌파할 것인지 정부와 기업이 진지하게 고민해야 합니다. 원인을 알아야 해결책을 찾잖아요. 그럼 다음 장에서 조금 더 구체적으로 말씀을 나눠보시죠.

Chapter 2

밀레니얼의 일자리는
어디로 갔을까:
세대교체 지연

— 밀레니얼 세대가 진입하고 있는 한국의 노동시장과 일자리에 대해 구체적으로 살펴보자. 많은 이들이 2020년을 기점으로 노동시장 내의 세대교체가 본격화될 것이라고 예측했다. 그렇다면 실제로 밀레니얼 세대가 한국의 노동시장에서 가장 높은 비율로 올라서고 있을까.

박종훈　　　저는 사실 2020년보다 더 빠른 시기에 밀레니얼 세대가 노동시장의 주축으로 자리 잡을 거라고 예상했었어요. 그런데 아니었습니다. 오히려 지금은 2020년도 이르다고 봐요. 미국 같은 국가들과 비교해도 우리 노동시장의 세대교체 속도는 상당히 늦습니다. 그건 우리 경제의 몇 가지 특수한 사정 때문입니다. 밀레니얼 세대에게는 아주 잔인한 사정이죠.

노동시장의 세대교체가 더딘 까닭

박종훈　　우리나라는 고령화를 맞이한 주변국들보다 상당히 더디게 세대교체가 이루어지는 국가입니다. 쉽게 말해 부모들은 은퇴가 늦어지고 자녀들은 취업이 늦어지고 있는 거죠. 여기에는 정부 정책의 기조 변화와 시장의 변화들이 맞물려 있습니다.

통계청에서 발표한 연령별 고용률 추이를 보면, 최근 10년 동안 가장 빠르게 고용률이 상승하는 연령대는 50대와 60대입니다. 특히 60대 고용률의 상승이 가파릅니다. 그런데 이에 비해 20대 고용률은 늘어나기는커녕, 오히려 미약한 하락세를 보이고 있어요.

이 현상의 첫 번째 원인은 정부 정책이라고 봐야 합니다. 정부에서 정년 연장을 시행하기로 한 타이밍이 절묘했어요. '고용상 연령

글로벌 금융위기 이후 연령대별 고용률 추이

(2009년=100)

주: 2018년의 경우 10월까지의 평균　　　　　출처: 통계청 <경제활동 인구조사>

차별 금지 및 고령자 고용 촉진에 관한 법률' 제19조 제1항에 따르면 "사업주는 근로자의 정년을 60세 이상으로 정하여야" 합니다. 이 법은 6년 전에 개정되면서 정년 나이를 만 60세로 올렸습니다. 정년 연장 이전에는 기업마다 정년이 달랐지만, 대체로 55세에서 57세가 정년이었으니까 3~5년 정도 정년이 연장된 셈이죠. 그리고 시행 여력에 따라 300인 이상 사업장은 2016년부터, 300인 이하 사업장은 2017년부터 60세 정년을 시행하고 있습니다. 그런데 실제로 정년 연장의 혜택을 받은 근로자는 공공 부문과 일부 대기업에서 일하는 분들이었습니다. 청년들이 가장 가고 싶어하는 양질의 직장이었죠.

결국 이 법의 개정으로 공기업과 대기업은 신규 채용에 부담을 느낄 수밖에 없게 됐고요. 결과적으로 신규 채용 인원이 상당히 줄었습니다. 단순히 정년이 연장된 인원만큼 줄어든 것이 아닙니다. 기업은 신규 노동자 한 명을 고용할 경우 60세까지 고용해야 한다는 장기 비용을 고려해서 청년 세대의 신규 채용을 크게 줄였던 겁니다. 기업 입장에서는 노동자 1인을 25년 고용하는 것과 30년 고용하는 것은 장기적인 비용 면에서 크게 차이가 나거든요. 그렇기 때문에 기업은 청년 채용에 더 보수적으로 접근할 수밖에 없었을 겁니다.

물론 이러한 '지연 현상'이 우리 경제에 가해지는 여러 충격을 완화하거나 늦추는 측면도 있기는 합니다. 더구나 평균 수명이 급격히 늘어날 것을 예상하지 못해 노후 대비를 충분히 하지 못했던 기성 세대에게는 정년 연장이 가뭄의 단비처럼 여겨졌을 겁니다. 그렇지만 그게 청년 세대 일자리 문제의 구조적인 원인이 되고 있습니다.

두 번째 원인은 시장 내부적인 것입니다. 취재를 나가보면 열처리 공장처럼 업무 환경이 열악하고 육체적으로 힘든 일터에는 우리 청년들이 없어요. 뿌리 산업이라고 불렸던 주조, 금형, 열처리 같은 제조 산업군의 경우 대부분의 인력이 외국인 노동자들과 60~70대 노동자들로 채워지고 있죠. 그런데 이는 단순히 청년층의 '3D 업종 회피'의 문제가 아니라, 시장의 변화로 바라봐야 합니다.

과거 뿌리 산업이 우리 경제를 지탱해왔던 것은 사실이지만 과연 미래도 밝을까요? 30년을 내다봐야 하는 청년층의 입장에서 이 산업은 어쩌면 앞으로는 존재하지 않거나 크게 위축될 산업이란 말이죠. 당연히 이 산업에 자신의 미래를 투자할 청년은 많지 않을 것입니다. 그래서 이러한 산업구조의 변화 속에서 밀레니얼 세대기 뿌리 산업 같은 제조업을 기피하고, 60~70대 노년층이 계속 일하고 있는 현상이 노동시장 전체의 '지연된 세대교체'를 구성하는 또 하나의 축인 셈입니다.

그리고 세 번째 원인으로는 현행 복지제도를 들 수 있습니다. 아이러니한 말처럼 들리지만, 우리나라의 경우는 복지제도가 노동시장의 세대교체를 늦춘 원인으로 꼽힙니다. 바로 국민연금 말이죠. 다들 아시겠지만, 베이비붐 세대인 '58년 개띠'의 경우에 국민연금의 혜택을 별로 받지 못하고 있어요. 1988년 국민연금제도가 시행된 이후 30년 정도가 지났지만 제도 초기에는 가입 비율이 높지 않았습니다. 현재 국민연금을 수급하는 세대들의 경우 연금 불입액이 적거나 불입 기간이 길지 않았던 분들이 많아서 소득 대체

율이 생각보다 낮다고 합니다.[1]

게다가 정년은 60세인데 그 낮은 연금 수급액조차 2차 베이비붐 세대에 이르면 수령 시기는 65세부터이다 보니 소득의 '크레바스 crevasse (틈새)'가 발생합니다. 그럼 그분들은 어떻게 해야 할까요? 당연히 노동을 지속할 수밖에 없는 겁니다. 독일과 같은 유럽권 나라들은 은퇴 시기와 연금 수령 시기가 일치하도록 제도가 세팅되어 있기 때문에 '정년에 대한 공포'가 크지 않지만, 우리의 경우에는 그 공포감이 극대화되어 있습니다. 당장 회사를 나오면 먹고살 돈이 없는 대부분의 중산층 이하 60대들은 일손을 놓을 수가 없어요.

결국 이 모든 원인들이 맞물리면서 우리 노동시장의 세대교체는 여전히 지연되고 있습니다. 우리는 수년 전부터 2020년경 '밀레니얼 이코노미'의 도래를 예상해왔지만 막상 2020년을 앞둔 지금 한국은 '지연된 밀레니얼 이코노미' 상황에 놓이게 되었어요.[2] 그리고 그로 인한 여파는 고스란히 밀레니얼 세대에게 불어닥치고 있죠. 아주 불리하고 냉혹하게 말입니다.

홍춘욱　　굉장히 좋은 지적입니다. 이에 대해 저는 조금만 덧붙여보겠습니다. 일단 노동시장 내에서 베이비붐 세대의 은퇴가 늦어졌다는 점은 전적으로 동의합니다. 실제로 조사를 해봤더니, 우리나라 노령층의 경제활동 참가율이 지속적으로 올라가고 있었습니다. 60대를 기준으로 계속 올라가고 있어요. 이에 대해 장기간에 걸친 통계는 드문데, 여기서는 미국의 노동시장 통계로 대신 설명해볼까 합니다.

미국에서는 1946~1964년에 태어난 약 7,400만 명이 베이비붐 세대로 정의됩니다. 그러니까 1953년 한국전쟁 종전 이후 태어난 '58년 개띠'가 한국의 베이비붐 세대를 대표한다면, 미국에선 '46년 개띠' 정도가 대표 세대가 됩니다. 당연히 미국의 베이비붐 세대가 우리보다 10년 정도 먼저 정년에 도달했겠죠? 그래서 이 데이터를 살펴보려고 합니다.

미국의 경우 1996년 55~64세의 경제활동 참가율은 58% 정도였습니다. 그리고 20년이 지난 2016년에는 해당 연령대의 경제활동 참가율이 64%로 증가해요. 그리고 더 중요한 65~74세의 경제활동 참가율은 1996년 17% 수준에서 2016년 무려 27% 수준으로 상

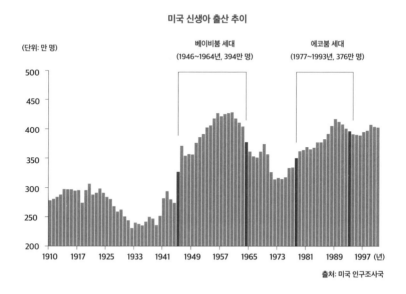

미국 신생아 출산 추이

(단위: 만 명)

베이비붐 세대
(1946~1964년, 394만 명)

에코붐 세대
(1977~1993년, 376만 명)

출처: 미국 인구조사국

밀레니얼 이코노미

승했습니다. 상당하죠? 그런데 한국의 경우에도 이 정도 수준으로 오른 것으로 추정됩니다. 2005년 5월의 65~79세 고용률은 36%에 불과했지만, 2019년 5월에는 40%로 상승했습니다. 그런데 왜 이런 현상이 벌어지고 있을까요?

첫 번째 원인으로는 정년이 연장되었고, 특히 이 세대가 이전 세대들에 비해 전체적으로 '건강해졌다'는 점을 들 수 있습니다. 기본적으로 60~70대의 건강 수준이 올라갔고, 회사에서도 노년층의 생산성, 특히 제조업 분야에서 오래된 숙련공들의 생산성을 인정하게 된 거죠. 최근 독일의 BMW나 폭스바겐과 같은 회사들은 70세가 넘은 숙련노동자들의 근속을 위해 물리적 노동 강도를 줄여줄 '외골격 수트skeletonics'라는 장비를 지원한다고 합니다. 현장에서 고된 노동을 하며 요통을 호소하는 노동자들이 많다 보니 전쟁터에서나 사용하던 외골격을 근로 현장에서 활용하게 됐다는 거죠. 이 세대의 노하우를 이런 보조 장비를 통해서라도 묶어두려는 시도입니다. 이 내용은 꽤 긍정적인 차원의 원인으로 보입니다.

두 번째 원인으로는 2008년 글로벌 금융위기를 꼽을 수 있겠습니다. 미국의 '46년 개띠'들이 만으로 60세가 되던 해에 금융위기가 찾아왔거든요. 위기는 대부분의 국가에서 비슷한 상황을 낳습니다. 미국도 중산층의 전체 자산 가운데 부동산이 차지하는 비중이 60%가 넘어요(전 세계적으로도 중산층의 자산에서 부동산이 차지하는 비중이 70~80% 정도 된다). 글로벌 금융위기가 닥치면 빠른 속도로 부동산시장이 침체되기 시작하잖아요. 자기 자산의 대부분을 이

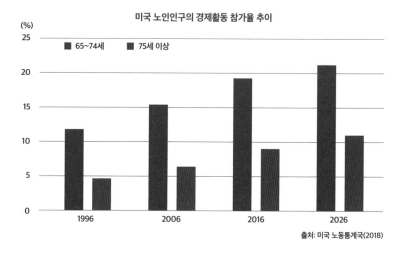

미국 노인인구의 경제활동 참가율 추이

(%)
■ 65~74세   ■ 75세 이상

출처: 미국 노동통계국(2018)

루는 부동산 가격이 폭락하고 있는 가운데 '46년 개띠'들의 은퇴가 시작됐던 거죠. 그럼 어땠겠어요? 은퇴를 못 하는 거죠. 몸은 힘들어도 어쩔 수 없이 노동을 해야 하는 사람들이 늘고 있다는 이야기입니다. 이는 미국 내에서도 심각하게 생각하는 문제입니다. 최근 미국의 실업률이 4% 밑으로 떨어졌다고 하지만 정작 임금은 빠르게 오르지 않고 있거든요. '임금 상승 없는 경기 회복'이라는 말들을 많이 하는데 바로 이 내용과 관계가 있습니다.

그런데 문제는 미국 밀레니얼 세대의 노동 상황도 이와 다르지 않다는 겁니다. 역시 실업률이 낮다 보니 일부에선 '실업률 낮은 시대에 사회에 나오니 얼마나 좋아?'라고 생각할지 모르지만, 정작 20대의 경제활동 참가율은 계속 떨어져서 20년 전에 비해 10%p 이상 하락했습니다. 부모 세대보다 여유롭게 자란데다 일부러 독립을 하지 않는 이들도 있겠지만, 자신이 그동안 힘들게 쌓아올린 학업과 교육 비용을 고려하여 '이 소득으로는 노동을 못 하겠다'며 자발적으로 취업을 포기한 이들도 많을 것입니다. 결국 이 상황이 한국에서도 고스란히 펼쳐지고 있습니다.

우리나라의 경우, 지금 우리가 주로 논의하고 있는 '88년 용띠' 세대가 포함되는 1988년부터 1990년까지 한 해에 평균 70만 명이 태어났습니다. 1년에 100만 명이 넘게 태어났던 1차 베이비붐 세대 이후, 우리나라에서는 2차 베이비붐 세대, X세대, 그리고 밀레니얼 세대로 이어지면서 10~15만 명씩 계속 인구 집단이 감소하고 있고요. 그래서 많은 연구자들이 예견하기를, 시간이 갈수록 기성세대의 은퇴가 본격화되고 젊은 세대들의 인구 감소가 진행되고 있으니 자연적으로 일자리 문제는 해결될 거라고 했습니다.

우리나라의 1970~2019년 출생아 추이

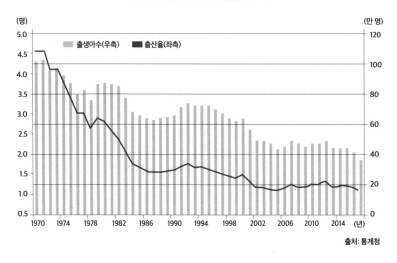

출처: 통계청

그러나 앞서 박 기자님의 지적대로 그런 전망은 현재로서는 타당하지 않습니다. 결국 부모 세대의 은퇴 속도가 더뎌진데다 밀레니얼 세대의 입장에서는 높은 숙련도와 학습 능력을 요구하는 사회·경제적 전환이 이루어지면서 "돈 벌기 참 힘들다"는 이야기가 나올 수밖에 없는 시대가 도래했습니다. 다만 이 현상이 우리나라에만 국한된 문제가 아니라 미국에서도 벌어지고 있는 상황이라는 점을 덧붙이겠습니다.

일자리 미스매치:
공대생은 부족하고 문과생은 남아도는 현상

— 현재 밀레니얼 세대가 겪고 있는, 양질의 일자리가 부족한 상황의 원인으로 노동 세대교체의 지연을 언급했다. 그런데 세대 내에서도 대학 전공이나 취업 분야에 따라 연봉이나 환경 차이가 크다. 소위 '문송('문과라서 죄송합니다'라는 의미)' 경향에서 일부 엘리트들의 '스타트업start-up', 창업까지, 그 스펙트럼도 넓다.

홍춘욱 이 세대들은 답답하죠. 취업을 위해 준비해야 할 것은 너무 많고, 좀 괜찮은 직장을 알아보면 죄다 '경력직'을 구하고, 연애도 힘들고 말이죠. 답답함에 대해선 저도 참 많이 공감합니다. 그런데 지금 밀레니얼 세대가 겪고 있는 일자리 문제 중에 또 한 가지 언급하고 싶은 것은 '일자리 미스매치mismatch(잘못된 짝)' 현상입니다. 저는 현재 밀레니얼 세대 내에서 이 문제가 상당히 심각하다고 봅니다.

고용노동부가 2014년부터 2024년까지 10년간 전공별 인력의 공급과 수요를 조사한 데이터를 발표한 적이 있습니다. 국내 기업이 4년제 대학의 각 전공 계열별로 필요하다고 요구한 인력의 숫자를 나타낸 데이터예요. 구체적으로 살펴보면, 2019년에서 2024년까지 4년제 대학 공학 전공자에 대한 수요는 50만 4,000명입니다. 그런데 이 기간에 졸업할 것으로 예상되는 공학 전공자들은 38만 명이 안 됩니다. 다시 말해 기업이 요구하는 인력 규모에 비해 '공대 졸업장'을 갖게 될 학생들이 약 13만 명 정도 부족하다는 말이죠.

2014~2024년 대학 전공별 인력 수급 전망

(단위: 천 명)

		2014~2024년			2014~2019년			2019~2024년		
		인력 공급(A)	구인 인력 수요(B)	차이 (A-B)	인력 공급(A)	구인 인력 수요(B)	차이 (A-B)	인력 공급(A)	구인 인력 수요(B)	차이 (A-B)
대학	인문	356	255	101	199	134	65	176	121	55
	사회	840	623	217	480	309	171	407	314	93
	예체능	352	305	46	195	151	43	175	154	21
	사범	182	62	120	102	64	37	88	-3	91
	자연	368	312	56	199	145	54	186	167	19
	공학	754	969	-215	408	466	-57	377	504	-127
	의약	170	173	-4	95	90	5	77	83	-5
전문대	인문	59	77	-18	35	37	-3	30	39	-10
	사회	487	260	228	275	108	167	236	152	85
	예체능	288	207	81	160	99	61	140	107	33
	사범	92	69	22	51	27	24	45	42	2
	자연	130	-9	139	76	-7	84	66	-2	68
	공학	395	438	-43	228	204	24	201	234	-33
	의약	276	214	62	148	99	49	133	115	19

향후 10년간 대학 전공별 인력 수급 전망

초과 수요 상위 10개 전공		초과 공급 상위 10개 전공	(단위:명)
-78,000	기계금속	경영·경제	122,000
-73,000	전기·전자	중등교육	78,000
-33,000	건축	사회과학	75,000
-31,000	화공	언어·문학	66,000
-26,000	농림수산	생물·화학·환경	62,000
-19,000	토목·도시	인문·과학	35,000
-11,000	의료	디자인	28,000
-11,000	미술·조형	음악	20,000
-9,000	약학	법률	20,000
-9,000	교통·운송	특수교육	19,000

출처: 고용노동부, <2014~2024 대학 전공별 인력수급전망>

그런데 같은 기간에 제가 전공한 인문·사회계열에 대한 인력 수요는 43만 명 정도라는 결과가 나왔습니다. 문과계열 사무직이 줄어들고 있다는 기사들이 많았는데 실제로 공학 전공자에 대한 수요보다 확연히 적죠. 그런데 더 심각한 문제는 이 기간에 인문·사회계열의 졸업장을 받을 것으로 예상되는 학생들은 무려 58만 명이나 된다는 점입니다. 공급 과잉이죠. 무려 14만 명 이상이나 되는 인문·사회계열 졸업생들을 받아줄 기업이 국내에는 없을 거란 예측입니다.

물론 우리 경제 전체를 놓고 보면 4년제 대졸자를 찾는 기업 측의 수요는 적지 않습니다. 한국 경제는 여전히 달리고 있으니까요. 그런데 수요가 줄어든다는 것은 경제성장률이 둔화되었다는 점과 관계가 있습니다. 앞에서도 언급했듯이, 우리나라는 노동생산성 주도로 성장해온 나라거든요. 당연히 인재 채용에 관심이 높죠. 그런데 경제학에서 말하는 미스매치 문제가 현재 한국 경제에서 상당한

'탐색 비용'의 문제를 일으키고 있음을 저는 지적하고 싶습니다. 대부분은 노동시장 내에서 대기업과 중소기업 간의 미스매치 문제만 생각하지만 대학 전공별 미스매치 문제가 현재 취업시장에서 많은 문과생들이 어려움을 겪는 원인임을 말씀드리고 싶은 겁니다.

개인적으로 기업 임원들과 만난 자리에서 채용 이야기가 나오면 그분들은 "사람을 뽑아야 하는데 뽑고 싶은 사람이 없다"라는 말을 합니다. 각 기업의 HR^{Human Resources} 담당자들이 스트레스를 받는 첫째 이유는 각 팀에서 뽑아달라고 요청하는 인원을 채우지 못하는 것이고, 둘째 이유는 어렵게 채용한 직원이 입사하자마자 퇴사하는 것입니다. 기업은 결국 사람이 전부거든요. 그런데 '사람이 부족하다'는 기업의 호소는 인력 부족률이라는 통계치에서도 확인됩니다. 〈중소제조업 인력현황〉 조사에 따르면, 2017년 현재 약 2.39%의 인력 부족이 있다고 합니다.

그렇다면 대학 내의 전공구조가 인력 수요에 맞게 긴밀하게 변화하지 못하는 이유가 뭘까요? 저는 대학등록금 문제를 간단히 언

중소제조업의 인력 부족 현황

(천 명)   부족률(%)

출처: e-나라지표, 〈중소제조업 인력현황〉

급하고 싶습니다. 아시다시피 2000년대 중반 이후, 국내 대학등록금은 사실상 동결된 상태입니다. 그때도 한 학기에 500만 원이었고, 지금도 500만 원입니다. 물론 전공에 따라 조금씩 차이는 있습니다. 그런데 같은 기간 국내 소비자물가는 30% 가까이 상승했거든요. 대학 입장에서는 등록금 부족분을 정부와 기업의 장학 사업과 학술 진흥 프로젝트의 재원 등으로 메울 수밖에 없는 상황인 거죠.

재원이 탄탄한 일부 명문대학들은 크게 와 닿지 않는 논의일 수도 있지만 그러지 못한 대학들은 상당한 어려움에 봉착한 상황입니다. 그런데 그런 대학 본부가 교수 및 연구진의 연봉이 높고 연구 시설 투자가 많이 필요한 공학 및 이학계열 정원을 늘리는 결정을 하기 쉬울까요? 아니면 상대적으로 운영·투자 비용이 적고 겸임교수와 같은 방식을 많이 활용할 수 있는 인문·사회계열 정원을 늘리는 결정이 쉬울까요? 답은 뻔하겠지요.

교육 복지라는 차원에서 국가가 대학등록금을 얼마나 담당해야 하느냐에 대한 원론적인 논의는 차치하더라도, 현재 대학과 기업이 겪고 있는 인력 생산과 수요의 문제에서 등록금 동결이 의도치 않은 악영향을 미친 부분이 있다는 것이죠. 결국 어렵사리 대학 졸업장을 받고 사회에 진출하려는 밀레니얼 세대에게 현재의 고착화된 대학구조가 큰 부담으로 작용하고 있다는 점을 말씀드리고 싶습니다.

박종훈　　　저도 문과와 이과 졸업생의 취업률 데이터를 보면서 안타까웠습니다. 2017년 문과 졸업생의 취업률이 56%, 공학계열의 취업률이 70.1%라고 나오거든요. 그런데 정말 우리나라에 공학계열 졸업생의 수가 적고 문과 졸업생은 과하게 많은 걸까요? 저는 이 부분에 대해서는 홍 박사님과 견해가 조금 다릅니다. 다른 나라의 상황과 비교해보겠습니다.

일본 같은 경우, 2018년 4년제 대졸자를 기준으로 문과계열이 42만 명, 이과계열이 12만 명입니다. 두 계열 간의 비율이 엄청나게 차이 나죠? 실제로 일본은 이공계가 전체 대학생의 20% 수준밖에 되지 않습니다. 그런데 우리나라는 이공계가 30% 수준이거든요. 독일의 경우는 40%라고 합니다. 독일보다는 우리가 낮은 편이죠.

세계적으로 독일만큼 이공계 비율이 높은 국가가 없습니다. 독일이 특별한 케이스라고 봐야겠죠. 최근 이공계 출신 학생들을 중심으로 벤처 열풍이 불고 있는 핀란드가 우리나라와 비슷한 이공계 비율을 갖습니다. 저는 수년 전에 핀란드 알토대학 등을 취재했는데요, 핀란드의 이공계 비율이 30%입니다. 그래서 저는 우리 대학의 이공계 비율이 굉장히 낮다는 홍 박사님의 지적에는 동의하기가 조금 어렵습니다.

게다가 현재 우리나라의 산업 전반에 걸쳐서 이공계 인재들의 공급에 비해 수요가 많은 현상이 영속적으로 유지될지에 대해서도 저는 회의적입니다. 이미 우리나라 대학이 공학계열을 늘리는 방향으로 구조조정을 유도해왔습니다. 그러다 보니 공학계열 졸업자가 2014년 6만 9,000명 정도에서 2017년에는 8만 명 정도로 급

상승했습니다. 그런데 졸업자가 1만 1,000명 넘게 늘어난 것에 비해 취업자 수는 5,000명 정도만 상승했습니다. 폭증하고 있는 이공계 졸업자 수를 취업자 수가 따라오지 못하는 것이죠. 제가 그 이유를 조금 따져봤습니다.

2000년대까지만 해도 이른바 '전화기'라고 해서, 취업이 잘되는 전공으로 전자전기, 화학공학, 기계공학과를 꼽았습니다. 그런데 2017~2018년에 들어서자 이 공식이 안 먹히기 시작했거든요. 왜냐하면 2018년 반도체 호황으로 원화 가치가 올라가면서 조선이나 자동차 산업이 상대적으로 어려워졌기 때문입니다. 환율이 1달러에 1,060원까지 내려갈 정도로 원화 가치가 치솟아 오르자 반도체를 제외한 나머지 산업들은 상당히 어려워졌던 거죠. 그래서 화공, 기계 쪽부터 취업이 힘들어지기 시작했어요. 소위 스카이의 기계공학부, 화학공학부의 취업률이 최근 1년 동안 10%p 넘게 하락했습니다.

저는 이런 사례를 보면서 문과생들에 비해 이공계 졸업생들의 취업이 쉬운 현상이 앞으로도 지속될지는 불확실하다고 생각하는데요. 반도체 호황도 사실상 끝났기 때문에 이제 마지막 취업 특수를 누리던 전자전기 분야에서도 이공계 취업률이 계속 유지되기는 어렵다고 봅니다. 그러니 과거의 호황만 믿고 뒤늦게 대학에서 이공계 정원을 늘리려는 시도를 한다면 밀레니얼 세대는 또다른 어려움을 겪을 수도 있겠지요.

최근 통계[3]를 봐도 인문계열의 취업률은 2014년부터 2017년까

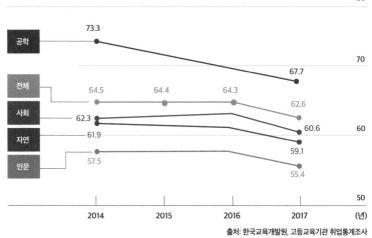

대학 계열별 취업률

(단위: %)

	2014	2015	2016	2017 (년)
공학	73.3			67.7
전체	64.5	64.4	64.3	62.6
사회	62.3			60.6
자연	61.9			59.1
인문	57.5			55.4

출처: 한국교육개발원, 고등교육기관 취업통계조사

지 57.5%에서 55.4%로 크게 떨어지진 않았습니다. 사회계열도 62.3%에서 60.6%로 1%p 조금 넘게 떨어진 수준이고요. 그런데 공학계열은 73.3%에서 67.7%로 문과계열의 하락폭보다 거의 3배 가까이 떨어졌어요. 그래서 공학계열을 늘리는 것이 해법은 아니라는 거죠. 최근 몇 년간 대학의 전공구조에 따른 미스매치 현상이 발생했던 것은 사실이지만 그것이 지속될지는 누구도 알 수 없는 일입니다. 결국 제가 주목하고 싶은 문제는 '문송'이 아니라 '전체 대학생'의 취업률이 떨어지고 있다는 사실입니다.

그리고 홍 박사님이 언급하신 대학등록금 동결 문제에 대해서도 저는 생각이 조금 다른데요. 만일 대학등록금을 지속적으로 올렸다고 해도 이공계가 제대로 된 교육을 받고 기업이 필요로 하는 인재로 양성되었을까요? 저는 이 문제에 대해서는 좀 더 면밀한 검토가 필요하다고 봅니다. 이미 우리나라는 GDP 대비 대학등록금의 민간 부담률이 세계에서 가장 높은 수준이거든요. OECD 국가 중에서도 1, 2위를 다툴 정도입니다. 그렇기 때문에 이미 민간의 부담 수준이 높은 가운데 대학등록금을 더욱 올렸을 때의 부작용도 고려해야겠지요. 그로 인해 청년들이 더욱 많은 빚을 지고 사회에 나온다면 경제적 자립은 더 힘들어지겠죠.

제가 취재를 갔던 독일의 경우, 기업과 지방자치단체가 함께 해당 지역 대학의 커리큘럼을 고민하더군요. 기본적으로 기업은 지역 상공회의소를 통해 대학에 많은 투자를 합니다. 대신 자신들에게 필요한 맞춤형 인재를 양성해달라고 대학에 요구하죠. 지자체는 기업과 대학 사이에서 중재자 역할을 하며 이 과정을 지원하고요. 그렇게 대학은 기업이 원하는 특정 분야의 '스페셜리스트'를 키워내는 겁니다. 이를테면 반도체 분야의 스페셜리스트를 집중적으로 키워냅니다.

그런데 우리나라 대학생들은 전공별로 다소 차이는 있겠지만 전반적으로 '제너럴리스트'인 상태로 졸업하거든요. 왜 그런지는 기업의 공채 시스템을 보면 알 수 있잖아요. 영어에, 기본 상식에, 각종 도형과 수식으로 채워진 적성검사도 치르지요. 독일처럼 스페셜리스트로 양성된 인재들은 아마 한국식 공채 시험에는 대번에 탈락할 거예요. 그런데 독일은 대학등록금이 완전히 공짜입니다, 독일 기업과 달리 우리 기업이 필요한 인재를 확보하지 못하는 주된 이유는 대학등록금이 싸서라기보다는 대학과 기업 간의 커리큘럼 공유가 전혀 되어 있지 않기 때문입니다.

기업에 들어가서도 문제죠. 대부분의 대기업은 '공채'로 들어온 직원들만 '정규직'으로 보호하잖아요. 거기서 우리나라만의 특이한 '기수 문화'가 발생합니다. 특채 형식으로 들어온 일부 스페셜리스트들이 오래 버티질 못해요. 기업에서 생존하는 데는 제너럴리스트가 훨씬 유리하다는 걸 우린 경험적으로 알고 있죠. 그나마이제라도 스페셜리스트들을 양성하자고 해서 삼성전자가 몇 해전부터 각 대학에 반도체학과를 지원·육성하고 있기는 합니다.[4] 늦었지만 다행이죠.

밀레니얼 세대의 취업이 어려운 이유에 대해 흔히들 '앞차가 안빠져서'라고 표현하기도 합니다. 특히 제가 다니는 KBS를 비롯해서 금융감독원 등 공기업에 다니는 지인들의 이야기를 들어보면다들 비슷한 상황이거든요. 89학번인 저희 때는 경제가 폭발적으로 성장하던 시기이다 보니까 채용에 따른 장기 예측도 하지 않고 그야말로 닥치는 대로 직원을 뽑았어요. 지금은 신입 공채 규모가저희 때의 3분의 1도 안 됩니다. 그리고 아직 제 윗세대들도 퇴직하지 않고 있잖아요. 이 때문에 기업 내의 세대별 구조가 전형적인 '역피라미드' 구조가 되었습니다.

대한민국 공기업의 최근 상황을 보면, 50대 직원이 30대 직원의2~3배쯤 되는 곳이 한두 곳이 아닙니다. 앞으로의 세대는 아마 지금의 30대보다도 더 적게 채용될 겁니다. 물론 이들 공기업 입장에서는 우리나라가 더 이상 예전처럼 빠르게 성장하지 못하는 저성장 국면에 진입했으니 신규 공채 규모를 축소해서라도 조직의 규모를 줄여야겠죠. 그런데 이러한 채용구조가 계속되면 결국 피해는 고스란히 청년 세대가 감당해야 합니다.

미국도 '문송'의 예외 지역이 아니다? :
전공과 연봉의 상관관계

홍춘욱　　흥미로운 사실은 문과생이 노동시장에서 취업도 어렵고 연봉도 높지 않은 경향이 미국에서도 발견된다는 겁니다. 최근 〈월스트리트 저널〉에는 미국에서 4년제 공과대학을 졸업한 사람들의 생애 소득을 조사한 연구 자료가 인용됩니다.[5] 그들의 연봉과 일자리가 어떻게 되는지 살펴본 것이죠.

미국의 경우, 대졸 신입 연봉의 기대 수준이 6만 달러 정도라고 합니다. 원화로 환산하면 약 7,000만 원 정도니까 상당히 높은 수준을 기대하는 거죠. 그런데 실제 초임 연봉 수준은 4만 8,000달러 정도입니다. 원화로는 5,000만 원 중반대 정도죠. 기대 수준과는 다소 차이가 납니다.

그런데 어떤 전공 분야에서 기대 수준과 실제 연봉의 차이가 가장 컸는지를 살펴본 결과 언어 및 철학 전공자들, 그다음이 사회과학 전공자들이었어요. 그들의 실제 초임 연봉은 3만 달러 정도에서 시작했습니다. 게다가 생애 최대 연봉에 도달하는 40대 후반에도 이들의 연봉은 8만 달러를 넘지 못했습니다.

그럼 공학을 포함한 STEM(과학Science, 기술Technology, 공학Engineering, 그리고 수학Mathematics 분야) 전공자들을 볼까요? 공학 전공자들은 초임 연봉이 4만 5,000달러 수준에서 시작되고, 역시 생애 최대 연봉에 도달하는 40대 후반에는 10만 달러 수준에 육박하게 됩니다. 평균적으로 억대 연봉을 상회한다는 이야기죠.

그런데 한때 실리콘밸리의 성공한 CEO들 중에 철학이나 역사학 같은 인문학 전공자들이 꽤 있다는 말이 돌면서 국내 대기업 채용에서도 인문학과 교양 시험을 강화한다는 이야기가 나온 적

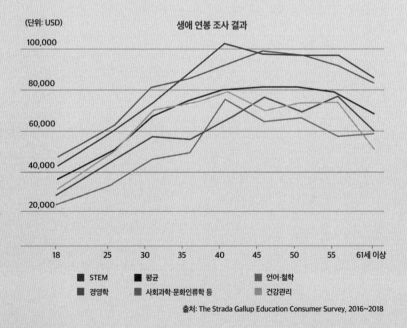

생애 연봉 조사 결과
(단위: USD)

출처: The Strada Gallup Education Consumer Survey, 2016~2018

밀레니얼 이코노미

이 있죠. 사학과 출신으로 열심히 준비해서 대기업 취업에 성공했다는 케이스들도 당연히 회자되고요. 그런데 지금 되돌아보면, 실리콘밸리의 인문학과 출신 CEO들은 하버드나 MIT처럼 세계 최상위권 대학을 졸업한 사람들이 대부분이에요. 해당 학문의 중요성과 의미를 논하자는 것이 아닙니다. 다만 이런 극히 일부의 케이스만 보고 대기업 채용 전반에 이를 적용하겠다는 논리가 얼마나 허망한 것인지를 말씀드리고 싶은 것입니다. 미국 전체 대학 졸업자들을 대상으로 한 연봉 추적 조사에서도 최상위권 대학 졸업자들은 이미 '넘사벽'의 연봉 수준을 자랑하고 있거든요. 그러니 국내에서와 마찬가지로 미국에서조차 인문학 전공자들의 디스카운트 현상이 분명히 존재한다는 거죠.

노동시장의 새로운 변수 : 외국인 노동자의 급증

홍춘욱　　　제가 한 가지 더 주목하고 싶은 요인은 '외국인 노동자'라는 집단입니다. 지난 20년간 대한민국에 거주하는 외국인 근로자의 규모가 상당히 증가했습니다. 국내에 거주하는 외국인 근로자의 수는 1990년대 말에 20만~30만 명 정도로 추산되었고, 2018년에는 236만 8,000명에 이르는 것으로 추정되었습니다.[6] 이 데이터는 지금의 노동시장에 진입한 밀레니얼에게 꽤 의미 있는 수치입니다.

지난 반세기 동안 사실상 우리 노동시장의 중추 역할을 담당한 분야가 제조업과 건설업이었습니다. 저도 대학 시절 방학마다 학비를 마련하기 위해 건설 현장 일용직, 소위 '노가다'를 했거든요. 당시 대학등록금이 학기당 50만 원 정도였는데, '노가다'를 하면

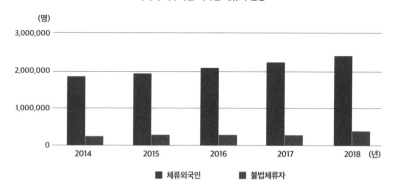

국내에 거주하는 외국인 체류자 현황

출처: e-나라지표, <체류 외국인 현황>

월 100만 원이 조금 안 되는 돈이 들어왔어요. 육체노동이 얼마나 고된가에 대한 논의는 접어두고, 이 정도 소득이면 먹고살기에 나쁘지 않았던 거죠. 당시 좋은 대학에 다니던 친구들이 개인 과외 교습을 하면 월 30만~40만 원을 받았어요. 저처럼 '노가다'를 한 달간 하거나 과외를 두 건 정도 뛰면 한 학기 등록금을 마련하고도 하숙집 월세도 몇 달치 냈다는 거예요.

그런데 2019년 현재는 어떨까요? 물가 상승률을 반영해보면 당시 소득구조는 다 무너진 거라고 봐야 합니다. 건설 현장에도, 대학생 과외 시장에도 이제 공급이 넘쳐흘러요. 이제 대학등록금은 그때보다 10배나 뛰었지만 상위권 대학생의 과외비는 여전히 30만~40만 원 수준이거든요. 건설 현장은 외국인 노동자가 채우고 있고, 우리나라의 대학생 수도 엄청나게 증가했기 때문이죠. 결국 제조업과 건설업 현장의 저숙련 육체노동시장에 외국인 노동자들이 파고 들어오면서 노동시장 내의 공급 과다와 임금 하락을 낳은 것입니다. 그런데 이런 일자리들은 대부분 중소기업 규모에 해당하잖아요. 대기업과 중소기업 간의 임금 양극화 현상은 이렇게도 설명되는 부분이 있습니다.

그래서 저는 외국인 노동자 증가가 그 어떤 세대보다도 밀레니얼 세대에게 직접적인 영향을 미칠 수 있다고 봅니다. 우리 역사상 밀레니얼 세대만큼 교육을 잘 받은 세대가 없습니다. 대졸자 비율이 OECD 1위잖아요. 그런데 이들 세대는 외국인 노동자의 국내 유입이 가파르게 상승하는 상황에 직면했습니다. 현재 추세라면 내년에는 전체 인구 중 외국인 노동자의 비율이 5%를 넘어설 거예요. 왜냐하면 2018년 단 한 해에만 외국인 순이동(유입-유출)이 무려 15만 6,000명에 이르렀거든요. 이들이 주 40시간씩 연 52주 연속으로 일했다고 치고, 최저 임금을 적용해보면 퇴직금까지 포함해서 약 2만 달러의 연 소득이 나와요. 최저 임금 인상의 수혜자는 역설적이게도 외국인 노동자일 가능성이 높습니다. 아시아에서 이 정도 소득이면 한국, 일본, 대만 다음 가는 수준이거든요. 결국 한국의 저숙련 노동시장이 외국인 노동자들에게는 상당히 매력적으로 부각되고 있습니다. 전통적인 제조업과 건설업의 저숙련 노동시장에서 우리 밀레니얼 세대의 자리는 자발적으로도, 비자발적으로도 급격하게 줄어들고 있는 거지요.

박종훈　　　2012년 호주 스프링베일 광산에 취재를 다녀온 적이 있습니다. 스프링베일 광산은 광물자원공사와 삼성물산 등이 개발 투자에 뛰어들어 화제가 되었던 곳이기도 합니다. 당시 탄광 입구에 고가의 외제 차들이 빽빽하게 주차되어 있더라고요. 그래서 무슨 공식 행사가 있나 했어요. 알고 보니 그게 전부 광부들 차더라고요(웃음). 이 상황을 〈월스트리트 저널〉에서도 "억대 연봉의 광부들"이라는 제목으로 보도한 적이 있어요. 인터뷰를 한 광부는 고교를 중퇴한 자신의 연봉이 2억 2,000만 원이라고 했어요. 상당히 놀라운 연봉이었죠.

이 임금 수준이 어떻게 가능한지를 추적해보니까, 호주의 노동조합들이 외국인 노동자의 유입을 철저하게 막았던 것과 관련이 있었어요. 선진국에 가까워질수록 고된 노동 현장, 소위 3D 업종에는 청년 세대들이 진입하길 꺼리잖아요. 결국 수요는 존재하지만 공급이 제한되면 어떻게 되겠어요? 광산 노동자들의 연봉이 저렇게 높은 수준으로 유지되는 거죠. 그래서 호주의 배관공들도 연봉이 1억 수준이라고 합니다. 용접공들의 연봉도 1억 원을 훌쩍 넘었습니다. 특수 용접기술을 가진 경우에는 연봉이 상상을 초월하죠.

우리나라의 경우, 김영삼 정부 때 중국의 낮은 지대와 임금 때문에 기업의 공장들이 하나둘씩 중국으로 옮겨가기 시작했습니다. 정부의 고민이 깊었죠. 국내에 공장을 두게 하려면 결국 저임금 외국인 노동자의 유입을 허용할 수밖에 없었습니다. 이렇게 '산업 연수생 제도'가 만들어졌습니다. 실제로 공장의 중국 이전을 줄이는 데는 다소 효과가 있었을지 모릅니다. 그런데 이게 기업의 비용을 절감해주는 역할은 했지만, 일자리 창출 효과는 내지 못했습니다. 국내에 공장이 들어서는데도 말이죠. 결국 밑에서부터 티도 나지 않게 청년 세대들의 미래를 조금씩 '차압'하는 상황이 벌어지기 시작한 거죠. 이 점에선 저도 홍 박사님 견해에 동의합니다.

결국 우리 노동시장은 이러한 이유들로 인해 철저한 양극화에 도달했다고 봅니다. 대기업과 중소기업 간의 임금 격차만큼이나 정규직과 파견 근로자 간의 격차도 심각합니다. 이처럼 임금의 이중 구조가 점차 악화되고 있는데, 여기에는 외국인 근로자라는 요인도 유의미하게 작용했습니다. 이렇게 보면, 최근 일부 밀레니

얼 세대가 드러내는 외국인 근로자와 난민에 대한 혐오적 시선
의 배경도 조금은 이해할 수 있습니다. 외국인 근로자와 '경쟁관
계'에 놓여 있지 않았던 기성세대가 이른바 '정치적 올바름Political
Correctness·PC'의 차원에서 밀레니얼 세대를 재단하는 것은 그들이
처한 현실에 비추어 가혹한 면이 있습니다.

대기업과 스타트업, 일자리 창출의 비중

　　　　　　　— 그럼 논의의 방향을 조금 바꿔보자. 이제 대기업은 신
규 채용 인원을 과거처럼 늘릴 수 없는 시대를 맞았다, 그렇다면 대기업
이 아닌 중소기업이나 스타트업 창업 등을 통해 일자리를 대대적으로 창
출할 수 있을까.

　박종훈　　　　　기업가정신과 관련된 대표적인 비영리단체인 미
국의 카우프만Kauffman 재단에서 흥미로운 연구 결과를 발표했습
니다. 1977년부터 2005년까지 순 일자리 증가를 주도해온 기업이
어떤 유형의 기업이었는가에 대한 연구였죠.[7] 이 연구에 따르면,
해당 기간 동안 일자리 창출을 주도해온 기업은 창업한 지 5년이
되지 않은 신생 기업들이었다고 합니다. 그리고 창업 5년이 넘은
기업들은 순 일자리 증가에 크게 기여하지 못했어요. 1980년대 이
후에 창업 5년이 넘은 기업들이 순 일자리 증가에 기여한 해는 딱

3개년뿐이었다고 합니다. 바로 미국 경제가 상당히 호황이었던 1984년, 1995년, 2000년이었습니다. 결국 경제 전체가 엄청난 호황을 맞지 않는다면 창업한 지 수십 년이 넘은 대부분의 대기업들은 순 일자리 창출에 크게 기여하지 못했다는 이야기죠.

그러니 현재와 같은 저성장 국면에서 기존의 대기업에 대규모의 고용 창출을 기대하는 것은 현실적으로도 어려운 일인데다 역사적으로도 드문 일이라는 말씀을 드리고 싶습니다. 그럼 어떻게 해야 할까요? 앞의 연구에서 일자리 창출의 3분의 2를 담당해온 기업은 창업 5년 미만의 기업들이었기에, 카우프만 재단은 혁신적인 스타트업들이 경제 내에 끊임없이 등장하고 경제의 중추로 성장하지 않는 한, 기존의 대기업에만 의존하는 일자리 정책은 효과를 얻기 힘들다는 결론을 내렸습니다.

그럼 이제 우리나라의 스타트업 창업 붐에 대해 생각해볼까요? 도처에 스타트업 성공 사례들이 넘쳐나고 지금 이 순간에도 끊임없이 신규 창업이 이루어지고 있습니다. 그런데 왜 일자리가 폭발적으로 늘어나지 않는 걸까요? 바로 대다수의 국내 스타트업들이 '데스 밸리death valley' 구간을 넘지 못하고 사라지기 때문입니다. 이 논의는 뒤에서 좀 더 하겠습니다만, 신규 창업자가 넘쳐나도 3년 정도 지나면 자금이 부족해지고, 결국 죽음의 계곡을 넘지 못하고 사라진다는 겁니다. 물론 원인은 여러 가지로 생각해볼 수 있습니다. 그래서 우리나라의 경우, 대기업이 폭발적으로 채용을 하지 않는데다 스타트업 붐에도 불구하고 그중 장기 성장하는 비율은 아주 극소수이기 때문에 일자리가 눈에 띄게 창출되지는 않을 거라는 답답한 분석을 할 수밖에 없습니다.

홍춘욱　　　사실 창업 5년 이내의 소기업, 벤처기업 부문에서 고용이 늘어나야 한다는 점은 정부도 인식하고 공감하는 내용일 겁니다. 그런데 벤처기업의 성장이란 정말 희박한 가능성을 뚫고 나가는 일이잖아요. 창업 초기에 엔젤 투자를 받고서 몇몇 스타트업들이 꽤 유망한 아이디어를 상품화한단 말이죠. 그런데 얼리어댑터 시장을 넘어서서 대중에게 퍼져나가는 단계에 도달하기 전에 '캐즘chasm(단층)'에 직면해요. 투자는 대규모로 이뤄졌는데 수요는 갑자기 식어버리는 상황인 거죠. 이 구간에서 회사의 돈줄이 마르는 겁니다. 결국 그 유망한 아이디어가 사라져버리는 일이 부지기수죠. 캐즘을 넘어서야 고용이 본격화될 수 있는데 말이에요. 게다가 한국은 벤처기업, 스타트업 하기 참 힘든 나라라는 탄식들도 많죠. 제도적인 장벽이 아무래도 가장 큰 이슈일 거고요. 세상의 변화를 쫓아가는 데 시간이 참 많이 걸리는 나라에 산다, 저는 이 정도로만 첨언하겠습니다(스타트업에 관한 논의는 4장에서 자세히 다룬다).

대기업은 왜
부동산에 투자하는가

박종훈　　　최근 국내 대기업이 사람에게는 투자(채용)를 적게 하면서 상대적으로 많이 투자하는 부문이 있습니다. 바로 부동산입니다.

통계 자료의 신뢰도 문제가 있을 수는 있겠지만, 일단 제가 확인한 것은 경실련에서 발표한 자료[8]입니다. 이 자료를 보면, 상위 10개 법인이 보유한 국내 토지 면적이 약 5억 7,000만 평입니다. 2007년 이후 10년 만에 10개 법인이 소유한 토지 면적이 4억 7,000만 평 증가하면서 약 6배 규모로 늘어난 겁니다. 공시 가격 기준으로는 283조 원 늘어난 거고요. 이게 얼마나 큰 규모인지 감이 안 오실 거예요. 4억 7,000만 평이면 서울 전체 면적의 2배 규모입니다. 상위 10개 법인은 당연히 국내의 내로라하는 대기업들이고요. 이들이 일자리가 창출되는 곳에 투자를 하기보다는 토지에 투자를 했다는 이야기

구분	2007년		2017년		증가	
	토지보유 (억 평)	공시가격 (조 원)	토지보유 (억 평)	공시가격 (조 원)	토지보유 (억 평)	공시가격 (조 원)
상위 1%	7.8	350	18.7	980	10.9	630
상위 100위	4.1(53%)	213	12.3(66%)	635	8.2(75%)	422
상위 10위	1.0(13%)	102	5.7(30%)	385	4.7(43%)	283

주: 괄호 안 비율은 상위 1%분에 대한 100개와 10개 기업의 비율.　　　　출처: 국세청, 경실련·정동영 의원실 제공

죠. 이는 우리나라 부동산 가격 상승에도 큰 영향을 미쳤고요. 이 같은 기업의 부동산 투자는 사내 유보금으로 잡힙니다.

그런데 이게 기업의 잘못일까요? 비난할 일일까요? 아니요. 저는 아니라고 봅니다. 기업은 기본적으로 이윤을 창출하기 위한 집단이거든요. 돈을 벌 수 있기 때문에 거기에 투자하는 겁니다. 토지에 투자하는 편이 다른 곳에 투자하는 것보다 수익률이 훨씬 높기 때문이겠죠. 만일 기업이 설비 투자를 하고 노동자들을 고용해서 더 많은 돈을 벌 수 있다면 당연히 설비 투자를 하겠죠. 이런 비효율적인 시장 환경을 바꾸는 것, 즉 설비 투자가 땅을 사들이는 것보다 더 많은 보상을 돌려주도록 산업 생태계를 조성하고 부동산 투기로 큰 돈을 벌지 못하도록 시장 환경을 정비하는 것이 바로 정부의 역할입니다.

여기서 지적하고 싶은 것은 결국 기업의 행동(투자) 변화는 '경제구조'의 변화를 통해서만 가능하다는 점입니다. 기업은 주주의

이익을 보장해야 하죠. 자본주의 경제에서 기업이 투자 이익률이 높은 쪽에 투자를 하겠다는데 정부가 막을 수는 없습니다. 이는 전 세계가 직면한 상황이기도 합니다. 그리고 결국 밀레니얼 세대의 일자리 문제에는 이런 전체적인 구조적 원인이 강력하게 개입되어 있다는 점을 부연하고 싶습니다.

홍춘욱 전체적으로 동의합니다. 다만 한국의 특수성에 대해 고민해볼 필요가 있다고 봅니다. 박 기자님께서 기업의 부동산 투자 이야기를 하셨는데요. 참고로 우리나라의 총자산national total wealth이 GDP의 5배 정도 됩니다. 우리나라 GDP가 1,800조 정도 되니까 국가 총자산은 약 1경 정도 되는 거죠. 그런데 10대 기업의 부동산 투자 규모가 200조대라고 하셨잖아요. 그럼 국가 총자산의 2% 정도 된다는 말입니다. 기업 입장에서는 그 정도의 투자를 해외로 돌리지 않고 국내에 했다는 말도 되는 거잖아요. 그리고 기업이 그렇게 부동산을 구입해서 유휴지로 놀리고 있을까요? 아니죠. SK처럼 용인에 반도체 클러스터를 만들거나 디스플레이 공장을 짓는 거죠. 물론 기업의 생산과 경영은 형편없는데 오직 '땅값'이 올라서 오너만 부유해지는 일부 예외도 있습니다. 그러나 대부분의 기업에서 대규모 토지 조성은 상당한 투자가 동반되는 개념으로 봐야 하고, 그것이 해외 부문으로 나가지 않았다는 점에 대해서도 인정해줄 필요는 있다고 봅니다.

특히 한국의 투자율이 세계적으로도 굉장히 높은 수준이라는

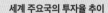

세계 주요국의 투자율 추이

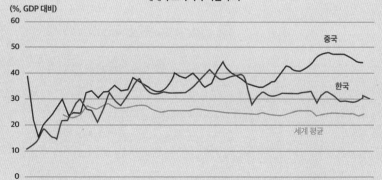

(%, GDP 대비)

중국

한국

세계 평균

1960 1963 1966 1969 1972 1975 1978 1981 1984 1987 1990 1993 1996 1999 2002 2005 2008 2011 2014 2017 (년)

출처: 세계은행

점에 주목해야 합니다.[9] 간단히 말해, 국내 총생산에서 투자가 차
지하는 비중만 보면 한국은 세계에서 중국 다음으로 높은 수준입
니다. 선진국 중에 한국만큼 투자를 많이 하는 나라가 없다는 점
을 감안하면, 기업들의 투자는 앞으로 점차 둔화될 여지가 높습니
다. 그러다 보면 지금처럼 토지를 취득할 이유가 없어지지 않을까
생각됩니다.

그럼에도 밀레니얼은 왜 퇴사하는가

— 그런데 이렇게 힘든 취업 상황에도 불구하고, 어렵게 들어간 대기업마저 박차고 나오는 밀레니얼 세대가 많다. 이런 현상은 어떻게 이해할 수 있을까.

홍춘욱 　　2017년 KDI가 발표한 연구 결과가 이 현상을 어느 정도 설명해줍니다. 취업을 하더라도 불황기에 했는지 호황기에 했는지에 따라 평생 영향을 받는다는 연구[10]인데요. 결론적으로 말하면, 지금 밀레니얼 세대는 이런 맥락에서도 '운이 없는 세대'에 속한다는, 자못 뼈아픈 이야기입니다. 간단히 설명해보겠습니다.

경제가 성장하고 호황기가 시작될 때, 즉 우리로 치자면 1990년대 초반, 혹은 2000년대 중후반 정도에는 대학을 졸업만 해도 취업이 어렵지 않았습니다. '모셔간다'는 말이 있을 만큼요. 그런데 하필 불황일 때 졸업을 하면 일자리를 찾기가 쉽지 않잖아요. 그런데 이 연구에 따르면 실제로 우리나라 노동시장에서도 호황기에 취업하는지 불황기에 취업하는지에 따라 첫 일자리로 이행하기까지의 탐색 기간, 구직활동 기간, 장단기 임금 수준, 퇴사율 등에서 차이가 났다고 합니다.

다음 표를 보면, 생애 첫 번째 일자리의 임금은 모든 그룹에서 향후의 임금과 고용에 대해 뚜렷한 양(+)의 상관관계를 가집니다. 쉽게 말해, 첫 번째 일자리에서 높은 임금을 받으면 그 후에도 내

첫 일자리 임금과 향후 노동시장에서의 성과: 남성의 경우

(단위: 천 명)

	고졸		2~3년제 대졸		4년제 대졸	
	(1) 임금	(2) 고용	(1) 임금	(2) 고용	(1) 임금	(2) 고용
(log)첫 일자리 임금 X (경력1~2년 차)	0.315** (0.035)	0.145** (0.009)	0.446** (0.029)	0.161** (0.005)	0.462** (0.033)	0.154** (0.004)
X (경력3~4년 차)	0.312** (0.032)	0.137** (0.012)	0.425** (0.029)	0.149** (0.008)	0.455** (0.031)	0.147** (0.005)
X (경력5~6년 차)	0.294** (0.029)	0.132** (0.014)	0.407** (0.029)	0.142** (0.011)	0.448** (0.030)	0.141** (0.007)
X (경력7~8년 차)	0.284** (0.028)	0.131** (0.018)	0.392** (0.030)	0.132** (0.013)	0.444** (0.029)	0.135** (0.009)
X (경력9~10년 차)	0.273** (0.028)	0.130** (0.020)	0.380** (0.031)	0.127** (0.016)	0.439** (0.028)	0.128** (0.010)
X (경력11년 차 이상)	0.256** (0.028)	0.130** (0.024)	0.381** (0.031)	0.123** (0.018)	0.437** (0.029)	0.130** (0.010)
N	1966	2481	3013	3700	4863	5943

주1: 괄호 안은 추정오차. 추정오차는 졸업지역 X 졸업연도 단위에서 군집됨. $+$: p<0.1, $*$: p<0.05, $**$: p<0.01

주2: 모든 식에서 부모학력, 형제자매수, 출생순서, 잠재경력이삼차식, 최종졸업연도 및 최종졸업지역 고정효과, 최종졸업지역별 선형 추세 그리고 현재 연도 고정효과를 통제 변수로 포함함. 대졸자의 경우 수능 성적(언어, 외국어, 수학) 범주형 더미(1~5) 및 4년제 대학 순위를 추가로 통제함.

출처: 한요셉(2017), KDI

내 고임금과 안정 고용을 보장받을 가능성이 높다는 이야기입니다. 반대로 첫 번째 일자리에서 낮은 임금을 받으면 내내 고생한다는 뜻이고요.

사실 첫 직장의 임금이 평생의 임금 수준과 매우 밀접한 연관을 맺는다는 점은 이미 2010년 예일대학 경제학과 리사 칸 교수의 유명한 논문[11]에서도 밝혀진 바가 있습니다. 예일대 졸업생을 추적 연구한 결과, 불황기에 졸업한 학생과 호황기에 졸업한 학생의 인생이 완전히 다른 궤적을 그렸던 거죠. 그런데 이게 한국에서도 동

일하게 적용되고 있습니다. '중소기업에서 시작하면 중소기업밖에 이직할 곳이 없다'는 이야기를 심심치 않게 듣잖아요.

불황기에는 취업이 힘드니까 눈높이를 낮춰서 자신의 기대치보다 낮은 저임금 일자리에 취업했다고 칩시다. 그러면 노동시장은 그 사람에 대해 이른바 '낙인'을 씌우죠. 이는 이론적으로는 노동시장 내에서 능력에 따라 자유롭게 이동이 가능해야 하지만, 현실은 그렇지 않다는 뜻입니다. '당신 실력도 별로 없으니까 그 연봉을 받고 그런 회사에 있었지!' 이렇게 생각해버린다는 거죠. 결국 현실에서 노동시장은 유연하지 않기 때문에, 즉 대기업과 중소기업 간에 이중 노동시장 구조가 존재하기 때문에 경기가 불황인 상태에서 다소 불리하게 취업한 사람들에게는 이후에 이를 극복하고 대기업으로 점프할 기회가 쉽게 주어지지 않습니다.

반대로 경기가 호황이라 일자리가 차고 넘칠 때 '골라서' 취업한 사람들은 전자보다 유능한 사람으로 대우받고 평생에 걸친 임금도 높습니다. 당연히 직장 만족도도 상대적으로 높아서 퇴사율도 더 낮고요. 이렇게 첫 취업은 정말 중요한 일이기 때문에 취업 연령은 계속 늦어집니다. 그게 합리적인 선택이니까요. 괜히 '공시족'이 많은 게 아닙니다.

제가 현재 구직 중인 밀레니얼 세대더러 '운이 없다'고 말하는 이유는 앞으로 꽤 장기간 저성장의 시대가 찾아올 것으로 예측되는데다, 이것이 평생에 걸친 그들의 소득에도 영향을 미칠 것이기 때문입니다. 그리고 밀레니얼 세대의 퇴사율이 높다면, 바로 이런 연유에 기인하는 부분도 있을 거라고 추측해봅니다. 눈높이를 낮춰서 급하게 구한 일자리에 만족할 확률은 경험상으로도 높지 않거든요.

박종훈　　　실제로 2016년 경총에서 발표한 자료[12]를 보면, 입사 1년 안에 퇴사하는 비율이 꽤 높아졌습니다. 제가 만나본 대기업 인사 담당들이 하나같이 고민하는 것은 "왜 이렇게 그만두는 신입사원이 많은가"였거든요. 기성세대의 시각으로는 도무지 이해가 안 가는 거죠. 그렇게 취업하기 힘들다면서 어렵게 들어간 직장을 어떻게 이렇게 금방 그만둘 수가 있냐면서 말이죠. 이건 역사적인 흐름을 조금 짚어볼 필요가 있을 것 같습니다.

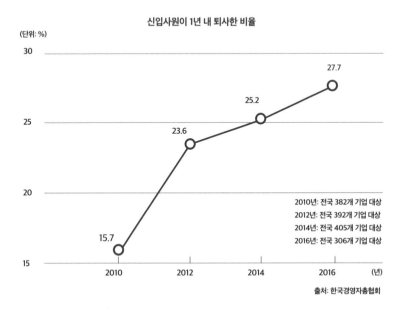

신입사원이 1년 내 퇴사한 비율

(단위: %)

2010년: 전국 382개 기업 대상
2012년: 전국 392개 기업 대상
2014년: 전국 405개 기업 대상
2016년: 전국 306개 기업 대상

출처: 한국경영자총협회

　　　　　밀레니얼 이코노미

해방 후 우리나라 노동시장에 가장 큰 타격을 입힌 사건은 아마도 '1997년의 외환위기'일 것입니다. 이때 많은 노동자들, 그러니까 대부분의 베이비붐 세대와 일부 X세대들이 '이제 평생직장은 없다'라는 냉혹한 현실을 깨닫게 됐습니다. 당시 상황은 열심히 일하는 직원들에게 회사가 먼저 배신을 선언한 셈이었거든요. 그럼에도 X세대까지는 직원들이 회사를 먼저 배신하지는 않았어요. 평생직장은 아니지만, 그래도 버틸 수 있을 때까지는 열심히 버티자는, 조직 내의 충성 구호가 그나마 먹히던 세대들이었던 거죠.

그런데 계속 언급했듯이, 베이비붐 세대의 자녀 세대가 지금의 밀레니얼 세대잖아요. 이들은 자기 부모들이 충성을 다하던 회사에서 어느 날 갑자기 헌신짝처럼 내쳐지는 현실을 어린 나이에 목도한 세대들이에요. 그리고 그들은 역사상 가장 높은 학력, 문화적 혜택, 개인주의를 탑재하고 있는 세대이기도 하고요. 그들에게 더 이상 구시대의 구호가 먹히지 않는 것은 어쩌면 너무도 당연한 일입니다.

그리고 홍 박사님이나 저처럼 2차 베이비붐 세대 또는 X세대에 포함되는 기성세대들이 보여준 조직 문화가 비민주적인 부분이 많았잖습니까. 관료주의와 연공서열. 조직의 악습에 함구하고 회식도 조직 사회에 적응하는 과정이란 미명 하에 이전 세대의 문화를 추종했죠. 우리 세대는 그러한 문화에, 좋게 말하면 '융화'된 세대죠. 거부하지 않았고 오히려 악습에 젖어들기도 했습니다. 그런데 밀레니얼 세대는 그런 세대가 아닙니다. 그들은 공정함을 중시하죠. 우리 세대에 비해 엄청난 시간과 노력을 투자해서 취업한 사람들이라서 직장이라는 곳에 기대하는 눈높이가 다르죠. 그래서 기대에 미치지 못하는 조직을 경험하게 되면 우리 세대보다 더욱 쉽게 퇴사를 선택하는 겁니다.

게다가 이들은 기성세대들에 비해 접하는 정보의 양도 엄청나게 많습니다. 시대의 흐름을 빠르게 캐치하여 산업이 어떻게 흘러가는지, 현재 직장의 미래가 어떤지 빠르게 판단합니다. 인공지능이니, 4차 산업혁명이니 하는, 완전히 다른 시대가 펼쳐질 것이 분명한데, 과거의 관행을 답습하는 회사를 보면 미래가 암울하겠죠. 그래서 '아, 내가 이 회사에서 이렇게 시간을 보내다가는 저 사람들처럼 무능하게 늙겠구나' 하는 생각이 들게 되죠. 과거에는 시대에 다소 뒤쳐지는 조직도 살아남을 수 있었지만, 지금처럼 기술이 급격히 바뀌는 시대에는 그런 기대를 품을 수조차 없게 되었습니다. 당장 10년 후에 없어질지도 모를 회사에 충성을 바치면서 과장이 되고 팀장이 되는 삶이 젊은 세대에게 매력적일까요? 젊은 세대의 퇴사와 이직이 빈번해지는 것은 어쩌면 이들에게는 상당히 합리적인 선택의 결과가 아닌가 싶습니다.

현재 우리나라 노동자의 평균 근속 기간은 5.6년입니다. OECD 회원국 중에도 상당히 짧은 편에 속하지요. 물론 이 통계에 문제가 있을 수는 있지만, 우리나라가 이렇게 달라졌다는 현실은 부정할 수 없습니다.

이제 기업도 밀레니얼 세대의 특성과 기대 수준을 이해하지 못

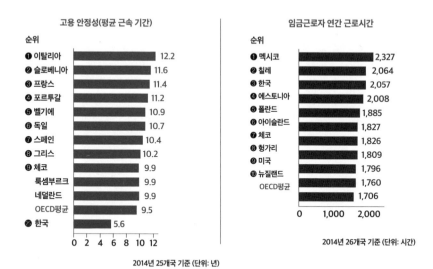

OECD 13개 회원국의 임금근로자 평균 근속 기간

고용 안정성(평균 근속 기간)

순위
❶ 이탈리아	12.2
❷ 슬로베니아	11.6
❸ 프랑스	11.4
❹ 포르투갈	11.2
❺ 벨기에	10.9
❻ 독일	10.7
❼ 스페인	10.4
❽ 그리스	10.2
❾ 체코	9.9
룩셈부르크	9.9
네덜란드	9.9
OECD평균	9.5
㉕ 한국	5.6

0 2 4 6 8 10 12

2014년 25개국 기준 (단위: 년)

임금근로자 연간 근로시간

순위
❶ 멕시코	2,327
❷ 칠레	2,064
❸ 한국	2,057
❹ 에스토니아	2,008
❺ 폴란드	1,885
❻ 아이슬란드	1,827
❼ 체코	1,826
❽ 헝가리	1,809
❾ 미국	1,796
❿ 뉴질랜드	1,796
OECD평균	1,760
	1,706

0 1,000 2,000

2014년 26개국 기준 (단위: 시간)

출처: 한국기술교육대 금재호 교수의 토론회 주제발표

하면 많은 비용과 시간을 투자해서 뽑은 금쪽같은 일꾼들을 계속 놓칠 수밖에 없습니다. 세대가 갈수록 이직률, 퇴사율은 계속 상승하는 추이를 보일 겁니다.

Chapter 3

경제구조는
어떻게 재편될까:
기술 혁신과
일자리 변동

— 지금 한국 경제는 세대교체뿐만 아니라 산업구조의 재편도 마주하고 있다. 급격한 양상으로 변화할 '4차 산업혁명'의 시대에 경제는 어떻게 달라질까.

홍춘욱　　　논의를 시작하기 전에, 4차 산업혁명이라는 용어에 대해 먼저 언급해야겠군요. 최근 정보통신기술에 기반한 산업 전반의 변화를 '4차 산업혁명'으로 명명하곤 합니다. 세계경제포럼의 회장인 클라우드 슈밥^{Klaus Schwab}이 주창한 용어죠. 그런데 저는 이 용어의 사용에 대해 조금 회의적입니다. 사실 변화가 진행되고 있는 당대에 새로운 혁명기를 정의한다는 것 자체에 한계가 있어요. 지금은 인터넷의 도입으로 본격화한 3차 산업혁명, 즉 지식정보화혁명의 연장이자 심화라고 보는 의견이 좀 더 우세할 겁니다. 실제로 생산성이 '혁명'이라는 말을 적용해도 괜찮을 정도로 향상되었느냐에 대해서도 회의적이고요.

아래의 그래프는 로버트 J. 고든 교수의 책《미국의 성장은 끝났는가》에서 인용한 것입니다. 미국의 생산성이 1970년 이후 낮아진 것을 확인할 수 있죠. 참고로 TFP^Total Factor Productivity(총요소생산성)는 노동력 및 자본 투자의 변화로 설명할 수 없는 생산성의 향상을 의미합니다. 노동력과 자본 투입에 따른 생산성의 향상은 대체로 일정한 반면, TFP는 생산성을 획기적으로 향상시키는 핵심적인 요인이죠. 물론 이 통계는 2014년까지를 다루고 있기 때문에 이후 이른바 '4차 산업혁명'으로 정말 생산성이 향상되었는지는 확인되지 않습니다.

그러나 최근 발표된 미국의 노동생산성 통계를 살펴보면, 1970년

1890년 이후 미국의 생산성 향상률 변화

(연 단위)

출처: Gordon(2016)

이후의 평균 수준(1.62%)을 뛰어넘는 강력한 생산성의 향상이 나타났다는 징후를 발견할 수 없습니다.

따라서 '4차 산업혁명'이라는 말에 지나치게 의미를 부여하기는 어렵고, 정책 당국 혹은 어떤 캠페인을 제안하는 사람들이 쓰는 수식어 정도로 생각하는 편이 좋을 듯합니다.

박종훈　　　사실 4차 산업혁명이라는 용어의 모태는 2012년 독일 정부가 선언한 '인더스트리Industry 4.0' 프로젝트라고 보는 시각이 많습니다. 인더스트리 4.0은 주로 제조업 분야에서 혁신적인 제조 공정과 ICT 기술을 접목한 융합형 신제조업 창출을 목표로 한 독일 정부의 미래 산업 프로젝트이자 성장 전략을 말합니다.

그러나 꼭 제조업에만 해당하는 것은 아니고 전 산업과 연관성을 지니고 있죠. 그렇게 보면 4차 산업혁명이 사실 신선한 개념은 아닌 셈입니다. 그래서 홍 박사님 의견처럼, 학계에선 이 용어를 회의적으로 보시는 분들도 많고요. 저 역시 지금 시대를 정의하는 데는 이 용어가 적합하지 않다고 봅니다. 하지만 우리 정부부터 적극적으로 차용해서 쓰는 용어라서 여기서도 그냥 사용할 수밖에 없을 것 같습니다.

다만 밀레니얼 세대가 4차 산업혁명에 대해 지금까지의 산업적 흐름과는 단절되는, 혁명 수준의 대단한 가능성이 내포되어 있는 것으로 오해할까봐 그 점은 조금 우려스럽습니다. 4차 산업혁명이라는 용어는 아카데믹한 정의라기보다는 시대적 유행과 용어의 마케팅이라는 맥락에서 이해할 필요가 있습니다. 그러니 자신의 진로나 중요한 사업상의 결정을 하는 경우, 이 용어에 대해 근거 없는 과도한 기대를 하는 것은 위험하다는 점을 말씀드리고 본론으로 들어가겠습니다.

기술은 국내 산업 전망을 어떻게 바꾸고 있나

— 앞으로의 기술 혁신이 밀레니얼 이코노미를 좌우할 것이다. 인공지능, 사물인터넷, 로봇, 블록체인에, 최근에는 5G까지 언급되며 엄청난 속도의 기술 혁신이 일어나고 있다. 산업별로 어떻게 영향을 받게 될까.

| 제조업 |

박종훈　　　우선 앞서 간단히 언급했던 제조업 분야부터 시작해볼까요. 2012년에 방금 언급했던 '인더스트리4.0' 프로젝트를 취재하기 위해 독일에 다녀왔습니다. 그때 세계적인 건축자재 회사인 피셔Fischer도 방문했었죠. 볼트나 너트, 앵커 같은 단순한 자재들을 만드는 곳으로 알려져 있지만 사실 전 세계적으로 기술력을 인정받는, 소위 '히든 챔피언hidden champion(대중에게는 잘 알려지지 않았지만, 세계적인 경쟁력을 보유한 숨은 강소기업)'입니다.

그런데 공장에 들어갔더니 규모는 축구장만큼 거대한데 사람은 단 두 명이 일하고 있더군요. 모든 제조·조립·포장 공정을 로봇이 하고 있었습니다. 지금으로부터 7년 전의 이야기입니다. 그래서 제가 현장 직원을 인터뷰하면서 "그럼 선생님이 담당하는 업무는 무엇입니까?"라고 물어봤죠. 그러자 "저는 간혹 로봇이나 기계가 고장 나면 그걸 정비하죠"라고 하더라고요.

제가 다소 오래된 이 취재기를 언급하는 이유는 제조업 분야에서 수년 사이에 급격하게 불어닥친 '1차 일자리 전환' 때문입니다. 이 내용은 이미 많이 회자된 내용으로 제조업에서 기계가 인간을 대체하게 된다는 것이지요. 그런데 제가 지금부터 말씀드리고 싶은 것은 '2차 일자리 전환'에 대한 것입니다.

'2차 일자리 전환'은 단순히 특정 일자리가 기계로 대체되는 차원이 아니라, 공장 자체의 외부화를 의미합니다. 쉽게 설명하자면, 산업혁명 직후에는 공장의 입지를 '자원이 어디 있느냐'에 따라 결정했습니다. 그러다가 최근까지는 '노동력이 싼 곳이 어디냐'가 공장의 입지를 좌우했고요. 그런데 앞으로는 '시장이 어디 있느냐'에 따라 공장의 입지가 이동할 것입니다. 결국 수요가 존재하는 곳에 공장을 짓고 현지에서 상품을 제조·유통·배송하는 시스템이 글로벌 기업들이 추구하는 방향입니다.

기존 독일 기업은 싼 노동력을 찾아 폴란드 같은 동유럽 국가에 공장을 지었을 가능성이 높습니다. 하지만 로봇 산업이 발전하면, 굳이 동유럽으로 가지 않고 독일 내에 공장을 짓겠죠. 더 나아가 수요가 폭발적으로 존재하는 선진국에만 대형 공장이 모일 거라는 예측도 가능합니다.

이미 미국은 그러한 추세를 보이기 시작했어요. 한국의 경우는 중국이나 베트남 등지로 나갔던 공장이 국내로 복귀하기보다는 주요 수출 거점인 미국으로 진출할 가능성을 생각해볼 수 있습니다. 앞으로의 제조업 일자리 창출은 이런 식의 이중 구조 속에서 더욱 어려운 상황에 직면할 수 있습니다.

홍춘욱　　　최근 미국 세인트루이스 연방은행에서 발간한 흥미로운 보고서[1]를 함께 살펴보면 박 기자님의 설명을 더욱 보강할 수 있겠네요.

핵심적인 내용은 아래의 그래프로 설명이 되는데, 간단히 말해

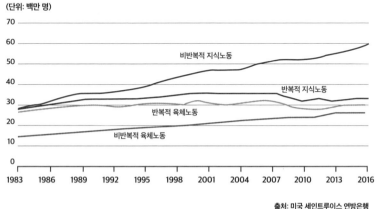

자동화가 직업 유형별 고용에 미치는 영향

(단위: 백만 명)

비반복적 지식노동

반복적 지식노동

반복적 육체노동

비반복적 육체노동

출처: 미국 세인트루이스 연방은행

반복적인routine 일을 하는 사람들의 일자리는 그게 육체노동이든 지식노동이든 늘어나지 않았다는 겁니다. 이런 현상이 나타나는 이유는 "자동적으로 컨트롤되고, 반복적으로 프로그래밍될 뿐만 아니라, 다양한 목적으로 조정이 가능하고, 세 개의 축 혹은 그 이상으로 프로그램되는 것이 가능한, 고정된 혹은 이동 가능한 산업용 자동 공작기계"에 의해 반복적인 일자리들이 쉽게 대체되기 때문입니다.[2] 반면 비반복적인 일을 하는 사람들은 로봇의 도입에도 큰 영향을 받지 않고, 오히려 사회 전체의 소득 증가에 따라 해당 일자리가 빠르게 늘어나게 됩니다.

| IT 산업 |

박종훈　　　　네. 그럼 이어서 IT 산업에 대해 논의해보겠습니다. 저는 개인적으로 우리나라가 'IT 강국'으로 발돋움할 수 있었던 데에는 기술 혁신과 인프라 기반이라는 요인도 어느 정도 역할을 했겠지만, 혁신적인 '국민성'도 한몫했다고 생각합니다. 그리고 지금의 밀레니얼 세대는 그 어떤 세대보다도 혁신적인 성향을 지니고 있고요. 이런 점을 생각하면 국내 IT 산업의 미래가 상당히 밝을 것 같죠? 그런데 안타깝게도 저는 그렇게 보지 않습니다.

바로 신규 산업에 대한 정부 정책에 여러 가지 문제점들이 있기 때문입니다. 특히 IT 산업과 관련해서 제가 주목하는 부분은 2007년에 제정된 '파견 근로자 보호법'입니다. 이 법의 취지는 '3D 업종'의 파견 근로자들을 보호하자는 것인데, 이 파견 근로자에 해당하는 업종(대통령령이 정하는 업종)에 희한하게도 IT 업계의 꽃이라는 '컴퓨터 관련 전문가'가 들어가 있어요. 이상해 보이죠?

이렇게 된 원인은 간단합니다. 2007년 법이 제정될 당시 각 기업들에서 컴퓨터 관련 전문가, 특히 소프트웨어 엔지니어에 대한 수요가 폭증하고 있었거든요. 당연히 이들의 몸값이 천정부지로 치솟았습니다. 그러자 관련 업계에서 정부 측에 지속적으로 요구했어요. 파견 근로 업종에 이들을 포함시켜달라고요.

그 결과는 어땠을까요? 이 법으로 인해 컴퓨터 프로그래밍 전문 인력들의 임금 수준이 박스에 갇히게 됩니다. 저임금 3D 업종이 되어버린 거죠. 이들이 파견 근로가 가능한 업종이 되면서 기업은 낮은 임금으로 인재들을 고용할 수 있게 되었습니다. 그리고 상상을 초월하는 이들의 살인적인 업무시간에 대해선 많이들 들어보셨을 거예요. 오죽하면 엔지니어를 '갈아서' 프로그램을 개발한다고 하겠어요.

그런데 미국 실리콘밸리의 애플이나 구글에서 일하는 소프트웨어 엔지니어들의 연봉은 평균 15만 달러에서 많게는 30만 달러를 훨씬 상회합니다. 근무시간도 그리 길지 않고요. 그러다 보니 아이러니하게도 국내에선 프로그래밍 인재를 조기에 양성하겠다며 초등학생들을 대상으로 코딩 교육 열풍이 불었는데, 정작 우수한 소프트웨어 엔지니어들은 모두 한국 기업을 떠나고 싶어하는 상황이 펼쳐졌습니다.

게다가 신규 사업을 어렵게 하는 다채로운 규제들이 있잖아요. 오죽하면 우리나라를 '규제 공화국'이라고 부르겠어요. 2018년 세계경제포럼의 조사에 따르면, 우리나라는 정부규제부담 순위에서 140개국 중 79위를 차지했습니다. 과거에는 규제가 더욱 심했습니다. 2015년 97위, 2016년 105위, 2017년 97위였거든요. 비교적 친기업적 성향이었다는 이명박·박근혜 정부가 기업에 대한 규제를 많이 풀었을 거라고 착각하곤 하지만, 당시 기존 대기업에 대한 규제만 다소 풀어주었을 뿐, 사실 스타트업이 새로운 대기업으로 성장하는 것을 막는 규제는 오히려 대폭 늘었습니다.

현대경제연구원의 조사 결과, 2009년부터 2016년까지 정부가 신설하거나 강화한 규제는 9,715건입니다. 그중 837건만 철회나 개선 권고가 이뤄졌고 8,878건이나 되는 규제가 신설됐습니다. 연평균 1,110건의 규제가 신설된 셈이죠. 이 규제들이 신산업의 새로운 태동을 막는 경우가 적지 않았습니다. 최근에야 규제 샌드박스를 통해 신규 창업을 막는 규제를 풀기 시작하면서 2018년에야 겨우 우리나라의 정부규제부담 순위가 79위로 올라섰습니다. 특히 뛰어난 스타트업들이 성공할 때쯤 되면 기존 기득권 세력의 압력에 의해 마치 유도탄처럼 새로운 규제가 신설되는 경우가 적지 않았습니다.

국내 대기업과의 불공정 거래 관행도 문제입니다. 제가 수년간 기업 취재를 해왔잖아요. 그런데 제조 스타트업이나 중소기업은 대부분 대기업에 납품을 하거든요. 열심히 상품을 제작해서 납품을 하면 대기업이 설계도까지 내놓으라고 강요하는 상황이 적지 않습니다. 최악의 경우는 설계도를 해당 대기업의 자회사에 넘겨서 생산하게 하는 것입니다. 애써 개발한 중소기업의 독자 기술이

헐값에 대기업으로 넘어가는 거죠. 이런 불공정 거래 행위가 발각되면 미국의 경우 징벌적 배상제도를 통해 천문학적인 액수의 배상을 하게 됩니다. 하지만 우리나라는 중소기업이나 스타트업의 기술력을 보호하는 법과 제도가 상당히 부실해요. 현장에는 정말 안타까운 상황들이 많습니다.

이렇듯 다양한 정부의 규제와 국내 기업의 여건들이 작동해서 결과적으로는 뛰어난 IT 인력들을 육성하기 어렵고, 오히려 해외로 나가는 안타까운 상황이 벌어졌다는 점을 지적하고 싶습니다. 현재 촉망받는 클라우드나 빅데이터 관련 산업들도 과연 이를 주도해나갈 인재들을 확보할 수 있을지가 성공의 관건입니다. 그런데 지금과 같은 환경이 계속되면 국내에 이런 인력이 남아 있을까요? 앞으로도 우리나라를 계속 'IT 강국'이라고 부르게 될까요? 이에 대해 저는 조금 걱정이 됩니다.

또 한편으로 생각하게 되는 것은, 첨단 산업의 스페셜리스트로 성장하고 싶은 밀레니얼 세대가 많을 텐데, 그들이 이 산업의 선배 세대에게서 전수받을, 고도의 '암묵지tacit knowledge'가 얼마나 있을까란 점입니다. 사실 한 산업의 전문성은 개인에게 체화된 경험과 지식이 산업 현장에서 다음 세대에게 자연스럽게 전수되는 거지요. 그런데 1세대 클라우드 기술자, 1세대 소프트웨어 공학자들이 빠른 시일 내 성공해 기반을 다지지 못한다면 밀레니얼 세대가 어떻게 IT 분야를 선도할 수 있을지 의문이 듭니다. 만약 그런 전문가가 등장한다면 그는 엄청난 경험과 지식의 공백을 돌파한 것이겠죠.

홍춘욱　　　(웃음) 대체로 동의합니다. 거의 '팩트 폭력'의 현장이군요. 계속하시죠.

| 금융업 |

박종훈　　　네. 그럼 조금만 더 해보겠습니다. 이번에는 금융업에 대해 살펴볼 차례인데요, 대학 학부 시절에 화폐금융론 수업에서 교수님이 하신 말씀이 아직도 생생하게 기억납니다. 1990년쯤이었죠. 당시 교수님은 수업을 듣던 학생들에게 "절대로 은행에는 취업하지 말라"고 하셨어요. 당시만 해도 은행은 정말 최고의 직장으로 꼽히는 곳이었기 때문에 다들 어리둥절했죠. 그런데 교수님은 "앞으로 은행에는 단 세 명의 직원만 필요한 시대가 올 것이다. 은행장과 은행장 비서, 그리고 운전기사 말이다"라고 하셨어요. 지금 생각해도 조금 과한 표현이었죠. 그분의 예측은 아직도 현실화되지 않았습니다.

그러나 밀레니얼 세대에게는 무시할 수 없는 예측일 수도 있습니다. 많은 전문가들이 예측하기를, 밀레니얼 세대가 한창 경제활동을 하는, 40대가 될 즈음에는 핀테크를 기반으로 은행 창구에 직원이 존재하지 않는 시대가 온다고 하거든요. 그때까지 은행은 아마 계속해서 직원을 줄여나가겠죠. 신규 직원을 아예 채용하지 않는 순간도 올 거고요. 비단 창구직원만의 문제가 아니라, 앞으로는 투자 결정과 같은 전문 분야도 인공지능으로 대체될 거예요.

이처럼 금융은 4차 산업혁명의 타격을 직접적으로 받을 산업군으로 언급되고 있습니다. 다만 일부 엔지니어들, 즉 투자 알고리즘을 설계하고 핀테크 시스템을 구축하고 빅데이터를 다룰 수 있는 소수의 엔지니어들만이 더욱더 각광받겠죠.

| 교육 산업 |

박종훈　　　이번엔 교육 산업에 대해 생각해볼까요. 교육은 인구 감소의 직접적인 영향을 받는 산업입니다. 그런데 단순히 아이를 적게 낳기 때문에 교육 산업의 미래가 어두운 것만은 아니에요. 저는 부모들이 더 이상은 과거와 같이 교육에 '올인'하지 않을 거라고 생각합니다. 우리 사회는 지난 몇 년간 '계층화'가 상당히 급속하게 이루어졌습니다. 그래서 다들 이제는 '개룡남(열악한 환경을 극복하고 높은 사회적 지위를 성취한 남자)'이 나올 수 없는 사회라고들 하죠. 그런데 경제적으로 보면, 교육비도 결국 자녀의 미래에 '투자'하는 행위거든요. 그렇다면 부모 입장에서는 이 투자의 기대 수익이 예전만큼 되느냐를 따져보게 될 겁니다.

1960~1970년대만 해도 부모 세대가 자식들에게 '투자'하면 그만큼 '남는 장사'가 없었어요. 물론 부모가 돈을 벌기 위해 자녀를 교육시킨 것은 아니지만, 단순히 경제적으로만 따져보면 그렇다는 의미입니다. 심지어 다른 자녀들의 교육 기회를 빼앗아가면서까지, 똑똑한 자녀의 교육에 투자를 하면 그 자녀가 좋은 대학에 들어가

좋은 직장을 얻거나 사업을 성공시켜서 말 그대로 '집안을 일으키는' 시대가 있었습니다. 정말이지 투자의 리턴이 엄청난 시대였죠.

그런데 밀레니얼 세대가 부모가 되었을 때에도 그럴까요? 이미 X세대의 자녀 세대인 Z세대에게 일어나고 있는 현상이 '될성부른 나무만 공부한다'입니다. 요즘 교실에 가보면 학생들의 60% 이상이 공부를 '아예' 안 한다고 합니다. 웬만큼 공부를 해도 차이를 만들기가 쉽지 않기 때문이에요. 그럼 부모들도 어느 시점에는 예전만큼 무작정 사교육을 시키고, 억지로 학습지를 시키는 '투자'를 중단하게 되는 거죠. 예전처럼 공부가 자녀의 미래를 보장해주지 않으니 차라리 다른 분야에 투자하자는 생각도 하게 되고요.

각 가정에서 자녀를 둘 정도 낳다가 한 명만 낳는 시대가 되면서 오히려 그 한 명을 제대로 키우기 위해 교육에 투자를 더 많이 하는 분들도 있었어요. 아직까지는 그런 분들이 많습니다. 그러나 앞으로 10년만 지나도 자녀의 교육에 투자하는 부모의 비중은 현저하게 줄어들 거예요.

밀레니얼 세대는 이미 혼인율도 줄었고, 아이를 낳을 생각도 별로 없는 세대잖아요. 그런데 그 밀레니얼 세대 중에 부모가 된 사람들이 과연 자녀의 미래에 얼마나 투자를 할까요? 그들은 매우 합리적인 세대입니다. 선택과 집중의 경향은 더욱 심화될 거예요. 제 예측으로는 부모가 된 밀레니얼 세대가 자녀들의 교육, 특히 입시교육에 투자하는 비중은 크게 줄어들 겁니다. 오히려 다른 직업훈련의 기회를 탐색하는 비율이 압도적으로 늘어나겠죠. 그리고 그런 방향이 자연스럽다고 봅니다.

홍춘욱　　　　교육 분야의 경우, 대학 진학 전까지는 방금 박 기자님이 말씀하신 것처럼 시장 자체가 축소되는 경향이 있을 것 같은데요, 대학 이후의 성인교육시장은 좀 더 확대될 것으로 예측됩니다. 제가 그 부분만 조금 부연해보겠습니다.

앞에서 잠깐 언급했듯이, 취업을 해보면 업무 지식의 공백이 꽤 크단 말이죠. 게다가 기술 혁신이 빠르게 산업 전반에 이식되고 있습니다. 그에 따라 '성인 재교육 시장'은 더 확장되고 세분화될 것이란 예측이 많습니다.

사실 각 기업의 HR 파트에선 기업의 경쟁력을 높이기 위해서 실무 전문성을 높여줄 직무교육을 실시해야 합니다. 그런데 최근과 같은 급변하는 상황에서, 게다가 개발이나 데이터 분석 같은 상당히 전문적인 분야의 경우 어떻게 교육해야 하는지에 대한 막막함이 있을 겁니다. 예전처럼 2~3년 차만 되어도 따라잡을 수 있는 업무 난이도라면 문제가 없겠지만, 요즘에는 선배들의 일을 곁눈질로 쉽게 배울 수도 없고 그런 선배조차 부재하는 경우가 많다고 말씀드렸고요. 그런 교육 공백을 메우는 것이 최근 급부상하고 있는 '패스트캠퍼스'나 '스터디파이' 같은 실무교육 스타트업들입니다.

패스트캠퍼스는 2018년을 기준으로 매출이 200억을 넘어섰다고 하더라고요. 엑셀이나 PPT 수준이 아니라 인공지능에서 빅데이터 분석, 애플리케이션 제작까지, 다루는 영역도 점점 넓어지고 있고요. 직장인이 공부해야 할 것이 정말 많아지고 있는 거죠.

'평생직장'이 없는 시대라고 했잖아요. 직장은 나의 평생을 책임 져주지 않죠. 그러면 시대에 밀려나지 않기 위해서라도 현직자들은 '경쟁력'을 키울 수밖에 없습니다. 이게 밀레니얼 세대가 받아들이고 있는 시대의 요구이자 숙명이 되어버렸다고 생각합니다.

이런 방식의 직무교육시장은 밀레니얼 세대의 특성과도 맞물린 결과일 겁니다. 그래서 이 시장은 분명 더 커질 것이라고 말씀드리고 싶어요.

우리나라 인구는 곧 감소하는 국면에 접어들 거예요. 당연히 유년 인구와 1인당 교육비 지출도 감소하여 교육시장이 축소될 거라는 박 기자님의 진단에는 전적으로 동의합니다.

박종훈　　　중요한 부분을 지적해주셨어요. 말씀하신 것처럼 성인 직무교육시장은 저 역시도 계속 커질 거라고 봅니다. 다만 이렇게 커지는 데는 무엇보다 국내 대기업들이 아직까지 고수하고 있는 '공채 시스템과 제너럴리스트 양성'이 깊은 관련이 있다는 점을 짧게 덧붙이고 싶습니다. 유명한 포털이나 IT 기업들의 채용은 다를 것 같지만 결국 공채 시스템은 제너럴리스트를 뽑는 과정이거든요. 일부 전문직군 채용은 조금 다르겠지만, 공채 시험 과목들만 봐도 천편일률적인 인재상이 그려집니다. 그런데 문제는 이렇게 채용된 직원을 단기간에 기업이 원하는 스페셜리스트로 양성하기는 어렵다는 점이죠. 기업 내의 재교육 시스템이 거의 작동하지 않는 상황에서 밀레니얼 세대가 시대에 뒤떨어지지 않기 위해 발버둥치고 있다는 증거가 바로 이 '성인 직무교육시장의 성장'인 것입니다.

노동시장의 변화와 기술 혁신이라는 파고 앞에서 기업은 인재 양성과 관리에 대한 완전히 새로운 프레임을 짜야 하는 시대가 왔습니다. 이런 흐름을 기업이 주도하지 않는다면 결국 성인 재교육 시장이 커질 가능성이 높습니다. 그리고 각 분야에서 꽤 비범한 수준까지 끌어올려질 만한 실무교육 플랫폼이 있다면 해당 플랫폼 기업은 엄청난 성장 가능성을 갖고 있는 것이고요.

| 유통업 |

박종훈　　　마지막으로 유통 산업에 대해 조금만 살펴보겠습니다. 4차 산업혁명이 본격화되면서 그 어떤 산업보다 눈에 띄는 변화가 생길 분야가 바로 유통입니다. 미국과 중국을 중심으로 자율주행차와 드론이 제품을 배송하고, 로봇이 포장·서빙하는 서비스들이 많이 소개되고 있죠. 국내 유통 업계의 발목을 잡는 것은 역시 시대에 역행하며 신규 창업을 막는 정부의 각종 규제들입니다. 다들 아시겠지만, 서울 상공에선 아직도 사전 허가 없이 드론을 못 날리잖아요. 그런데 중국 알리바바는 이미 도시락이나 커피를 드론으로 배송하고 있단 말이죠. 첨단 기술을 활용한 유통 산업의 발전을 위해서라도 정부의 규제가 현실을 반영한 신속한 변화에 나설 필요가 있다고 생각합니다. 안타깝지만, 규제가 계속

된다면 국내에서는 이 분야의 미래가 그리 밝아 보이지 않습니다. 다른 나라가 기술과 표준, 그리고 플랫폼을 장악한 다음에는 아무리 노력해도 결코 따라갈 수 없을 테니까요.

물론 이런 규제망을 뚫고 소비자의 마음을 사로잡는 새로운 유통 스타트업들이 속속 등장하고 있기는 합니다. 우리 청년 세대들의 뛰어난 창의성을 엿볼 수 있는 대목이죠. 성공한 스타트업들은 무엇보다 밀레니얼 세대의 취향과 니즈를 정확하게 파악해서 서비스를 구현한 것이 승부를 갈랐다고들 말합니다. 대표적인 업체가 '마켓컬리'죠.

이제는 대가족 시대가 아니라 1, 2인 가구들이 폭발적으로 늘어났잖아요. 게다가 결혼을 했어도 맞벌이 비율이 높다 보니까 장을 볼 시간도, 밥을 해 먹을 시간도 없습니다. 그렇다고 건강에 좋지 않거나 맛이 없는 음식을 먹고 싶어하지도 않고요. 이런 밀레니얼 세대의 라이프스타일에 맞춤한 브랜드가 온라인 프리미엄 마켓인 마켓컬리 같은 기업입니다. 이 업체는 '풀 콜드 체인Full Cold-Chain' 이라는 첨단 기술에, 편의성과 품질 모두를 원하는 소비자의 취향을 조합해서 새로운 시장을 개척한 셈입니다.

제가 보기에, 기술과 시장의 요구를 결합한 새로운 방식의 유통 기업은 앞으로도 계속 등장할 것이고, 또 성공할 수 있을 겁니다. 다만 정부는 새로 태동하는 스타트업 생태계의 파괴자가 아닌, 든든한 후원자로 대전환을 할 필요가 있습니다. 이렇게 해서 간단하게나마 산업별로 정리를 해보았습니다.

10년 뒤 가장 유망한 일자리는?

홍춘욱   그러면 저는 통계를 가지고 좀 더 설명해보겠습니다. 미국 노동부 산하 노동통계국에서 "향후 10년간 일자리가 가장 많이 늘어날 업종은 무엇일까"라는 주제로 보고서를 발표[3]했습니다(2019년 4월 업데이트). 그에 따르면, 10년간 가장 높은 일자리 증가율을 보일 것으로 예측되는 업종은 건강관리 지원 업종

미국의 직종별 향후 10년간 일자리 증감 예측

직종	2018~2028년 변화 추이		2018년 중간 연봉값
	증감 개수	증감률(%)	
총계	8,398.1	5.2	$38,640
경영관리직	706.9	6.9	$104,240
경영 및 재무 설계 직군	591.8	6.9	$68,350
컴퓨터 및 수학 관련 직군	593.9	12.7	$86,340
건축 및 엔지니어링 직군	113.3	4.2	$80,170
커뮤니티와 소셜 서비스 직군	306.2	11.2	$44,960
법률 직군	93.3	6.9	$80,810
교육, 훈련 및 도서관 사서 직군	512.9	5.3	$49,700
예술, 디자인, 엔터테인먼트, 미디어 직군	96.8	3.3	$49,290
건강관리 및 기술지원업	1,082.6	11.9	$66,440
건강관리 지원 업종	785.2	18.2	$29,740
음식 조리 및 서비스업	1,488.3	10.9	$23,070
건설 및 조경, 환경 직군	290.8	5.1	$26,840
퍼스널 케어 및 서비스	1,237.6	17.4	$24,420
세일즈 및 연관 직종	-79.8	-0.5	$28,180
사무 행정 지원	-608.1	-2.6	$35,760
농업, 수산업, 임업	3.2	0.3	$25,380
생산직종	-429.5	-4.5	$35,070
교통 운송직종	483.1	4.5	$32,730

출처: 미국 노동부, <Employment Projections Program>

healthcare support occupations과 건강관리 및 기술지원업healthcare practitioners and technical occupations이라고 합니다.

미국도 베이비붐 세대가 늘어가면서 의사, 간호사와 같은 전문 직종뿐만 아니라 요양보호사, 건강관리사, 물리치료사와 같은 일자리가 늘어날 수밖에 없는 거죠. 참고로 앞의 세인트루이스 연방은행 보고서에 나왔던 '비반복적인 육체노동nonroutine manual'이 여기에 해당된다고 볼 수 있습니다.

수적으로 가장 많이 증가할 업종으로는 음식 조리 및 서비스업 food preparation and serving related occupations이 꼽힙니다. 요리사를 비롯해서 연관된 각종 서비스를 제공하는 사람들이 이 업종에 속하겠죠. 역시 일자리가 크게 늘어나는 것으로 언급된 직종은 퍼스널 케어 및 서비스personal care and service occupations, 다시 말해 개인 서비스입니다. 헤어, 네일케어 등이 이런 산업에 속하지요. 참고로 이 세 가지 직업은 모두 높은 임금을 제공하지는 않습니다. 헬스케어 및 기술지원업은 연봉이 6만 6,000달러로 전체 업종의 평균을 약간 웃돌지만, 음식 조리 및 서비스업과 퍼스널 케어 및 서비스의 연봉은 각각 2만 3,000달러와 2만 4,000달러에 불과합니다.

제가 주목하고 싶은 것은 빠르게 일자리가 늘어날 것으로 예측된 경영관리직management occupations과 컴퓨터 및 수학 관련 직군 computer and mathematical occupations입니다. 이 두 일자리는 세인트루이스 연방은행 보고서에서 '비반복적인 지식노동nonroutine cognitive'에 해당되는 직업으로, 각각 10만 4,000달러와 8만 6,000달러의 고액 연봉을 받는 것으로 나타났습니다.

밀레니얼 세대는 이런 분야에 대한 관심과 투자가 필요합니다. 조금 전에 박 기자님이 지적하셨듯이, 우리 사회의 양극화는 더욱 심화되고 있고, 직업 간의 소득 격차도 더욱 벌어질 겁니다. 그런데 기존에 인기가 높았던 일자리가 상대적으로 내리막길을 걸을 때 이런 새로운 분야의 일자리는 더욱 각광받을 거라는 점을 반드시 기억했으면 좋겠어요.

어차피 이 세대는 일생에 걸쳐 정년을 보장받기 힘들고, 하나의 직장이나 직업으로만 살아가지 못할 확률이 지금까지의 어떤 세대보다 높거든요. 그런 맥락에서 지금과 같이 급변하는 시대에는 전략적인 일자리 선택이 전 생애에 걸친 소득에 영향을 미친다는 사실을 더욱 진지하게 고려할 필요가 있습니다.

그런데 이 통계에서도 분명히 확인되는 점은 제조업 분야의 하락입니다. 미국의 중위 소득을 5만 달러 정도로 잡으면, 현재 제조업 분야의 평균 연봉이 3만 5,000달러 정도니까 역시 저임금에 해당하죠. 그런데 10년간 해당 일자리가 4.3% 줄어들 것으로 예측되고 있습니다. 많은 제조업체가 미국으로 회귀하는 추세라서 일자리가 늘어날 거라고 예측한 사람들도 있지만, 결국에는 줄어들 것이라는 게 미국 노동부의 입장인 거죠.

그밖에 농업, 오피스 일반 사무직 등에서도 일자리는 줄어들 것으로 예측되고 있습니다.

끝으로 박 기자님의 말씀 중에 부연하고 싶은 것이 있습니다. IT 업계의 우수한 인재들은 대부분 해외로 가지만 일부는 국내에서 스타트업을 창업합니다. 제가 이 밀레니얼 세대 내의 격차 문제도 꽤 중요하다는 말씀을 드렸었죠. 그런데 그중에는 유학까지 다녀온 우수한 엔지니어들도 꽤 있습니다. 그런데 한번은 그분들 모임에 참석할 기회가 있어서 "이 모임에는 왜 참석하십니까?"라고 물은 적이 있어요. 그러자 둘 중 하나 때문이라는 대답이 돌아오더군요. "투자처를 찾거나, 쓸 만한 사람을 찾기 위해서."

재미있게도 창업한 분들은 설령 사업이 망해도 비슷한 스타트업에서 그분의 경험과 능력을 높이 사서 금방 스카우트해간다는 겁니다. 창업 이전에 그분들은 꽤 인정받는 IT 전문가로 활약한 경우가 많으니까요. 이렇게 희한한 채용시장이 암묵적으로 유지되는 까닭은 이 분야의 전문가로 성장하기가 그만큼 어렵기 때문입니다. 결국 IT 분야에서 능력 있는 소수는 프리랜서가 되어도 엄청난 연봉을 받는 반면, 신규 노동자는 배우고 경험해야 하는 것들이 너무 깊고 세밀한, 그래서 진입이 정말 어려운 상황으로 보였습니다.

2020년 이후, 정부의 일자리 정책은 어디로

— 밀레니얼 세대의 실업률이 점점 올라가고 있다. 정부에서도 일자리 문제를 해결하기 위해 다양한 정책을 쏟아내고 있는데 성과는 있다고 보는가. 더불어 2020년 이후 정부의 일자리 정책은 어떤 방향으로 가야 할까.

박종훈　　　　일단 실업률에 대해 논의하려면 이 이야기부터 해야겠네요. 일부 예외가 있지만 대체로 선진국일수록 실업률이 높게 나타나는 경향이 있습니다. 실업률은 경제활동인구 중 실업자의 비율을 뜻하죠. 그중 구직활동을 하지 않는 분들은 경제활동인구로 산입되지 않아 실업률 통계에 잡히지 않습니다. 그런데 아무래도 선진국일수록 실업수당 등의 복지가 잘되어 있기 때문에 지표 반영률이 올라가 실업률이 더 '높아 보이는' 효과가 있습니다. 그래서 국가 간의 실업률을 비교하기보다는 고용률을 비교하는 편이 합리적입니다. 고용률은 생산가능인구 중 취업자 수를 의미하기 때문에 지표 왜곡이 적습니다.[4]

그럼 살펴봅시다. 최근 들어 국내 청년(15~29세) 실업률이 꽤 높아진 것은 사실입니다. 문재인 정부가 들어서고 공공 일자리 창출 정책을 적극적으로 시행하면서 공무원을 준비하는 청년들이 많아졌죠. 그런데 최근 청년 고용률이 조금씩 올라갔는데도 실업률은 오히려 높아졌거든요. 결국 구직 의사가 있는 경제활동인구가 늘었기 때문에 실업률만으로 청년 고용시장을 판단하기에는 어려운 부분이 있습니다. 다만 111쪽 표에서 보듯이 OECD 평균에 비해 한국의 청년 고용률이 낮은 것은 분명합니다. 그런데 문제는 지금부터입니다.

몇 해 전 국내 몇몇 경제연구소에서 예측하기를, 2025년이 되면 한국도 일본처럼 일자리보다 청년들이 부족한 경제가 될 것이라고 했습니다. 그러나 현재 추세로 보면, 우리나라에서 노동력 부족 현상이 일어나는 시기는 2030년대 중반은 지나야 할 것 같습니다. 그 이유를 설명해보겠습니다.

우리나라 인구 통계를 보면, 1차 베이비붐 세대(1955~1963년 출생자)의 인구도 많지만 그에 못지않게 2차 베이비붐 세대(1968~1974년 출생자)의 인구도 많습니다. 2차 베이비붐 세대는 한 해에 100만 명 이상 태어난 세대입니다. 결국 2차 베이비붐 세대가 노동시장에서 완전히 빠져나가는 시점이 되어야 '일손이 부족하다'는 이야기가 나올 거예요.

이 예측은 단순히 연도별 출생아 수뿐만 아니라 정년에 대한 정부와 기업의 정책에 따라 지속적으로 변동될 수밖에 없습니다. 아마도 2차 베이비붐 세대가 정년을 맞기 전에 정부는 결국 '정년 연장'에 합의할 거예요. 지금은 밀레니얼 세대의 일자리 문제 때문에 눈치를 보느라 정년 연장 시기를 뒤로 미루었지만 결국에는 65세로 정년이 연장될 것입니다. 만약 65세로 정년이 연장된다면

한국 vs OECD 국가의 청년 고용 지표 비교

(단위: %)

		2013년	2014년	2015년	2016년	2017년	2018년
경제활동 참가율	OECD평균	58.9	59.0	59.4	59.7	59.8	58.4
	한국	42.9	44.5	45.3	46.3	46.7	47.1
고용률	OECD평균	49.7	50.4	51.5	52.3	53.2	52.3
	한국	39.5	40.5	41.2	41.7	42.1	42.7
실업률	OECD평균	16.2	15.2	14.0	13.0	11.7	11.0
	한국	8.0	9.0	9.1	9.8	9.8	9.5

출처: OCED 및 통계청 자료

우리 경제의 노동력 부족 현상은 2040년이 되어야 가시화되겠죠. 따라서 청년들의 구직난은 어쩌면 밀레니얼이 아니라 그다음 세대인 Z세대에게도 이어질 수 있습니다.

결국 정부가 장기 시나리오에 대비한 전략을 더는 늦출 수 없다는 의미죠. 세대 간의 일자리 형평성을 고려하면서도 늘어난 수명과 생산연령인구의 감소에 대비해야 하는 시대적 과제가 눈앞에 다가왔습니다. 결국 여기에는 사회적 합의가 필요합니다. 세대 간의 공감을 이끌어내면서 정책을 펴나가야 하는 거죠.

다만 제가 우려하는 것은 공공 기관·공기업·대기업 중심으로만 정년이 보장되고 연장되는 현재의 상황입니다. 이게 밀레니얼 세대가 극도로 불만을 갖는 우리 세대의 '기득권'이거든요. 이런 일자리들 가운데는 연봉이 1억 원을 상회하는 좋은 일자리가 다수 포함되어 있잖아요? 일자리 자체를 찾기 어려운 밀레니얼 세대의 고통을 직접 눈으로 보고도 정년 연장만 고집하면 세대 간에 큰 갈등을 불러올 수 있습니다. 정년을 추가로 연장하는 문제는 정년 이후의 삶이 준비되어 있지 않은 베이비붐 세대, 그리고 이제 사회생활을 시작해야 하는 밀레니얼 세대가 함께 고민을 공유하고, 타협해나가야 할 문제입니다. 그리고 정부는 이 같은 사회적 합의를 주도적으로 이끌어나가야 할 의무가 있고요. 너무 늦기 전에 말입니다.

홍춘욱　　　네. 저 역시도 향후 노동력 부족 현상에 대한 예

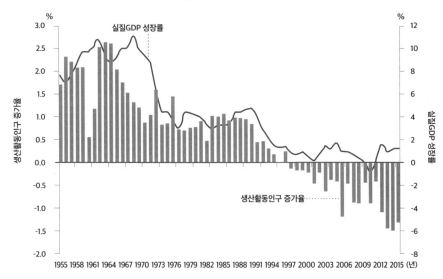

일본의 생산활동인구 변화와 경제성장률의 관계

출처: 일본 총무성 통계국

측은 참 답답했거든요. 일단 이 예측에 일본의 사례를 잘못 인용하는 분들이 너무 많은 것 같습니다. 이 예측에 의하면 결국 우리도 지금의 일본처럼 곧 일자리가 남아돌아야겠죠. 하지만 위의 통계를 조금만 들여다보면 이런 예측이 얼마나 비현실적인지 금방 아시게 될 거예요.

일본 총무성 통계국의 인구 추계에 따르면, 생산활동인구가 전기에 비해 줄어들기 시작한 첫해는 1994년이었습니다.[5] 1997년에는 이 추세가 본격화되었지요. 변화의 기점부터 따지면 약 25년 전에 생산활동인구가 줄어들기 시작한 겁니다. 그런데 일본의 고용은 최근 2, 3년 사이에 늘어나기 시작했습니다. 대략 20년가량의 지체가 있었다는 거죠. 그 이유가 뭘까요?

아시다시피 1990년대 일본은 장기 불황이었습니다. 1990년대 대학을 졸업하고 노동시장에 진입하려던 청년들은 취업이 쉽지 않았겠죠. 앞에서 불황에는 탐색 시간이 길어진다고 말씀드렸죠? 이때부터 일본 내의 실업률이 빠른 속도로 올라갑니다. 이렇게 1990년대에 졸업한 '앞차'들이 취업을 못 하고 실업 상태로 대기하게 되면, 다음 세대들(훗날 이들을 '사토리 세대'라고 명명)이 노동시장에 진입할 때도 '앞차가 빠져나가야' 취업이 가능해집니다. 소위 '병목 현상'이 이럴 때도 발생하는 거죠. 결국 일본에서 병목 현상이 해결되고 노동시장이 정상화되어, 심지어는 일자리가 남아돌기까지 약 20년이 걸렸다는 겁니다.

자세히 들여다보면 정말 끔찍한 이야기죠. 말이 20년이지, 졸업 후에 취업을 못 하고 있던 청년들의 삶은 어땠을까요? 상당수가 구직을 포기하거나 아르바이트로만 생계를 이었겠죠. 그리고 새롭게 시장에 진입하는 20대들에게 노동 경쟁력을 완전히 빼앗긴 40대에 이르러서야 노동시장의 수급 밸런스가 비로소 공급자 우위로 돌아선 거잖아요. 그래서 단순히 인구구조의 변화가 노동시장에 즉각적으로 반영될 거라고 이해하고 예측하면 안 된다는 말씀을 드리고 싶은 겁니다.

정부의 씀씀이가 더욱 중요해진다

홍춘욱 　　　그럼 이제 정부가 이런 상황에 어떻게 접근을 해나가면 좋을지 제 나름의 생각을 말씀드리겠습니다. 저는 현실적으로 지금 우리 경제가 과거에 비해 노동에 대한 '유효수요effective demand(구매력이 있는 수요)'가 낮아졌다는 점을 인정하고 시작했으면 좋겠어요.

노동에 대한 유효수요가 왜 낮아졌을까요? 경제성장률이 떨어졌기 때문이죠. 오쿤의 법칙Okun's Law이 보여주듯이 경제성장GDP과 실업률은 반비례 관계를 보이고 있습니다. 결국 실업률을 낮추려면 경제성장률을 높여야 하는데 우리 정부가 그런 정책을 쓰고 있을까요?

최근 정부는 주 52시간제, 최저 임금의 대폭적인 인상을 숨 가쁘게 추진했잖아요. 물론 전 세계적인 흐름 속에서 좋은 취지의 제도라는 것은 압니다. 문제는 이렇게 기업 측에 부담이 되는 제도들을 추진할 때에는 그에 대한 보완 정책과 인센티브도 효과적으로 작동을 해야 경제가 원활하게 돌아간다는 겁니다.

이미 한국은 일시적인 반도체 활황이 만든 경제 호황으로 착시를 경험했습니다. 그러나 2018년부터 반도체시장도 꺾이기 시작했잖아요. 그런 상황에서 2018년 하반기에 만들어진 2019년도 예산안, 그리고 수출이 5개월 이상 감소하고 있는 상황에서 추진된 2019년 추가경정예산안이 경제 여력을 뒷받침할 수 있게 편성되었습니까? 2019년 추가경정예산 편성은 6조 7,000억 원 정도예요. 2018년 '미니 추경' 규모도 4조 원 정도였거든요. 기업에 청년들을 위한 좋은 일자리를 만들어달라고 하고, 노동시간을 줄여서 '잡 셰어링'의 형태로 일자리를 더 만들라고 하면서도 현 정부는 우리 역사상 가장 강력한 재정 긴축을 시행하고 있습니다.[6] 이건 정책 방향의 일관성이 무너진 것입니다.

　문재인 정부가 2018~2022년 국가재정운영계획을 발표하면서 목표로 했던 관리재정수지는 GDP 대비 −3% 이내 수준(유럽연합EU의 재정준칙, 즉 안정과 성장에 관한 협약Stability and Growth Pact을 인용한 수치)인데 막상 기획재정부에서는 −2%대 유지를 고수하거든요. 우리 재정 당국의 보수적인 재정 운용이 지금은 적절하지 않다고 봅니다. 우리나라의 재정건전성은 G20 국가 중에 독일과 어깨를 나란히 할 만큼 괜찮습니다. 저는 정부가 구호로서 '고용 창출'을 외칠 것이 아니라 각 부처 간의 협조를 바탕으로 실질적인 재정 확대와 제도 지원에 적극 나서야 한다고 봅니다.

　국제통화기금IMF의 수석이코노미스트를 지낸 올리버 블랑샤Olivier Blanchard가 최근 발간한 책에서 밝힌 것처럼, 정부가 발행할 수 있는 이자율보다 그 나라의 경제 명목 성장률이 높다면 정부가 재정 적자를 내더라도 부담이 없습니다.[7] 당연한 이야기죠. 부채에는 이자가 따르는데 이자가 오르는 속도보다 경제성장 속도가 빠르면 당연히 GDP 대비 재정 적자나 정부부채가 급격히 늘기는 어렵지 않겠습니까? 그리고 민간의 유효수요가 부족할 때에는 정부가 적극적인 재정 정책을 통해 경기를 부양함으로써 부족한 유효수요를 보충해야 합니다. 그 과정에서 실제로 경제가 성장하고 그 성장이 다시 실업률을 낮추는 선순환을 유발할 수 있습니다.

그다음으로 정부가 기업 투자를 촉진할 좋은 방법은 감세입니다. 투자 세액 공제, 고용 세액 공제, R&D 세액 공제 등 방법은 다양합니다. 앞에서 우리 정부가 사상 최대의 재정 흑자 상태라고 말씀드렸잖아요.

제가 보기에, 현 정부는 부동산시장 등에서 청산주의적 경향이 높거든요. 다시 말해 재건축이나 집값 폭등을 통해 일종의 불로소득을 올린 구매자들에게 징벌적 세수를 올리는 것이 '공정'하다고 본다는 거죠. 물론 부동산시장에 거품이 존재한다면 꺼뜨리는 것이 당연합니다만, OECD와 국제결제은행BIS 등 국제기구에서 발표한 부동산 비교 통계를 보면 우리 시장에 '버블'이 있다고 단언하기는 어려운 면이 있습니다.

시장경제에서는 남의 소비가 나의 매출이 됩니다. 기업도 저축하고 정부도 저축하고 모두가 저축을 한다면 그게 바로 '불황'입니다. 시장을 건전하게 유지하겠다는 의도는 긍정적으로 평가할 만합니다. 하지만 우리 경제는 소규모 개방 경제라서 외부 충격이 오면 2008년 글로벌 금융위기 때처럼 바로 불황이 시작됩니다. 그러니 수출이 저조할 때는 재정지출을 늘리고, 반대로 수출이 호조를 보일 때는 증세하는 유연한 정책 대응이 필요하다고 봅니다.

다만 앞에서 우리가 논의한 것처럼 대학 교육의 개혁이라든지

기업과의 미스매치 문제를 해결하려는 노력이 함께 병행되어야 하고요. 중요한 건 기업 측에서도 "쇼 미 더 머니Show me the money!" 가 필요하다는 거예요. 기업이 사람을 더 뽑고, 투자를 더 많이 하게 하려면 정부도 '돈이 보이게' 해줘야죠.

박종훈   지금 당장은 워낙 상황이 안 좋으니까 일시적으로 재정지출을 늘려야 한다는 말씀에는 동의합니다. 다만 그 재정지출은 반드시 가역적, 즉 되돌릴 수 있는 지출로 한정해야 합니다. 당장 눈앞의 경제 상황이 어렵다고 비가역적인 재정지출까지 늘린다면 나중에 밀레니얼 세대가 기성세대가 되었을 때 자칫 엄청난 재정 부담을 안겨줄 수도 있습니다. 고령화를 겪은 나라들은 하나같이 늘어난 재정지출 때문에 큰 어려움을 겪고 있다는 점을 명심해야 합니다.

이 때문에 정부가 장기적으로 성장 동력을 되살리고 청년 일자리 문제를 풀어내려면 재정지출을 늘리기보다는 경제 시스템 자체를 바꾸려는 혁신적인 접근이 중요하다고 생각합니다. 특히 밀레니얼 세대의 일자리 미스매치 현상을 개선하기 위해서는 '듀알레 시스템Duales system'이라고 불리는 독일식 산학협력 정책을 참고해야 합니다.

앞에서 언급했듯이, 독일은 기업과 지자체가 긴밀히 학습 커리큘럼을 협의하면서 기업에 필요한 인재를 대학과 정부가 함께 양성하는 시스템을 구축하고 있거든요. 덕분에 독일 청년들은 대학 졸업 후에 취업이 어렵지 않습니다. 이른바 미스매치 현상을 해결하는 정책인 거죠. 물론 우리 역대 정부가 이런 고민을 하지 않았던 것은 아닙니다. 이명박 정부 때 이미 일학습병행제가 시도된 적이 있습니다.

그런데 당시에 시행된 일학습병행제는 독일의 제도와는 다소 차이가 있었죠. 정부가 일종의 보조금을 주면 기업은 마이스터고나 특성화고등학교 학생들을 최저 임금보다 낮은 비용으로 고용해서 현장에서 일을 배우게 했거든요. 그런데 당시에 사고가 발생하면서 문제가 됐었어요. 해당 지역에 갑작스레 눈사태가 나면서 이 제도를 시행 중이던 공장에서 사망사고가 발생했고,[8] 하필이면 그 사망자가 일학습병행제에 참여한 고등학생이었던 거죠. 정부 보조금 덕분에 임금 부담이 적은 학생들에게 폭설이 내리는 한밤중까지 일을 시키다가 사고가 났던 거예요.

진정한 듀알레 시스템은 기업이 낮은 비용으로 고등학생들을 고용하도록 정부가 보조금을 지원해주는 제도가 결코 아닙니다. 독일의 듀알레 시스템은 정부의 보조금 없이도 잘 돌아가고 있어요. 듀알레 시스템은 중앙정부와 지역사회, 그리고 기업과 대학이 긴밀하게 공동 연구를 하면서 기업의 니즈, 즉 기업에 필요한 맞춤형 인재 역량을 고도의 분석을 통해 만들어나가는 과정이죠. 각 지역의 기업에서 어떤 인재들을 필요로 하는지, 직업적 훈련은 어떤 방식으로 이루어져야 하는지, 학문적으로 굉장히 성숙한 단계의 연구 인력이 필요한 일입니다. 그것이 해결되어야 미스매치 현상이 해결될 거예요.

홍춘욱　　　요즘 청년 취업이 워낙 어렵다 보니, 일부 지자체에서는 미취업 상태의 청년층에게 소득보장제도를 시행하고 있는데요. 저는 이 제도의 취지에는 십분 공감하지만, 적극적으로 옹호하고 싶지는 않더라고요. 왜냐하면 지자체별로 재정 자립도가 천차만별이라는 점 때문입니다.

기본적으로 취약 계층에 대한 지방정부의 보호는 필요하죠. 정부에는 극단적 빈곤 문제를 해결해야 한다는 의무도 있고요. 그런데 청년층에 대한 소득보장은 제도의 속성이 조금 다릅니다. 우선은 일종의 선별적 베풂으로 인해 근로의 동기가 약해지는 부분이 있다고 보고요.

더욱 중요한 것은 서울시처럼 재정이 부유한 지자체에서만 제도가 시행되는 경우 전체적으로는 소득의 불평등을 심화시킬 수도 있다는 점이에요. 지방재정은 부동산 시세와도 연동이 되거든요. 부동산 가격이 높은 지역은 당연히 지방재정 차원에서는 세수가 높습니다. 취등록세, 재산세, 양도세 등이 비교적 높게 과세되니까요. 결국 비싼 집에 사는 청년들에게 소득보장을 해주는 역설이 생길 수밖에 없어요. 재정이 빈약한 지자체에서 이런 제도를 시행했을 경우에는 제도의 지속성에 문제가 생기지요.

그래서 저는 기초수급제도처럼 차라리 소득이나 연령에 관계없이 전 국민에게 혜택이 돌아가는 재분배 정책이 훨씬 타당하다고 봅니다. 지하철 확장, 미세먼지 문제 해결처럼 모두가 혜택을 보는 정책들이 많잖아요. 이런 정책을 펴다 보면 자연스럽게 우리가 그토록 원하는 고용도 유발될 겁니다. 정부가 돈을 쓰는 방법은 정말 많다는 점을 잊지 않았으면 해요.

박종훈　　　네. 청년 복지 정책은 지자체보다 중앙정부가 나서야 할 문제라는 점에는 동의합니다. 하지만 청년들에 대한 복지 정책을 기성세대에 대한 복지 정책과 동일시해서는 안 된다고 생각합니다. 청년에 대한 복지는 청년들의 심리에 맞추어 인센티브 메커니즘incentive mechanism을 정밀하게 설계할 경우 단지 복지 정책으로 끝나는 게 아니라 경제 전체의 새로운 성장 동력이 될 수도 있거든요.

대표적인 사례로 《해리 포터》 시리즈의 작가 조앤 롤링Joan K. Rowling이 있습니다. 싱글맘이었던 조앤 롤링은 극심한 빈곤층에 속했다고 하죠. 그녀는 이 작품을 쓸 때 영국 정부가 생활보조금으로 지급한 주당 69파운드, 우리 돈으로 약 11만 원 정도로 일주일을 살았다고 합니다.

그녀는 한 칼럼에서 보조금이 작품을 완성하는 데 정말 큰 도움이 됐다고 고백하기도 했습니다. 그 정도 금액도 당시에는 굉장히 소중했다는 거예요. 난방비를 아끼기 위해 매일 엘리펀트 하우스라는 카페에 가서 하루 종일 집필했다는 이야기는 꽤 유명하죠. 《해리 포터》의 성공 덕분에 조앤 롤링은 2010년 〈포브스〉지가 발표한 세계 여성 부자 순위에서 14위를 차지합니다. 그야말로 드라마틱한 인생 역전이죠.

그런데 2010년 영국 정부가 사회안전망을 대폭 축소하려는 움직임을 보이자 조앤 롤링은 〈더 타임스〉지에 "싱글맘의 선언"이라는 칼럼을 기고하면서 "나는 이 보조금 때문에 《해리 포터》를 쓸 수 있었고, 기적 같은 인생 역전을 이뤘다. 영국 정부가 이 제도를 유지하기 위해 증세를 하더라도 나는 결코 세금을 회피할 목적으로 외국으로 떠나지 않을 것이고 영국에 남아 세금을 낼 것이다. 그러니 절대 이 제도를 없애지 말라"라고 했습니다.

앞으로 우리나라에는 여러 구조적인 이유로 어쩌면 장기간 일자리를 찾지 못하는 청년층이, 밀레니얼 세대를 넘어 Z세대에 이르기까지 지속적으로 늘어날 수도 있다는 이야기를 했었죠. 인간의 심리 분석에 기반하여 행동경제학적으로 잘 설계된 청년 복지 제도는 조앤 롤링의 사례에서처럼 새로운 가능성에 대한 투자로서 기능할 것입니다. 물론 사회안전망, 혹은 '경기 자동안정화 기능automatic stabilizer'도 해줄 것이고요.

물론 박사님 말씀처럼 지방자치단체가 추진하는 지금의 청년수당제도는 고용 문제에 대한 근본적인 해결책은 아닙니다. 그래서 저 역시도 취업에 도움이 되지 않는 현재의 방식은 재검토가 필요하다고 봅니다. 일례로, 경기도 같은 경우는 금액이 너무 적고(2019년 현재, 경기도에서 3년 이상 거주한 만 24세 청년들에게 분기별로 25만 원씩 연간 100만 원을 지급), 서울시처럼 지원서를 내고 경진대회를 통해 수혜자를 선발하는 방식(서울에 거주하는 만 19~34세 미취업 청년에게 선발을 통해 월 50만 원씩 최대 6개월간 지급)은 청년 세대에 대한 투자로서는 미흡한 점이 많습니다. 결국 중앙정부가 지속적으로 청년층의 소득 증진과 일자리 창출을 위해 지원 방식을 고민하고 움직여야 한다고 생각합니다.

Chapter 4

밀레니얼 이코노미의
떠오르는 쟁점들

— 앞서 살펴본 것처럼 밀레니얼 세대 중에는 힘들게 취업을 했더라도 본인이 꿈꾸던 직장생활과 현실이 다르다는 것을 깨달으면 빠르게 퇴사하는 이들이 많다. 그들의 선택지에는 이직도 있지만 창업도 많아졌다. 이른바 '스타트업 열풍' 현상도 보인다. 밀레니얼 세대에게, 그리고 앞으로의 한국 경제에 스타트업은 대안이 될 수 있을까.

홍춘욱   앞에서 이미 언급을 하긴 했습니다만, 용어부터 간단하게 설명하죠. 스타트업이란 만들어진 지 얼마 되지 않은 신생 벤처기업을 의미합니다. 주로 미국 실리콘밸리에서 통용되는 용어였지만 이제는 국내에서도 IT 기술과 접목된 혁신적인 아이디어를 바탕으로 창업한 기업을 이렇게 부릅니다. 정부도 스타트업 생태계를 육성하기 위해 2016년부터 중소벤처기업부 산하의 K 스타트업(창업넷)을 통해 각종 교육과 제도 지원을 하고 있습니다.

스타트업이 갖는 무한한 가능성과 자유로운 조직 문화에 더해 개인의 성과 역량을 마음껏 펼칠 수 있다는 점이 밀레니얼 세대에게 어필하면서 실제로 많은 밀레니얼 창업자들이 탄생하고 있습니다. 이러한 스타트업 붐을 통해 꽤 많은 일자리들이 생겨난 것도 맞습니다. 앞에서 언급한 것처럼 저도 스타트업의 필요성에는 깊이 공감하고 있습니다. 그런데 과연 스타트업이 소위 '밀레니얼 이코노미'를 작동시키는 엔진이 될 수 있을까에 대해선 다소 회의적인 입장입니다.

스타트업은 새로운 엔진이 될 수 있을까

홍춘욱　　　전 세계적으로 성공한 스타트업, 그중에서도 10억 달러 이상의 기업 가치를 평가받는 비상장기업을 '유니콘unicorn'이라고 부릅니다. 유니콘은 미국에 100곳, 중국에 30곳 정도가 있다고 하죠. 국내에도 2019년 8월 현재 아홉 곳의 유니콘이 탄생했고요. 그런데 재미있는 사실은 유럽에는 유니콘이 많지 않다는 겁니다. 이게 뭘 의미하는 걸까요?

중국을 살펴보면, 예를 들어 광둥성에서 스타트업 하나가 성공을 했다고 칩시다. 광둥성의 인구가 대략 1억 1,000만 명이니까 그

시장도 작지 않죠? 그런데 거기서 성공을 거두고 나면 바로 인접한 시나 성으로 사업을 확장할 수가 있습니다. 반면 세계에서 두 번째로 거대한 경제권인 유럽은 제도적으로 기술 혁신에 노력하고 있지만, 현실은 대단히 부정적입니다. 유니콘이라고 불리는, 10억 달러 이상의 가치를 인정받은 전 세계의 테크 기업 236개를 분석해본 결과 75%가 미국 실리콘밸리에서 탄생했다고 합니다. 나머지는 베이징에서 28개, 뉴욕에서 17개, 런던과 상하이에서 각각 10개, 베를린에서 8개가 탄생했고요.[1] 국가별로 보면 미국에서 시작된 유니콘이 전체의 82%를 넘는다니 압도적이죠.

이런 현상이 나타난 이유는 세 가지입니다. 첫 번째는 자본시장의 차이입니다. 적극적으로 투자하는 벤처자금이 존재하는 미국이나 중국에 비해 유럽은 상대적으로 자본시장의 규모가 작습니다. 런던과 베를린이 유니콘 기업의 본거지가 되는 이유가 여기에 있다고 봅니다. 두 번째는 유럽연합을 구성하는 국가별로 언어가 다르고 규제 수준이 다르다 보니 한 국가 내에서 성공한 스타트업이라도 인접 국가와 시장에 파고드는 데는 상당한 어려움을 겪는다는 거예요. 애덤 스미스가 설파했던 것처럼 규모의 경제와 분업의 효과를 누리기 위해서는 노동자들이 여러 지역과 집단으로 나뉘어서 일을 하고 있어도 해당 산업 전체를 받쳐주는 충분한 크기의 시장이 필요합니다. 세 번째는 문화의 차이입니다. 기업의 빠른 성장을 촉진해줄 환경인가, 더 나아가 정부의 규제가 스타트업의 성장을 촉진해주는가 등이 중요합니다. 물론 한국도 이 부분이 가장 취약하긴 하지만 유럽 역시 이 부분에는 문제가 많다고 볼 수 있습니다.

그런데 한국은 어떤가요? 한국은 총 GDP 규모가 1조 5,000억 달러로, 세계 12위입니다(2019년 기준). 1인당 GDP가 3만 달러를 넘어섰고, 인구 규모도 5,000만 명을 넘었습니다만, 앞서 언급한 미국과 중국에 비해서는 시장이 너무 작죠. 혁신적인 스타트업이 세계를 제패할 만큼의 위력을 갖기 위해서는 스타트업 생태계도 긴밀해야 하지만 규모의 경제를 통해 빠르게 시장 내의 스탠더드가 되어야 하거든요. 한국이 지닌 물리적 한계들이 뛰어난 스타트업의 성장에 장벽으로 작용하고 있는 거죠.

지금까지 우리 경제는 패스트 팔로어fast follower(모방을 통해 빠르게 따라가는 추격자) 전략으로 성장해왔습니다. 현재까지도 각광받는 반도체 등의 IT 산업과 바이오 산업이 빠르게 기술 혁신을 이뤄내면서 경제를 견인해왔고, 앞으로도 당분간 그런 흐름이 이어질 수도 있겠죠. 그러나 충분한 시장을 만나야 비약적 발전이 가능한 스타트업의 경우에는 시장의 규모와 영향력 측면에서 스타트업 선진국이라 불리는 미국과 중국에 비해 성장이 쉽지 않은 부분이 있습니다. 업계 사람들의 이야기를 듣다 보면, 선진국에서 우리와 비슷한 아이디어로 시작한 스타트업들이 조 단위의 펀딩을 받으며 성장해가는 반면, 우리 스타트업들은 수많은 장벽과 작은 시장 탓에 역량을 발휘하지 못해 안타까울 때가 정말 많습니다.

박종훈   예전에 '스타트업 사우나(2010년 핀란드 알토대학이 캠퍼스 내의 창고를 개조해 만든 스타트업 허브이자 지원 프로그램)'와 관련해서 핀란드에 취재를 다녀온 적이 있어요. 참고로 2019년 6월에는 문재인 대통령이 경제사절단을 대동하고 북유럽 순방을 다녀올 때 박영선 중기부 장관이 알토대 스타트업 사우나를 직접 방문하기도 했습니다. 한국 스타트업의 진출 거점 센터를 마련하기로 핀란드 정부와 MOU(양해각서)를 체결하기도 했고요.[2]

사실 핀란드는 인구가 500만 명 정도밖에 안 되는, 우리보다도 훨씬 작은 나라죠. 그런데 핀란드는 매년 유럽 최대 스타트업 콘퍼런스인 '슬러시SLUSH'를 열며 스타트업 생태계를 주도하고 있습니다. 또 슈퍼셀Supercell(모바일 게임 '클래시오브클랜' 등을 개발한 게임회사로 2016년 중국 텐센트가 약 10조 원에 인수) 같은 유니콘도 나오고 있고요. 어떻게 이렇게 작은 나라가 벤처 창업의 메카가 되었을까를 살펴보다 보니 몇 가지 흥미로운 점이 보이더군요.

첫째는 벤처 1세대의 역할이에요. 실제로 헬싱키에서 창업한 대부분의 스타트업들이 미국 시장을 전진 기지 삼아 확장해가는데요, 이게 가능했던 이유를 말씀드릴게요. 많이들 아시겠지만, 핀란드는 세계 1위의 휴대전화 제조사였던 노키아가 몰락하면서 세계 최고 수준의 엔지니어들이 하루아침에 일자리를 잃게 되었습니다. 그러자 그들은 앞서 언급한 알토대학의 창고(훗날의 스타트업 사우나)에 모인 대학생들과 함께 3, 4명씩 짝을 지어 창업 아이디어를 짜내게 됐습니다. 이때 벤처 1세대들이 전면에 나서서 일종의 창업 멘토링을 하고, 괜찮은 아이템에 대해서는 바로 엔젤 투자자가 되어주는 놀라운 일이 벌어졌습니다. 그리고 그들의 도움으로 이 스타트업들이 미국 실리콘밸리에 진출할 수 있게 되었고요.

홍춘욱 이스라엘도 비슷합니다. 이스라엘 학생들의 학업성취도는 세계 평균 수준을 밑도는 반면, 지금까지 노벨상 수상자의 22.3%가 유대인이죠.[3] 이게 가능했던 이유가 바로 유대인 네트워크입니다. 인텔을 비롯한 수많은 첨단 기술 기업이 연구소를 이스라엘에 건립한 것, 그리고 설립 초기에 대규모의 자금 지원이 가능했던 것도 바로 이스라엘 건국 초기부터 시작된 네트워크 덕분이었습니다.

박종훈 그렇죠. 벤처 1세대는 멘토 역할을 하면서 사실상 투자 유치를 하고 미국 시장을 공략하는 방법까지 전수해주었던 겁니다. 이들이 실제 스타트업 생태계를 만드는 데 엄청난 공을 세운 거죠.

두 번째는 바로 방금 말한 '스타트업 생태계'의 존재 자체입니다. 당시 제가 인터뷰한 몇몇 스타트업 창업자들 가운데 헝가리와 나이지리아 출신들이 있었어요. 제가 "왜 본국도, 미국도 아닌 핀란드 헬싱키에서 창업을 하셨습니까?"라고 물어보자 그들은 "미국 시장을 공략하기 위해서"라고 대답하더라고요. 왜 그렇게 대답한 걸까요?

핀란드에서는 스타트업 창업을 지원하는 프로그램이 촘촘하게 돌아가고 있습니다. 작은 규모로 시작하게 되는 스타트업을 위해 브랜드 로고를 개발하거나 홈페이지를 디자인해주는 등 기본적으로 서로 필요한 사업들을 연결해주는 스타트업 생태계가 존재하기 때문에 창업자들은 이 생태계 안에서 '전화 한 통'이면 각종 리소스들을 쉽게 얻을 수 있습니다. 그래서 미국보다도 헬싱키에서 창업하는 것이 훨씬 도움이 된다는 거예요. 창업을 꿈꾸는 인재들이 해외에서까지 몰려들면서 핀란드 스타트업 생태계는 더욱 강력하게 확장할 수 있었습니다.

세 번째는 바로 '실패에 대한 태도'가 다르다는 점입니다. 이 내용은 KBS 다큐멘터리[4]를 통해서도 소개한 적이 있는데요, 간단히 말씀드리면 이렇습니다. 우리나라는 사업에 한 번만 실패해도 영원한 실패자로 낙인찍히는 경우가 많잖아요. 사회·경제적으로도 재기하기 쉽지 않고요. 그러나 핀란드는 그렇지가 않더라고요. 핀란드에서는 '실패의 날'로 지정된 매년 10월 13일에 대학생, 창업자, 교수를 비롯해 각계 유명 인사들이 미디어나 SNS상에서 자신의 실패담을 나눕니다. 처음 '실패의 날'이 지정되던 2011년 10월 13일에는 핀란드 최악의 실패로 불리는 노키아의 명예회장이 자신의 실패담을 솔직하게 털어놓았어요. 이 행사를 통해 핀란드 사람들은 실패에서 얻은 교훈을 공유하고, 다시 도전할 용기를 얻는 겁니다.

실패에 대한 사회적 관용이 새로운 벤처 사업에 도전하는 이들에게 많은 위안과 용기를 주기에, 많은 창업자들이 자신의 고향

도, 미국 실리콘밸리도 아닌, 핀란드 헬싱키에서 사업을 시작할
수 있었던 거죠. 더구나 북유럽은 복지가 탄탄하기로도 유명하잖
아요. 설령 창업에 실패하더라도 헬싱키는 사회복지제도를 통해
재취업 과정을 지원하는 것은 물론, 기본적으로 먹고살게는 해주
더라는 거죠. 이런 사례를 들어보면 한국의 창업 환경이 스타트업
이 성장하기에 아직 열악해 보이는 측면이 많습니다.

그러나 앞서 홍 박사님이 말씀하신 것처럼 우리나라가 창업하기
에 좋은 조건은 아니지만, 그렇다고 반드시 미국이나 중국을 벤치
마킹할 필요는 없다고 봅니다. 오히려 인구가 적고 자체 시장도 작
지만 사회적 분위기와 성숙한 여건을 통해 창업이 활성화되어 있
는 핀란드나 스웨덴 방식을 따라가도 좋지 않을까 하는 생각이 듭
니다. 다만 한 가지 덧붙이자면, 핀란드의 경우 어릴 때부터 영어를
자유롭게 구사할 만큼 언어적으로 유리한 측면이 있었습니다.

일하고 돈 버는 패턴의 변화: 긱 경제와 플랫폼 노동자들

— 밀레니얼 이코노미에서 종종 언급되는 노동과 소비의
변화상들이 있다. 긱 경제gig economy, 공유경제sharing economy 등은 최근
미국에서 시작되어 전 세계적으로 영향을 미치고 있는 경제모델들이다.
이들은 밀레니얼 세대가 일하고 소비하는 방식에 근본적인 변화를 가져
올 수도 있다고 하는데 정말 그럴까.

박종훈　　　디지털 시대, IT 기업들은 특정 집단에 소속되지 않고, 유연하고 독립적으로 돈을 벌어들일 모델들을 쏟아내고 있습니다. 이 경제모델들이 앞으로의 시대에 '대세'가 될 수 있을지 없을지에 대해선 논쟁의 여지가 있겠죠. 그러나 이러한 새 시대의 도래를 피할 수 있느냐고 묻는다면 아니라고 단언할 수 있을 것 같습니다.

원래 '긱'이라는 말은 1920년대 미국 재즈 클럽에서 단기간 섭외한 연주자들의 공연 '긱'에서 유래했습니다. 2015년 컨설팅 업체 맥킨지는 '긱' 노동에 대해 "디지털 장터에서 거래되는 기간제 근로"라고 정의했습니다.[5] 미국의 경우 2025년이 되면 노동자 세 명 중 한 명이 프리랜서로 일할 거라고 합니다. 이처럼 정규 고용 형태가 아닌 임시적인 노동으로만 운영되는 경제를 긱 이코노미라고 합니다.

그런데 저는 모든 사람이 이런 형태의 노동만 하게 될 거라고는 보지 않아요. 병행은 가능하죠. '본업primary source of work'을 가지고 있으면서 오전에는 '우버'와 같은 공유 차량 기사를 하고, 저녁에는 '킥 고잉'의 전동 킥보드를 수리하는 식으로요. 주말에는 '클래스 101'과 같은 플랫폼에서 취미 클래스의 강사가 될 수도 있어요. 우리가 익히 들어본 디지털 노동 플랫폼에 종사하는 노동자들, 소위 '긱 워커gig worker'들이 이런 방식의 긱 경제를 구현해나가는 거죠. 그러나 이것이 국내 법과 제도 속에서 자리를 잡고 유의미한 규모를 이루어 경제를 움직일 만큼 성장할 수 있을지에 대해선 아직 확신하기 힘들어요.

게다가 국내에서 이러한 플랫폼 비즈니스가 막강한 수요에 의해 뒷받침되고 있음에도 정부 규제나 시장 내의 갈등에 직면하여 좌절한 것을 보면, 공유경제의 확산에도 어느 정도 한계가 있는 듯합니다. 우버, 카카오 택시, 타다 등의 공유 플랫폼이 진입에서 확산까지 얼마나 많은 진통을 겪었는지 보셨잖아요. 플랫폼 비즈니스 종사자들의 법적 지위를 어떻게 보장할 것인지, 기존 시장과 상충되는 이익들을 어떻게 조정해나갈 것인지, 정부는 어떻게 중재자로 나설 것인지 풀어나가야 할 문제들이 적지 않습니다. 단순히 공유경제나 긱 경제가 전에 없던 새로운 시대를 열어줄 거라는 기대감만으로는 해결하지 못할 문제들이 많다는 겁니다.

오히려 저는 새로운 형태의 경제모델이 등장할수록 노동시장의 이중구조가 더욱 심화될 거라고 생각합니다. 노동의 계층화가 심화되고 노동을 거래하는 방식도 매우 다변화되겠죠. 하지만 정말 중요한 것은 노동이 얼마나 전문적인지, 수요와 공급이 어떻게 맞춰지는지입니다.

앞서 언급한 플랫폼에서 운전을 하거나 배달을 하거나 수리를 하는 미숙련 노동자들은 더욱 낮은 임금의 노동자들로도 대체될 수 있어요. 밀레니얼 세대 앞에 놓인 일자리는 이미 AI나 로봇에 의해 대체가 예상되잖아요. 거기다가 앞서 언급했던 외국인 노동자들도 언제든 이 시장을 노리고 있고요.

반면에 상당한 전문성, 기술, 지식, 창의성을 갖춘 노동자들은 상상을 초월하는 연봉을 받고 전 세계를 무대로 종횡무진하겠죠.

국내에서 16만 명의 프리랜서가 활동 중인 크몽(전문성을 갖춘 프리랜서 마켓 플랫폼) 같은 플랫폼에서는 이미 전문적인 지식과 경험을 사고파는 일이 상시화되고 있습니다. 아직까지는 이러한 전문 영역의 웹 기반 플랫폼이 배달이나 차량 공유 서비스와 같은 저숙련 노동에 기반한 플랫폼에 비해 비율이 미미하긴 합니다. 그러나 점점 이 시장도 늘어나겠죠.

우리는 이미 경제활동 영역이 글로벌화되고, 저숙련 노동자와 고숙련 노동자의 임금 격차가 극단적으로 벌어지는 시대에 살고 있습니다. 그래서 저는 앞으로 긱 경제나 공유경제가 대세가 될 것이냐 아니냐의 예측과는 관계없이, 밀레니얼 세대가 지식과 전문성에 집중 투자해야 한다고 강조하고 싶습니다. 요즘 취미를 직업으로 삼는 것을 '덕업일치'라고 하죠. 그 어느 시대보다도 자신이 좋아하고 잘하는 일을 찾아서 대중의 수준을 압도적으로 뛰어넘는 전문성을 쌓는 것이 중요하죠.

홍춘욱 　　네. 공감합니다. 긱 경제의 확산에 따르는 경제적 파급효과에 대해서는 의견이 분분하죠. 그러나 제게 저 모델들은 그리 인상적인 아이디어는 아니었습니다. 경제학적으로 해석하면, 노동시장이 유연해진다, 그 이상의 아이디어는 아니잖아요.

아마 밀레니얼 세대의 특성상 자율적으로 원하는 시간만큼 일하면서 조직에 얽매이지 않는 방식이 선호될 거라고 생각하실 수도 있습니다. 그러나 최근에 발표되는 연구 결과들을 보면 긱 경제에 종사하는 플랫폼 노동자들의 비율이 그렇게 많이 늘지 않았고, 긱 경제가 실업률 하락이나 임금 상승에 좋은 영향을 미치지도 않았다고 합니다.

최근 〈월스트리트 저널〉에 따르면 긱 이코노미 연구의 대가인 로런스 카츠 미국 하버드대 교수와 앨런 크루거 Alan Krueger 미국 프린스턴대 교수가 "지난 10년간 노동시장이 경제 침체의 영향으로 상당히 불안정했기 때문에 긱 이코노미의 효과가 상대적으로 크게 부풀려져왔다"고 시인했다고 합니다.[6] 미국 노동부의 보고서에 의하면, 2005년과 긱 이코노미가 급부상했던 2017년 사이에 미국 비정규직(프리랜서)의 비율은 별로 변화가 없는 것으로 나타났습니다. 오히려 프리랜서 노동자의 비율은 2017년 6.9%로 2005년의 7.4%에 비해 줄었다는 거예요.

게다가 2018년 미국의 30개 노동 플랫폼 업체의 시간당 임금의 중간값을 조사해본 결과 서비스업 전체 평균(27달러)과 운송 서비스 업계의 평균(24달러)에 비해 낮은 18달러였습니다. 영국 기업에너지산업전략부에 따르면 긱 경제 종사자의 25%에 해당하는 70만 명이 최저 임금보다 낮은 급여를 받고 있었고, 나머지도 최저 임금과 비슷하거나 조금 높은 수준의 급여를 받는다고 합니다.[7] 결국 돈도 별로 못 번다는 이야기죠.

밀레니얼 세대가 원하는 일자리가 긱 경제를 통해 가파르게 증가하리라는 기대는 어쩌면 환상일지 모릅니다. 프리랜서, 긱 워커 등의 존재는 사실 기업 측에서 반가워할 모델이라는 점을 기억해야 합니다. 필요할 때만 사용할 수 있는 노동력, 언제든 계약 해지할 수 있는 노동자들의 존재가 기업에는 유리할지 몰라도, 과연 밀레니얼 세대에게 유리한 모델일까요? 저는 그렇게 보지 않습니다. 이런 일자리들은 건강보험이나 고용보험 같은 사회안전망이 보호해주지도 않아요. 앞에서 언급했듯이, 밀레니얼 세대가 가장 선호하는 직종이 뭐였죠? 공무원이었잖아요. 그들의 요구를 이 유동적인 플랫폼 경제가 어느 정도나 흡수할까요? 소비와 고용은 결코 분리될 수 없는 문제입니다. 소비할 때는 폼 나고 간편해서 좋지만, 해당 산업을 떠받치고 있는 유연한 노동의 형태들이 과연 남의 이야기이기만 할까요?

공유경제, 소비와 생산의 신대륙

홍춘욱　　최근 플랫폼 비즈니스에서 빼놓을 수 없는 화두가 바로 '공유경제'입니다. 밀레니얼 세대가 이전 세대들에 비해 자의든 타의든 집이나 차 같은 자산에 대한 소유 비율을 줄인 것은 사실입니다. 이로 인해 소유하지 않고 빌려 쓰는 공유경제가 상당한 속도로 성장하고 있습니다. 일상에서도 이미 위워크와 같은 공유 오피스 플랫폼, 우버나 타다와 같은 차량 공유 서비스 플랫폼 등이 자리 잡기 시작했고요. 이러한 공유경제도 밀레니얼 세대의 소비문화와 결합되면서 시장이 확실히 커질 거라는 점에는 저도 동의합니다.

그런데 제가 말씀드리고 싶은 것은 이런 겁니다. 미국에서 공유경제를 연구한 결과, 연간 소득이 7만 5,000달러(원화로 약 8,000만원) 이상인 경우 약 30% 수준으로 이러한 공유 서비스를 이용해봤다고 응답했어요.[8] 미국이니까 아무래도 에어비앤비나 우버 같은 서비스를 많이 이용했겠죠. 그런데 이런 서비스를 이용하는 비율이 3만~7만 5,000달러 미만의 소득 구간에서는 10% 수준, 3만 달러 미만의 소득 구간에서는 10% 이하 수준으로 떨어집니다. 이건 뭘 의미하는 걸까요? 더욱 흥미로운 점은 학력별 이용 비율의 경우, 대학원 이상은 30%, 대학 졸업은 10% 중반, 그 이하는 6% 이하 수준으로 나왔다는 거죠.

이것은 공유 서비스뿐만 아니라 새로운 기술과 아이디어가 접목된 서비스를 시도하는 비율을 의미하기도 합니다. 소득과 학력이 높을수록 다소 위험 부담이 있는, 신선한 서비스를 경험해보려는 의지가 높았다는 거죠. 만일에 여러분이 10년간 일만 하다가 드디어 여행을 간다고 해봅시다. 어떤 집과 호스트(집주인)를 만나게 될지 100% 확신할 수도 없는 에어비앤비로 숙박 예약을 할까요? 그럴 수는 없을 거예요. 그러나 매번 방학마다 여행을 다니는 사람이라면 한번쯤 시도해봄직한 선택지가 되겠죠. 각자의 처지에 따라 상황에 대한 용인의 정도가 달라집니다. 결국 이러한 공유경제의 주 소비층은 소득과 학력 수준이 높은 계층이 될 거라는 의미죠. 저는 공유경제의 확장 가능성을 부인하지는 않지만, 유행

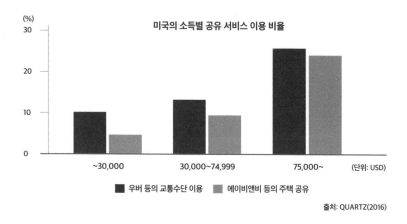

미국의 소득별 공유 서비스 이용 비율

(%)

출처: QUARTZ(2016)

처럼 번지는 이러한 서비스의 이면에는 일종의 '환상'도 작동하고 있다는 말씀을 드리고 싶습니다.

박종훈   중요한 부분을 짚어주셨습니다. 그럼 저는 공유경제의 다른 축인 생산 차원의 이야기를 조금 더 해보고 싶네요. 이제 국내에서도 '이런 것까지 공유가 되나?'라는 생각이 들 만큼 공유경제의 범위가 확장되고 있는 상황입니다. 공유 주거 모델이 꽤 화제가 된 적이 있었습니다. 셰어하우스라고 해서 주방이나 욕실을 공동으로 사용하고 방만 각자 사용하는 거죠. 주거 비용을 절약할 수 있어서 초기에는 주로 저소득층이나 대학생들이 선호했습니다.

그런데 최근 서울 강남 지역으로 셰어하우스 취재를 나가보니, 정말 고급스러운 인테리어가 눈에 띄는 공간들이 많아졌습니다. 거실, 주방, 테라스, 시네마룸 등을 공유하는 어느 셰어하우스는 월세가 120만 원부터 시작하는데도 인기가 많더라고요. 이런 공간은 공유 주방, 심지어 요즘 유행하는 소셜 다이닝^{social dining}(즉석 만남 등을 통해 낯선 사람들과 함께 음식을 나눠 먹는 일)을 가능하게 하는 플랫폼이 됩니다. 1인 가구 비율이 상당히 높은 밀레니얼 세대에게는 공유 주방도 '살롱'으로 기능하게 되는 거죠.

게다가 이제는 단순히 함께 식사하는 주방이 아니라 창업 공간으로서도 공유 주방이 떠오르고 있습니다. 공유 주방 서비스는 2019년 상반기 벤처투자시장의 주요 테마였다고 합니다. 요식업 창업에 필수적인 토지 비용이나 임대 비용 없이 공간을 점유하는 '시간만 사면' 되는 개념인데요, 이미 뉴욕과 같이 임대비용이 높은 도시에서 각광받으며, 유니온키친^{Union Kitchen} 등의 공유 주방 서비스가 매년 성장 중이라고 합니다.

국내에서도 2015년부터 공유 주방 서비스가 시작되면서 2018년에는 우버의 창립자인 트레비스 캘러닉^{Travis Kalanick}이 클라우드키친 서비스로 국내 진출을 타진하고 있다는 뉴스[9]가 나오고, 국내 업체 '위쿡'이 규제 샌드박스를 통과하며 사업 성장의 전기가 마련됐다는 분위기가 형성됐습니다. 현재 대형 공유 주방 사업장 한 곳에 최소 20개 업체가 들어가 있다고 하더라고요.

이미 활발하게 운영 중인 공유 주거나 공유 주방 외에도 앞으로 무엇이 공유될지, 그 범위는 끝없이 확장될 것이고 이것을 선점한 스타트업이나 기업은 새로운 비즈니스 모델을 만들어갈 수 있을 것입니다. 최근에 '빌라선샤인'이라는 인상적인 스타트업을 기사로 접했습니다.[10] 여성이 창업한 스타트업으로서, 긱 워커로 일하는 밀레니얼 세대 여성 프리랜서들이 일을 통해 서로 시너지를 내며 함께 성장할 수 있도록 유료 커뮤니티 서비스를 제공하지요. 말하자면 일종의 사교 클럽인 셈입니다.

그런데 이 스타트업은 주소가 없더라고요. 임대료에 투자하는 대신 새로운 멤버들끼리 기술과 정보를 공유하는 프로그램에 투자하기로 했다더군요. 그래서 모임의 장소가 항상 유동적이에요. 특정 공간을 빌린 다음 빌라선샤인이라는 간판을 내걸면, 그날은 거기서 커뮤니티 활동을 한다는 거죠. 상당히 인상적인 사례더라고요. 이렇게 기존의 비즈니스 문법을 깨는 신선한 시도들이 앞으로도 계속 등장할 것 같습니다.

그들은 왜 연대하지 않을까: 노동조합의 미래

— 방금 논의한 새로운 형태의 일자리와 경제모델은 여기 참여하게 될 밀레니얼 노동자들에게 연대의 가치를 고민하게 한다. 노조에 우호적이기는커녕 오히려 개인화가 가속화될 미래에도 노동자의 연대가 가능할까. 지금까지 한국 경제는 대기업 중심의 강성 노조가 일정 부분 권리 보호에 앞장서며 이익집단으로서의 역할을 담당해왔다. 그런데 이것이 밀레니얼 이코노미에서도 가능하다고 보는가.

박종훈　　　기본적으로 우리 노동조합은 서구권의 노동조합과는 다른 독특한 특징들이 있습니다. 일단 노조 가입률이 낮죠. 우리나라 전체 국민의 노조 가입률은 10.7%에 불과합니다. OECD 회원국들 중에서도 굉장히 낮은 편입니다. 핀란드나 스웨덴 같은 경우는 전체 국민의 3분의 2 정도가 노조에 가입되어 있다고 하니까요. 서유럽과 비교해봐도 영국이 24%, 독일이 17% 정도입니다. 그나마 프랑스가 11% 정도니까 우리와 비슷한 축에 속합니다.

그러나 단순한 가입 비율보다 중요한 것은 노조의 단체협약 적용률이에요. 이는 노조가 사측과 협상한 고용 조건이나 임금이 전체 노동자들에게 적용되는 범위를 의미합니다. 프랑스 같은 경우에는 노조 가입률이 11%밖에 안 되지만 단체협약 적용률은 98% 가까이나 됩니다. 즉 노조에 가입하지 않아도 대부분 노동조합의 혜택을 받는다는 거죠. 이 때문에 프랑스 국민들은 파업으로 다소 생활이 불편해져도 이를 이해하는 겁니다. 결국 노동조합이 얻어낸 만큼 자신들에게도 혜택이 돌아오니까요. 그런데 우리나라는 노조 가입률이 프랑스와 비슷하지만 단체협약 적용률은 3분의 1 정도밖에 되지 않습니다. 이 때문에 노동조합의 혜택을 받는 사람과 받지 못하는 사람 사이의 노동환경 격차가 심각합니다.

소위 노동 선진국이라고 불리는 케이스는 둘 중 하나예요. 노동조합에 가입된 국민이 굉장히 많거나, 아니면 노동조합에 가입한 사람은 적어도 단체협약 적용률이 압도적으로 높거나. 그러면 방식은 달라도 노동자들이 연대하게 되거든요. 파업과 같은 단체행동으로 얻어낸 성과를 거의 모든 노동자가 공유하게 되니까요. 그래서 프랑스는 낮은 노조 가입률에도 불구하고 노동자들의 권리와 이익이 높은 편이죠.

그런데 우리나라는 단체협약 적용률이 낮기 때문에 노동조합 가입자들만 협상의 이익을 나누게 됩니다. 10.7%의 노동자들만 자신들의 권익을 주장하고 그 결과는 기껏 전체 노동자의 3분의 1에게만 돌아가죠. 게다가 그들 대부분은 우리나라 취업준비생들이 그토록 가고 싶어하는 대기업 노동자들입니다. 나머지 국민들이 보기에 그들은 결국 '특권을 누리는 이익집단'일 뿐이죠. 그러다 보니 '귀족노조'라는 말까지 생겼습니다.

물론 이 단어는 자본이 노동자들을 옭아맨 일종의 프레임이기도 하고, 공격을 위한 수사이기도 합니다. 그러나 이 단어가 일반 국민들에게 스며들면서 노동조합이 부정적인 집단으로 인식되고 있는 것도 현실이죠. 그리고 노동조합이 왜 만들어졌고 어떻게 투쟁해왔는지, 그 눈물겨운 역사의 시대를 살아보지 않은 밀레니얼 세대에게 노동조합은 매우 부정적으로 각인되어 있다는 점도 고려해야 합니다. '귀족노조'라고 공격받는 노동조합도 전체 노동자와 연대하지 못한 책임으로부터는 자유롭지 않고요.

예전에 독일 노동조합에 관해 취재한 적이 있습니다. 독일의 경우, 경제위기나 침체가 시작되면 노동조합이 자체적으로 근로시간을 줄이자고 합니다. 일종의 잡 셰어링인 거죠. 예를 들어, 주당 36시간을 근무하다가 30시간 정도로 줄입니다. 그러면 임금도 줄겠죠. 그럼에도 그들이 근무시간을 줄이자고 하는 이유는 바로 조합 내의 해고를 방지하고 청년들이 추가적으로 고용될 수 있도록 선제적으로 움직이는 거예요. 조합원들과 구직자들을 그런 방식으로 보호하는 거죠. 그리고 그렇게 줄어든 임금 하락분을 지방자치단체가 절반 정도 보전해줍니다. 덕분에 기업들은 줄어든 노동시간만큼 신규 채용을 유지할 여력이 생기게 되죠.

독일의 기업들은 대부분 지역사회와 긴밀하게 연결되어 있고, 지역사회에 기여하고자 하는 오너십ownership이 발달해 있습니다. 기업 문화가 그렇다 보니 지역사회에 뿌리를 둔 노동조합에도 그런 문화가 있는 거예요. 지역사회의 청년들을 위해서 임금이 줄더라도 근로시간을 조금 줄이자는 사회적 공감대가 형성되어 있는 겁니다.

제가 독일 사례를 말씀드리는 이유는 노동조합이 1980년대 이후에 태어난 밀레니얼 세대의 관심에서 벗어나 있는 우리의 상황과 독일의 상황이 묘한 대조를 이루기 때문입니다. 밀레니얼 세대는 대부분 노동조합에 관심이 없거나 심지어 거부감을 가진 경우가 적지 않습니다. 앞에서 말한 것처럼 밀레니얼 세대에게 노동조합은 청년과 연대하지 않는 이익집단에 불과하거든요.

그런데 아이러니하게도 밀레니얼 세대가 이전 세대들에 비해 비정규직이나 파견 근로자의 비율이 높습니다. 본래 노동조합은 힘없는 노동자들을 보호하고 대변하기 위해 사측과 대등한 협상 주체로서 조직된 단체라는 점을 생각해보면 어떤 세대보다도 밀레니얼 세대에게 노동조합이 필요한 상황인데 말이죠. 한국에서 노동조합이 기성세대만의 전유물처럼 전락하고 있는 현실이 정말 안타깝습니다. 서유럽의 노동조합이 어떤 식으로 청년 세대를 껴안아왔는지, 독일의 사례를 참고하면서 적극적인 연구와 노력이 필요하다고 생각합니다.

홍춘욱　　　네. 중요한 내용을 지적해주셨습니다. 독일 노동조합의 경우는 아무래도 '산별노조'이기 때문에 그런 일이 가능하겠죠. 독일은 기업별로 노동조합을 조직하지 않고 산업별로 하나의 노동조합을 구성합니다. 예를 들어 독일노동조합연맹DGB의 대표적 산별노조인 금속노조IM Metal의 경우 교섭은 한 차례의 단체교섭으로 종료되어 독일 전역의 해당 근로자들에게 일괄적으로 적용됩니다.[11] 국가별로 노동조합이 생기고 서로 다른 토대 위에서 발전하다 보니 우리와는 차이가 있는 거죠. 그런데 우리는 정말 참혹할 만큼 극과 극의 양상을 보이거든요. 밀레니얼 세대는 노동시장의 본질에 대해 좀 더 알아둘 필요가 있습니다.

노동시장의 유연화와 높은 임금이 초래하는 일들

홍춘욱　　　우리나라를 비롯한 주요 선진국에서 노동시장의 유연화는 오래된 화두입니다. 노동시장을 유연화하되, 정부가 실업수당을 제공하거나 기초연금 같은 기본적인 복지를 보장해주는 방식이 널리 확산되어 있죠. 이와는 다르게 노동시장의 효율화가 작동하지 않는 국가들도 있습니다. 대표적으로 스페인, 이탈리아 등이 포함된 지중해식 모델이 그렇습니다. 이러한 경제에서는 일단 취업에 성공한 노동자들은 기업과 종신 계약을 해서 정년을 보장받습니다. 스페인의 표준 고용 계약을 보면 1년 근무할 때마다 45일에 달하는 퇴직수당이 제공됩니다. 그러니까 회사에서 8년을 일하면 퇴직 시에 1년 치의 임금을 받게 된다는 말이죠. 그 결과 기업은 오래 근무한 직원을 해고하는 일이 거의 불가능해지고, 신규 채용도 극도로 조심스러워지게 되죠. 그야말로 '노동시장의 경직화'가 이루어지는 겁니다. 이들 국가들의 청년 실업률이 40% 수준으로 치솟고, 세대 간의 실업률 격차가 크게 확대되는 까닭도 바로 여기에 있습니다.

그러면 한 가지 질문을 던져봅시다. 이들 국가들은 왜 이러한 고용 시스템을 가지고 있을까요? 이걸 설명하는 이론이 바로 '효율임금가설efficiency wage theory'입니다. 간단히 말해 임금이 높을수록 근로 의욕이 고취되고 노동생산성이 향상된다는 이론이죠. 대표적인 예가 미국의 자동차 회사 포드의 '5달러 정책'입니다. 1913년 헨리 포드는 컨베이어 벨트가 작동하는 대형 공장을 가동하면서 어마어마한 투자를 했습니다. 그런데 막상 노동자들의 평균 근속 기간은 석 달에 불과했어요. 찰리 채플린의 영화 〈모던 타임스〉가 보여줬듯이 끔찍한 노동 강도가 원인이었죠. 이 공장이 정상적으로 가동되려면 약 5만 명의 직원이 필요했지만 실제로 출근하는 노동자는 1만 5,000명도 되지 않았다고 해요.

이 문제를 해결하기 위해 포드가 내세운 정책이 바로 '일당 5달러'였습니다. 당시 일반 노동자들의 일당인 1.5달러보다 약 3배나 많은 임금을 제공하기로 했던 거죠. 그러자 일하겠다는 사람들이 물밀듯이 밀려들었다고 합니다. 포드는 이때 '부양 의무가 있는 가장의 고소득에 기댄 가족 모델'이 중요하다는 깨달음을 얻었다고 합니다. 그들은 이제 섣불리 일을 그만둘 수가 없는 노동자가 되었습니다. 그리고 이 노사관계 모델은 미국에만 국한되지 않습니다. 결국 우리나라 대기업의 공장들이 몰려 있는 울산이나 거제 같은 지방 도시들도 '포드의 1913년식 모델'로 굴러가고 있는 거예요.

포드에서 근무하게 된 노동자들은 얼마나 기뻤을까요? 5만 명의 노동자가 가장이었던 가족은 모두 일시에 미국 사회의 중산층으로 올라섰습니다. 그들은 열심히 일했을 뿐만 아니라 '장기근속'에 대한 강한 의지를 가지게 되었겠죠. 자동차 회사 포드의 이윤 극대화가 가까워지는 순간이었습니다. 당시 만들어진 포드의 대표적인 T모델은 매년 200만 대 이상 팔려나갔습니다.

그런데 이와 같은 효율임금이 지급되자 두 가지 문제가 불거졌습니다. 첫째는 포드에 입사하지 못하는 이들의 박탈감이었겠죠. 자기보다 능력이 뛰어나지도 않은 노동자가 단지 포드에 들어갔다는 이유만으로 자신보다 3배나 많은 임금을 받는 거잖아요. 결국 모두가 포드 취업을 준비하게 되었죠. 우리가 주목해야 할 중요한 문제는 바로 두 번째입니다. 이런 고임금 정책이 수십 년간 지속되면 어떤 일이 벌어질까요?

자동차 업계에는 자동차생산성지수HPVHours Per Vehicle·HPV라는 게 있습니다. 자동차 회사에서 차량 한 대를 생산하는 데 걸리는 시간을 측정한 지수지요. 아래의 표를 보면,[12] 세계 각국의 생산효율이 어떤 수준인지 알 수 있습니다. 한국의 공장은 28.4분인 반면, 중국은 17.8분 그리고 미국은 14.4분입니다. 제가 실제로 중국 베이징의 자동차 공장을 방문했을 때, 노동자 대부분이 학력 수준이 낮고, 근속 연수도 2~3년 정도로 짧다는 사실에 놀랐습니다. 결국 한국의 자동차 산업 근로자들은 효율임금을 받고 있을지는 모르지만 생산성이나 효율성 면에서는 많이 실망스러운 상황이라고 할 수 있습니다.

효율임금을 받으면 열심히 일하게 되고, 생산성이 향상된다고 했지만 막상 효율임금을 수십 년간 실행해온 자동차 업계를 장기적으로 추적해본 결과 반드시 생산성의 증대로 이어지는 것은 아니었습니다. 게다가 앞에서 언급한 '지중해식 모델'이 꼭 지중해에만 있는 것이 아닙니다. 국내 자동차 업계의 경우에도 강성 노조가 존재하다 보니 노동시장의 경직이 발생하게 됩니다. 일자리를 잃을 리스크가 없는 상태인데도 임금이 높게 형성되어 있다면,

현대자동차의 국내외 생산성 비교

구분	국내	미국	중국	체코	인도	러시아	브라질	터키
HPV	28.4	14.4	17.8	15.8	19.5	16.9	21.2	27.3
편성효율	57.7	92.7	90.1	91.9	90.0	91.5	93.1	92.2

출처: 박태주, <세계일보> 기사(2014년 4월 10일) 재인용

어떻게 될까요? 청년 취업은 요원하고, 노동시장의 효율성은 전혀 담보되지 않으며, 당연히 기업의 생산성은 좋지 않겠죠.

결국 기업에선 두 가지 대응을 하게 됩니다. 하나는 임금구조에서 변동비 비중을 높이는 거예요. 경기가 나쁠 때는 기업 측의 부담이 높아지니까 임금에서 고정급을 줄이고 성과급 같은 변동비 비중을 높이는 거죠. 결국 급여의 상당 부분을 야근과 특근 수당, 성과급과 같은 형태로 유지하게 되는 겁니다.

두 번째는 생산성이 높지 않으나 해고도 용이하지 않은 노동자들 대신 공장의 모듈화modularization를 꾀하는 겁니다. 한마디로, 부품 회사에서 핵심 부품을 상당 부분 조립해두어, 본 공장에서는 핵심 모듈 부품들을 마치 레고를 조립하듯이 조립만 하면 되는 시스템을 만드는 거죠. 기업이 혁신의 초점을 부품 쪽에 두게 된다는 뜻입니다. 이 방법을 사용하면 앞서 중국 베이징 공장의 사례처럼, 고학력의 근로자를 고용하지 않더라도 공장을 돌리는 데는 문제가 없을 것입니다.

결국 우리나라는 노동이 아주 유연한 국가와 전혀 그렇지 않은 국가 사이의 어디쯤에 있겠지요. 그런데 우리나라도 산업별로 보면, 효율임금을 지급해왔음에도 생산성은 그리 향상되지 않은 동시에 노동 경직적으로 계속 비효율적인 방향으로 이동하고 있습니다. 저는 이러한 경직성이 외환위기 이후에 등장했다고 봐요. 갑작스러운 기업 도산과 정리 해고의 트라우마가 역설적이게도 노동의 경직성을 만들었던 거지요. 투쟁하지 않으면 누구도 안전하지 않다는 목소리, 결국 내 자리를 견고하게 지키는 데만 온힘을 쏟는 노동조합이 탄생한 배경이죠.

그러나 지금의 한국 경제를 기준으로, 이러한 강성 노조가 우리 경제에 미친 부정적 영향은 두 가지입니다. 하나는 해당 기업의 생산성 증대가 어렵다는 것이고요, 또 하나는 앞에서 말했던 노동의 세대교체가 지체되고 있다는 것, 즉 밀레니얼 세대의 구조적 실업이 야기된다는 것입니다.

박종훈 참 안타까운 이야기이긴 합니다. 실제로 국내 자동차 산업이 2010년대 중반에 호황을 누렸던 것은 우리의 기술력과 생산성에서 기인하기도 했지만 해외 시장에서 기인한 요인들도 많았거든요. 기본적으로 고환율 구조였던데다 일본 도요타 사태 이후에 우리 자동차로 수요 전환이 이루어지기도 했고, 때마침 해외 시장 진출의 성과들도 좋았습니다. 어떻게 보면 운도 따랐고요.

그러나 이제 자동차 산업은 소위 모빌리티 서비스라는 거대한 전환기에 놓여 있습니다. 전기차와 수소차부터 자율주행차까지 혁신적인 기술 패러다임의 변화를 늦지 않게 따라가기 위해서는 하루빨리 내부 갈등을 극복하고 생산 공정의 혁신과 지속 가능한 사업 방향 모색에 총력을 기울여야 합니다.

홍춘욱 저는 이런 상황이 지속되면 정말 자동차 산업 전반이 흔들릴 수도 있다고 봐요. 조선업도 구조조정이 상당히 어려운 산업이었어요. 임금구조가 자동차 업계와 비슷한 흐름을 가지고 있었죠. 그런데도 2014~2015년을 전후로 조선업에 불황이 닥치면서 빅5라고 불렸던 회사들, 특히 한진이나 STX 같은 기업이 겪은 어려움은 다들 뉴스를 보셔서 아시잖아요. 이제 대기업 노조의 경우에는 본인들이 기득권 집단이라는 점을 받아들이고, 다음 세대와 어떻게 공존해나갈 것인지를 진지하게 고민해야 합니다. 특히 노조 집행부가 먼저 청년 세대의 채용 규모를 늘릴 다양한 방식을 제안하면서 양보하는 모습을 보여야 합니다. 그렇지 않고서는 밀레니얼 세대가 바라보는 노조의 이미지가 쉽게 변화하지 않을 겁니다.

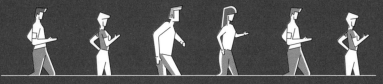

Chapter 5

돈이 모이지 않는
밀레니얼:
소비와 저축

— 밀레니얼 세대의 성향을 '욜로^{YOLO}(인생은 한 번뿐)'니 '소확행'이니 하는 말로 정의하면서 그들이 소비를 많이 하는 세대라고 흔히들 분석한다. 그래서 기성세대들은 저축하지 않는 그들을 '미래를 준비하지 않는 세대'라고 비판하기도 한다. 그런데 정말로 그들은 저축보다 소비에 관심이 많은 걸까? 혹은 이것 역시 오해는 아닐까.

홍춘욱　　앞에서 언급했듯이, 현재 밀레니얼 세대의 소득이, 이전 세대가 동일 연령대일 때의 소득에 비해 줄어든 것은 아닙니다. 그렇지만 경제적인 어려움을 호소하는 분들이 많죠. 이들의 소득이 적어 보이는 까닭은 취업 시기가 늦춰진 탓이라고 생각해야 합니다. 적은 소득이 아니라 늦어지는 자산 축적이 이 세대가 겪는 어려움의 본질이죠. 자산 축적이 어려워진 핵심적인 원인은 늦은 취업으로 학자금과 사교육비 등의 교육 투자 비용이 높아진데다 집값 상승으로 주거 비용까지 상승한 것 등을 꼽을 수 있습니다.

본질은 소득 감소가 아니라 자산 감소

홍춘욱   그런데 이런 현상이 우리나라에만 발생하고 있는 것은 아닙니다. 밀레니얼 세대의 이전 세대를 X세대, X세대의 이전 세대를 후기 베이비붐 세대라고 부르는데요, 전체 세대의 주택 자가보유율(주택 수를 일반 가구수로 단순하게 나눈 주택보급률과 달리 주택 자가보유율은 자기 집을 가진 가구를 전체 가구수로 나눈 비율)을 살펴보면 밀레니얼 세대의 고충이 잘 드러납니다.[1] 1981년에 25~35세였던 미국의 베이비붐 세대(정확하게는 초기 베이비붐 세대)는 35% 전후의 주택 자가보유율을 보였습니다. 1990년에 25~35세였던 후기 베이비붐 세대의 주택 자가보유율은 29%, 그리고 2000년에 25~35세였던 X세대의 주택 자가보유율은 33% 내외였습니다. 그러나 2016년 밀레니얼 세대의 주택 자가보유율은 21%에 불과합니다.

그렇다면 한국 밀레니얼 세대의 소득 흐름과 자산 규모 추이는 어떨까요? 정부가 발표한 〈2018년 가계금융·복지조사〉에 따르면, 30세 미만 가구주의 연 소득은 3,533만 원으로, 전년 같은 기간에 비해 8.0% 늘어난 것으로 나타납니다. 30대 가구주의 연 소득은 5,756만 원으로 전년 같은 기간에 비해 4.9% 늘어났습니다.

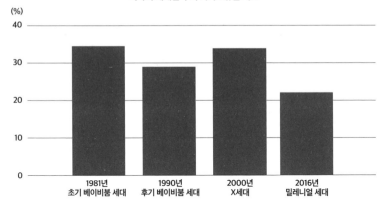

미국의 세대별 주택 자가보유율 비교

출처: Pew Reserch Center

그런데 가구주의 연령별 자산 보유액을 살펴보면, 30세 미만은 9,906만 원으로 전년 같은 기간에 비해 단 0.2% 늘어나는 데 그쳤습니다. 반면 30대 가구주의 자산은 3억 1,059만 원으로, 1년 동안 무려 7.8%나 늘어났습니다. 지난 1년간 20대 가구주의 소득이 가파르게 늘어났음을 감안하면, 자산이 제자리걸음한 것은 이해되지 않는 현상입니다. 결국 2016~2018년 서울 등지에서 일어난 부동산 가격 급등의 수혜를 20대 밀레니얼 세대가 제대로 보지 못했다고 해석해도 큰 무리는 없을 듯합니다.

미국, 영국, 우리나라를 비롯한 많은 국가들에서 이전 세대에 비해 밀레니얼 세대의 자산시장 참여가 소극적인 경향을 보이고 있습니다. 그 기저에서는 세계 금융위기의 트라우마가 감지되기도 합니다. 밀레니얼 세대가 한창 학교에 다니거나 막 직장생활을 시

가구주 연령대별 가구당 순자산 보유액

(단위: 만 원, %)

구분		전체	30세 미만	30대	40대	50대	60세 이상
평균	2017년	31,572	7,489	21,904	31,246	37,026	33,772
	2018년	34,042	7,509	23,186	34,426	39,419	35,817
	증감률	7.8	0.3	5.9	10.2	6.5	6.1

가구주 특성 및 자산 유형별 가구당 보유액, 구성비

(단위: 만 원, %)

구분		자산	금융자산			실물자산			
				저축액	전·월세 보증금		구성비	부동산	기타
								거주주택	
전체		41,573	10,512	7,841	2,671	31,061	74.7	29,177	16,895	1,883
가구주 연령대별	30세 미만	9,906	5,679	2,486	3,193	4,227	42.7	3,555	2,571	672
	30~39세	31,059	10,722	5,598	5,124	20,337	65.5	18,522	12,591	1,815
	40~49세	44,322	12,587	8,730	3,856	31,735	71.6	29,391	17,978	2,344
	50~59세	48,021	12,868	10,518	2,350	35,153	73.2	32,766	18,446	2,387
	60세 이상	41,202	7,678	6,545	1,132	33,525	81.4	32,204	17,631	1,321
가구주 종사상 지위별	상용 근로자	46,324	13,267	9,303	3,964	33,058	71.4	31,455	19,516	1,602
	임시일용 근로자	17,917	4,766	3,166	1,600	13,151	73.4	12,581	8,733	570
	자영업자	52,550	11,796	9,878	1,919	40,754	77.6	36,477	17,246	4,307
	기타 (무직 등)	33,271	6,795	5,290	1,505	26,475	79.6	25,963	15,855	512

가구주 연령대별 가구당 부채 보유액

(단위: 만 원, %)

구분		전체	30세 미만	30대	40대	50대	60세 이상
평균	2017년	7,099	2,393	6,920	8,637	8,670	5,199
	2018년	7,531	2,397	7,873	9,896	8,602	5,385
	증감률	6.1	0.2	13.8	14.6	-0.8	3.6

출처: 통계청, <2018년 가계동향조사(지출 부문) 결과>

밀레니얼 이코노미

작하려던 2007~2008년에 글로벌 금융위기가 터졌습니다. 이들은 불황과 버블 붕괴 그리고 집값 폭락에 대한 상당한 트라우마를 가지고 있습니다. 그들은 소위 선진국이라고 불리던 국가들조차 일시에 흔들리는 것을 보고 언제든 불황이 오면 자신들이 믿었던 세계가 무너질 수도 있다고 생각하게 되었죠. 그래서 미국의 밀레니얼들이 집을 구매하지 않으려 한다는 연구들도 있었습니다.

이 시기의 경험이 밀레니얼 세대의 소비와 투자성향에 상당 부분 영향을 미쳤을 거예요. 그래서 이들의 부모 세대인 베이비붐 세대의 소비와 투자성향과는 전혀 다른 특성을 가지게 됐다는 거죠. 미국의 경우 대공황을 겪은, 베이비붐 세대의 부모 세대를 '대공황 세대Greatest Generation'라고도 부릅니다. 아마 시간이 지나고 나면 밀레니얼 세대를 '금융위기 세대'라고 부를지도 모르겠습니다.

박종훈   설명하신 부분에 대부분 동의합니다. 그중 밀레니얼 세대의 소득 증감에 대해서 약간만 부연해볼게요. 우리나라 밀레니얼 세대의 실질소득은 이전 세대에 비해 줄어들지 않았다고 했지만, 사실 우리보다 먼저 고령화가 시작된 미국과 유럽에서는 이 세대의 소득도 줄어들었습니다.

2019년 4월 OECD가 발표한 〈압박받는 중산층The Squeezed Middle Class〉 보고서에 따르면, 중산층(해당 국가 중간 소득의 75~200%)의 비율이 1980년대 중반 64%에서 2010년대 중반 61%로 하락했습니다. 베이비붐 세대(1943~1964년생)는 중산층 비율이 68.4%, X세대(1965~1982

년생)는 63.7%, 현재 20~30대인 밀레니얼 세대(1983~2002년생)는 60.3%로, 아래 세대로 갈수록 중산층 비율이 떨어지고 있는 거죠.

임금 상승률보다 높은 물가와 집값 상승률 때문에 중산층의 여유로운 삶을 누리지 못하는 사람들이 예전보다 늘어난 것입니다. 이 자료에 따르면 지난 30년간 주거비는 2배 넘게 올랐으나 소득은 33%밖에 늘어나지 않았다고 합니다.

이처럼 소득이 줄어들면서 밀레니얼 세대의 자산 형성도 악영향을 받았습니다. 미국 통계청에 따르면, 미국의 경우 현재 35세 이하인 밀레니얼 세대의 평균 순자산 규모는 1996년 당시 35세 이하였던 표본보다 3분의 1가량 적다고 합니다. 아직 우리나라는 자산만 줄었지, 소득까지 줄지는 않았습니다. 하지만 선진국들의 사례를 보면 결국 밀레니얼 세대의 소득도 줄어들 가능성이 있습니다. 결국 돈을 버는 것도 어려워졌고, 돈을 굴려서 목돈을 만드는 것은 더욱 힘들어졌다는 얘기죠.

목돈 마련은 왜 힘들어졌을까

박종훈 　　　목돈 만들기가 어려워진 원인 중에 가장 먼저 언급해야 할 것은 '저금리 기조'입니다. 1970년대까지 정기예금의 평균 금리는 연 20%를 오르내렸고, 1980년대에는 연 10% 수준이었습니다. 밀레니얼 세대는 믿기 어려운 수준이죠. 그래서 그 시절

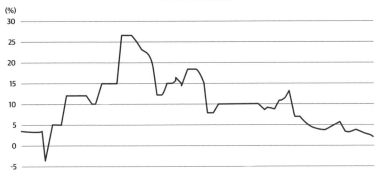

1945년 이후 정기예금 금리

출처: 한국은행 《숫자로 보는 광복 60년》을 바탕으로 정리

에는 집을 샀어도 돈을 벌었고, 그냥 정기예금이나 적금만 꾸준히 불입했어도 지금은 상상할 수도 없을 만큼의 목돈을 모을 수 있었습니다. 그래서 따로 재테크를 생각할 필요가 없었어요.

물론 그런 고금리는 한국 경제가 압도적인 성장 일로에 있었기 때문에 가능했습니다. 덕분에 돈을 굴려서 목돈을 만드는 일이 그렇게 어렵지 않았습니다. 금리가 연 20%대라는 건 은행에 예금해 놓고 3~4년 정도만 지나면 원금의 2배로 돈이 불었다는 거잖아요. 엄청난 속도로 돈이 불어나는 시대였던 셈이죠.

게다가 정부에서도 다양한 금융제도를 통해서 가계의 자산 증식에 지원을 아끼지 않았죠. 가장 대표적인 금융상품이 '재형저축'입니다. 한때 재형저축 금리는 연 30%대를 오르내리는 수준이었고 심지어 비과세 상품이었습니다. 여담으로 1995년에 폐지되었던 재형저축이 2013년 부활했을 때의 이율이 연 4.5~4.6% 수준이었습니다. 당시 언론에서도 예전 재형저축에 비해 쥐꼬리만 한 금리라고 비판했지만 저는 주변 분들에게 자격만 되면 무조건 가입하라고 했어요. 지금 시중은행 정기예금 금리가 기껏해야 연 1.8% 수준이잖아요. 지금 생각해보면 연 4.5~4.6% 수준도 상당히 높았던 거예요.

홍춘욱　　　참고로 얼마 전에 10년 만기 국고채 금리가 당시 정책 금리였던 연 1.75% 이하로 내려갔습니다. 그리고 2019년 7월에는 1.75%에서 1.50%로 추가 인하되었고요. 연내 추가 인하 가능성까지 대두되고 있습니다. 미국을 비롯하여 여러 나라에서 금리 하락세가 장기화되는 추세입니다.

박종훈　　　네, 그렇습니다. 결국 밀레니얼 세대는 은행 저축으로는 돈을 불릴 수가 없는 것입니다. 그럼 다른 대안을 생각해봐야죠. 은행 저축 다음으로 소규모 자산으로 해볼 만한 투자처가 주식일 것입니다. 요새도 주식 투자로 부자로 되었다는 분들이 있죠. 3년 만에 30억을 벌었다며 책을 쓰신 분들도 많고요. 그런데 사실 지금은 주식으로 돈을 벌기에도 유리한 국면이 아닙니다.

밀레니얼 세대가 들으면 정말 놀라겠지만, 1998년만 해도 국내 코스피 지수가 300선 안팎을 오르내렸습니다. 그러다 2007년에는 2,000선을 돌파하기도 했지요. 그러니까 평균적인 코스피 인덱스

펀드를 들었다면 9년 만에 6배 넘게 올랐을 겁니다. 이 정도면 부동산도 부럽지 않은 엄청난 수익입니다. 주식시장이 꽤 쏠쏠한 투자처였기 때문에 2000년대 초반까지만 해도 너도 나도 주식 투자에 뛰어들었고, 대학교마다 '주식 동아리' 열풍이 불었죠. 그러나 2010년대에 들어와서 주가가 '박스권'에 갇혔습니다. 2011년 우리 역사상 처음으로 코스피 지수가 2,200선을 돌파하며 화제가 되었습니다만, 이후 오르고 내리기를 반복하다가 2019년 8월에 미-중 무역 전쟁과 한-일 갈등의 여파로 2,000선이 무너지기도 했습니다. 그러니까 2011년 이후 8년간 코스피 지수는 오히려 하락한 상황이라는 거죠.

그럼 현재를 기점으로 9년쯤 뒤에 우리 코스피 지수가 6배 올라서 1만 2,000쯤이 될 수 있을까요? 안타깝지만 현재로서는 그런 가능성을 상상하기 힘듭니다. 그래서 저는 밀레니얼 세대에게 무조건 주식에 투자하라는 소리는 못 하겠습니다. 대세상승기가 아닌 이상 정말 뛰어난 투자자가 아닌 일반인들은 목돈을 만들기 전에 원금이 손실 나기 딱 좋은 상황이거든요.

그럼 지금쯤 등장해야 하는 주제가 '부동산'이겠죠? 부동산으로 돈을 버는 게 어쩌면 밀레니얼 세대가 직접 목도한 가장 현실적인 방법일 거예요. 그런데 노동시장처럼 부동산시장에서도 양극화가 일어났습니다. 인기 있는 서울 지역 아파트는 이제 20억 원 정도로도 사지 못하는 반면, 인기 없는 지역의 집값은 아직도 쌉니다. 소득 양극화가 결국 부동산시장 양극화로 이어졌고, 비싼 아파트 가격이 더욱 오른 겁니다. 그래서 알면서도 접근하기 어려워진 시장이 바로 부동산시장입니다(이에 대해서는 6장에서 자세히 다룬다).

결국 만만해 보이는 목돈 마련처가 없다는 것이 현재 밀레니얼 세대가 직면한 현실입니다. 자산 형성이 이렇게 어려워지면 이는 곧장 부의 양극화로 연결됩니다. 물려받은 자산이 있다면 어떤 형태로든 불릴 수 있지만, 그렇지 않은 대부분의 평범한 젊은이들에게는 목돈을 만들 상황 자체가 오지 않습니다. 그래서 '욜로'니, '탕진잼'이니 하면서 오늘이라도 행복하게 살자는 소비 트렌드가 발견된다는 거죠. 집 살 돈은 없으니 좋은 샴푸라도 쓰고, 저가 항공 '핫딜'을 잡아 여행이라도 다녀오고 말이에요. 간혹 기성세대들은 '탕진잼'이라는 말을 듣고는 본인들이 수십억씩 사업이나 투자로 '탕진'한 것을 떠올리면서 밀레니얼 세대가 대단한 과소비를 한다고 오해하시기도 합니다. 그런데 그게 사실은 큰 맘 먹고 1만 원짜리 몇 장을 쓰는, 일종의 씁쓸한 놀이라는 걸 분명히 하고 싶습니다.

밀레니얼 소비에 대한 착시

홍춘욱　　　자산 축적이 어렵고 집 장만도 힘겨워 보이는 밀레니얼 세대의 소비성향에 대해선 이미 많은 언론[2]과 책이 소개한 바 있습니다. 전쟁 이후 절대적인 빈곤에서 벗어나 상대적으로 풍요로운 유년기를 보냈기 때문에 이전 세대보다 자기중심적이고, 이상주의적이며, 타인의 시선에 민감하고, 낮은 금리로 인해 저축에 별 매력을 느끼지 못하며, 미래보다 현재를 즐기는 '욜로족'이 많다고들 하죠. 명품 소비도 많고, 그래서 집이나 차를 마련하지 못한다고 비판받기도 하고요.

그런데 최근 연구 결과를 보면, 이 세대의 소비성향이 이전 세대들과 대단한 차이를 보이는 것이 아니라 단지 '돈이 없기 때문에' 소비를 줄이거나 '가성비'를 중시하는 것이란 주장도 있어요. 가장 대표적인 것이 2019년 미국 딜로이트컨설팅의 연구 보고서죠. 이에 따르면 밀레니얼 세대가 수입 대비 식료품, 주류, 외식, 명품 구매에 지출하는 비중은 1997년 부모 세대가 이들과 같은 나이였을 때와 크게 다르지 않았다고 해요.[3] 어쩌면 기성세대의 단정이 잘못되었을 수도 있다는 말입니다.

박종훈　　네. 박사님이 언급하셨듯이, 실제로 미국 밀레니얼 세대의 소비가 줄어들고 있다는 통계들이 나오고 있습니다. 집이나 차를 구매하려는 의사가 줄어드는 것이 공유경제의 확산 때문이라는 분석도 있지만, 사실은 '그저 돈이 없기 때문'이라는 분석들도 나오고 있죠. 한국도 마찬가지입니다. 한국의 밀레니얼 세대는 이전 세대들에 비해 집 구매 비율이 낮습니다.

그렇다고 다른 소비 규모가 더 큰 것도 아니에요. 통계청에서 발표한 〈가구주 연령별 소비성향 추이〉를 보면, 제가 30대였을 때보다 현재 30대들의 소비성향이 평균적으로 낮아졌거든요. 그리고 이 세대만이 아니라 대한민국 전체의 소비성향이 떨어진 것이 사실입니다. 여기에는 두 가지 원인이 작용했다고 봅니다. 하나는 수명 연장에 따른, 노후에 대한 공포죠. 또 하나는 (우리가 앞에서 말한 것처럼) 저성장에 대해 확산되어가는 공포입니다. 더 이상 한국 경제가 예전처럼 성장하지 못할 거라는 우려가 소비 심리에 그대로 반영되는 겁니다.

통계를 보면, 제가 30대였던 2003년 우리나라 30대의 평균 소비성향 지수가 76.2였습니다. 100만 원을 벌면 76만 원쯤 썼다는 말입니다. 그런데 2016년에는 그 지수가 70.2로 떨어졌습니다. 그런데 같은 기간 40대는 소비성향 지수가 79.8에서 75.9로 하락했습니다. 하락폭은 30대에 비해서는 적은 편입니다. X세대에 비해 밀레니얼 세대의 소비 하락폭이 크다는 말이죠. 그런데도 기성세대가 밀레니얼 세대는 돈을 흥청망청 쓴다고 오해하는 것이 저는 참 답답합니다. 전체적으로 우리 경제가 성장하면서 풍족해진 겉모습으로만 판단하면 세대 문제의 본질을 볼 수 없습니다.

통계를 좀 더 살펴보겠습니다. 같은 기간에 어느 세대의 소비성향이 가장 많이 하락했을까요? 바로 60대 이상 노년층입니다. 2003년 81.1이었던 지수가 2016년에는 67.2로 상당히 큰 폭으로 감소했습니다. 노년층의 소비성향이 급격히 줄어든 것은 아마 세계적으로 찾아보기 힘든 일이 아닐까 싶습니다. 왜냐하면, 전 세계적으로 60대 이상 노년층의 소비성향은 대체로 80이 넘거든요. 자산 규모가 크건 적건, 노년은 젊은 시절에 벌어둔 돈을 지속적으로 쓰

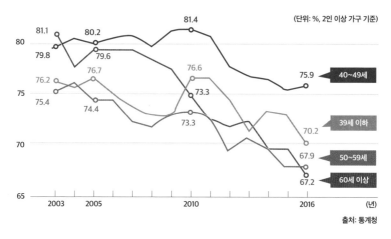

가구주 연령별 평균 소비성향 추이

(단위: %, 2인 이상 가구 기준)

81.1 80.2 81.4

79.8 79.6

76.2 76.7 76.6 75.9 40~49세

75.4 73.3

74.4 73.3 70.2 39세 이하

67.9 50~59세

67.2 60세 이상

2003 2005 2010 2016 (년)

출처: 통계청

는 시기잖습니까. 이 지수가 높게는 90에 육박하는 국가들도 있고
요. 그런데 부모 세대가 소비를 14%p 줄이는 동안 자녀 세대의 소
비는 6%p밖에 줄지 않았어요. 그러니 기성세대의 눈에는 상대적
으로 밀레니얼 세대의 소비가 많아 보이는 '착시'가 일어날 수밖에
없습니다.

그리고 이전 세대들과 밀레니얼 세대의 소비 카테고리도 많이
달라졌습니다. 저희 세대만 해도 직장에서 3, 4차까지 회식을 하곤
했어요. 그만큼 음주 문화가 직장생활과 밀착해 있었죠. 인맥 관리
도 열심히 했기 때문에 다른 사람들과 만나서 술 마시고 밥 먹는
시간이 아예 취미가 되기도 하고 삶의 의미가 되기도 했던 시절이
있었습니다.

그러나 밀레니얼 세대는 일단 음주에 많은 돈을 쓰지 않습니다.
인맥 관리도 별로 안 하고요. 오히려 본인의 취미와 취향에 돈을 씁니다. 평소에는 '가성비'를 따져가며 편의점 도시락을 먹고 살아도, 가끔 본인의 '최애템'인 5만 원짜리 망고빙수를 먹으러 가는 세대예요. 그 사진은 당연히 SNS에 올리고요. 이처럼 기성세대들이 쓰지 않았던 분야에 돈을 쓰는 모습만 보고 밀레니얼 세대가 자신들보다 돈을 많이 쓰는 것으로 오해하는 경우가 많은데요, 사실 기성세대가 온갖 술자리에서 탕진했던 돈에 비하면 미미한 편이기 때문에 밀레니얼 세대의 소비는 이전 세대보다 오히려 줄어들고 있습니다.

홍춘욱　　　방금 박 기자님이 말씀하신 소비성향은 통계청이 발표한 〈2018년 가계동향조사〉의 지출 부문 결과[4]에서도 그대로 확인됩니다. 기본적으로 월평균 소비지출은 가구주의 연령이 40~49세인 가구의 경우 319만 3,000원으로 전년 대비 0.8%p 상승했지만, 가구주의 연령이 39세 이하인 가구는 244만 6,000원으로 전년 대비 2.3%p 하락했습니다.

이 세대가 전체 소비지출에서 제일 많이 쓰는 분야가 음식과 숙박입니다. 전체 평균은 13.8%, 가구주의 나이가 39세 이하인 가구는 16.4%입니다. 식료품이나 의류·신발 구입 비중도 하락하는 가운데 전년에 비해 가장 큰 폭으로 지출이 상승한 부문은 오락·문화예요. 8.5%p나 증가했거든요. 결국 큰 규모로 지출되어야 하는 집 장만이나 차량 구매는 별로 하지 못한 채 여행을 가거나 뮤지컬을 보는 정도의 소비만 조금 늘리고 있다는 해석이 가능합니다.

제가 보기에 베이비붐 세대-후기 베이비붐 세대와 밀레니얼 세대를 가르는 중요한 취미 지표 중의 하나가 바로 골프예요. 박 기자님이 '회식' 이야기를 하셨는데, 밀레니얼 이전 세대 직장인들, 특히 한국 남성들을 대변하는 소비 키워드가 '회식'과 '골프'잖아요. 사업을 하든 회사에 다니든 조금 성공했다 싶으면 30대부터 골프를 배우며 비슷한 부류끼리 어울렸어요. 그런데 밀레니얼 세

가구주 연령별 소비지출

(단위: 천 원, %, 전년 대비)

구분	전체			39세 이하			40~49세		
		구성비	증감률		구성비	증감률		구성비	증감률
가구비중 (%)	100.0			23.2			22.2		
가구원수 (명)	2.43			2.15			2.93		
가구주연령(세)	51.8			31.9			44.6		
소비지출	2,537.6	100.0	-0.8	2,445.9	100.0	-2.3	3,193.4	100.0	0.8
식료품 비주류 음료	366.7	14.4	1.8	261.3	10.7	-2.7	402.6	12.6	1.7
주류 담배	35.0	1.4	0.6	37.8	1.5	6.2	41.0	1.3	-1.3
의류 신발	152.2	6.0	-4.3	152.9	6.3	-7.5	201.7	6.3	-0.3
주거·수도·광열	265.5	11.2	0.9	314.5	12.9	2.4	312.4	9.8	1.5
가정용품 가사서비스	117.1	4.6	4.5	129.5	5.3	3.3	140.0	4.4	7.8
보건	191.1	7.5	5.1	136.5	5.6	7.8	194.4	6.1	6.5
교통	348.8	13.7	-5.5	361.0	14.8	-13.2	432.7	13.6	-3.9
통신	134.1	5.3	-2.7	131.2	5.4	-0.8	163.5	5.1	-3.4
오락 문화	191.8	7.6	9.8	213.3	8.7	8.5	246.4	7.7	13.5
교육	173.4	6.8	-7.9	105.9	4.3	-21.7	399.7	12.5	1.3
음식 숙박	349.7	13.8	-1.3	401.2	16.4	1.4	442.3	13.9	-0.5
기타 숙박 서비스	192.3	7.6	-4.7	200.9	8.2	0.9	216.7	6.8	-6.6
식료품비·비주류 음료(식사비포함)	702.8	27.7	0.2	647.4	26.5	-0.3	824.5	25.8	0.5

출처: 통계청, <2018년 가계동향조사>

대 사이에서는 이 분위기가 사라졌죠.

2019년 미국의 한 언론에는 밀레니얼 세대의 등장과 함께 골프 산업이 사양길로 접어들었다는 칼럼이 실렸습니다.[5] 600년 역사를 지닌 골프 업계는 젊은 고객층을 끌어들이려 했지만 간판 스타 타이거 우즈의 부활(복귀전 우승)조차 이를 이뤄내지 못한 거죠. 이제 젊은 세대들은 골프에 흥미가 없다는 거예요. 골프 전문가들에 따르면 전 세계의 골프 인구는 3분의 1 정도 감소(2006~2015년)했고, 골프장은 1,800개가량 폐쇄(2006~2016년)됐다고 합니다. 게다가 골프장이 문을 닫는 속도는 갈수록 빨라지고 있다고 하고요. 그럼 밀레니얼 세대는 골프도 치지 않고 뭘 하는 걸까요? 자신들의 취향에 훨씬 부합하는 소셜 미디어, 유튜브 같은 엔터테인먼트를 즐기는 거죠.

각개취향의 시대, 슈퍼스타의 탄생

— 그러면 자연스럽게 밀레니얼 세대의 취향과 소비 패턴을 반영한 산업이 각광받을 것 같다. 경험 마케팅이 뜬다고도 하고, 소유보다 공유 플랫폼 비즈니스가 이 세대의 선택을 받는다는 분석도 많다. 밀레니얼 세대의 취향이 향후 국내 산업에 얼마나 영향을 미치게 될까?

박종훈　　　골프 이야기를 하시니까 저는 스키가 떠오르네요. 스키나 골프는 기본적으로 초기 비용이 꽤 많이 들어가는 스포츠죠. 그리고 기본적으로 도심에서 즐길 수가 없어서 비교적 장시간을 할애해야 하고요. 그래서인지 밀레니얼 세대는 스키에도 관심이 없다고 해요. 앞으로 스키나 골프 산업은 상당히 위축될 것으로 예상됩니다. 기본적으로 이런 현상이 나타나는 이유 중 하나는 인적 네트워킹에 대한 밀레니얼 세대의 관심이 이전 세대들에 비해 현저히 줄어들었기 때문입니다. 이 세대는 더 이상 직업이나 계층으로 얽히는 인맥 쌓기에 관심이 없어요. 오히려 직업이 무엇이든, 나이가 몇 살이든 서로 취향이 비슷한 사람들끼리 만나서 취향을 공유하는 것에 더 관심이 많죠.

소위 '상류 문화'로 일컬어지던 골프나 스키 대신, 밀레니얼 세대의 관심사로 급부상하고 있는 스포츠가 '서핑'이라고 하더라고요. 서핑이나 스노클링, 짚라인과 같은 익스트림 스포츠를 즐기는 취향역시 일괄적으로 적용되는 것은 아닙니다. 하지만 장비는 대여하면되고, 혼자서도 즐길 수 있으며, 무엇보다 SNS에 올리면 '있어 보이는' 사진을 얻기에도 좋은 액티비티이기 때문에 인기라고 하더군요.

그런데 여기서 한 가지 더 언급해야 하는 건 '그래서 요새 대세가 서핑이냐'라고 묻는다면 그건 '아니다'라고 대답할 수밖에 없다는 겁니다. 그리고 저는 이 지점이 이전 세대와 밀레니얼 세대를 구분 짓는 특징적인 성향이라고 봅니다. 이들에게는 소비든 취향이든 '주류'가 없어요. 그래서 국내 기업의 마케팅이 어려워지는 거죠. 뭔가가 '대세'라고 규정되는 순간, 그에 대한 열기가 가

라앉죠. 대중적인 것을 선호하지 않는 '구별 짓기^{distinction}'가 아주 활발하게 일어나거든요.

예전에는 '골프 붐'이라고 하면 모두가 골프 연습장에 등록하고 골프채를 사서 필드로 나갔습니다. 그런데 밀레니얼 세대는 자신만이 알아보는 어떤 취향이 대중에게 번지는 걸 보는 순간 오히려 그걸 그만두죠. '희소가치'가 사라지기 때문이에요. 그들은 희소가치가 아니라 휘소가치, 즉 휘발되어버리는 가치를 더 선호하죠. 아무리 경리단길이 '힙'해도 주변 사람들이 모두 그곳을 찾는다 싶으면 익선동으로 발길을 옮기고요. 그래서 일시적으로는 인기 있는 제품이나 분야가 생기겠지만 유행 주기가 짧기 때문에, 어느새 다른 쪽으로 인기가 넘어가요. '600만 명의 밀레니얼이 있으면 600만 개의 취향이 있다'라는 말이 나온 것도 그래서고요.

홍춘욱　　　　그래서 각자의 취향이 소비문화에 고스란히 반영되다 보니 예전처럼 어디로 우르르 몰리는 일이 별로 없어요. 아마 박 기자님도 공감하시겠지만, 이런 시대이다 보니 매스미디어에 종사하는 분들이 힘들 것 같아요. 우스갯소리로 더 이상 '국뽕(국가와 히로뽕^{philopon}의 합성어) 마케팅'이 통하지 않는다고 하잖아요. 전형적인 사례가 야구선수 박찬호와 류현진의 위상 차이고요.

1994년 박찬호 선수가 미국 메이저리그에 진출해 LA다저스의 전성기를 이끌 때, 국내 팬들뿐 아니라 대한민국 국민 모두가 그를 국가적인 영웅으로 대접했습니다. 그런데 지금 똑같은 메이저

리그, 그것도 똑같은 팀인 LA다저스의 선발투수로 맹활약하고 있는 류현진 선수를 박찬호 선수만큼 대접하나요? 아니잖아요. 많은 팬들이 응원하기는 하지만요.

이제는 나만의 선호, 나만의 취향이 있습니다. 누군가 류현진 선수에게 환호할 때 누군가는 영국 프리미어리그에서 활약 중인 손흥민 선수를 응원하지요. 또 그걸 중계하는 유튜브 채널을 구독하다가 그 진행자의 팬덤이 되기도 하고요. 그러든 말든 손흥민이 누구인지 모르는 분들도 있죠. 해방 이후 우리나라에서 '국위 선양'이라는 구호가 요즘처럼 통하지 않았던 시절이 있었을까 싶어요.

개별화된 취향들이 수면 위로 올라와서 일종의 취향 공동체 같은 비즈니스가 인기를 끌기도 합니다. 대표적인 곳이 취향이 비슷한 사람들끼리 '돈을 내고' 함께 책을 읽는 커뮤니티인 트레바리죠. 이제는 동창회도, 동기 모임도 없는 시대인데, 나이, 출신 지역, 직업, 결혼 여부 등과 관계없이 오로지 취향을 중심으로 모이는 사람들, 그것을 비즈니스의 모토로 삼은 것이 정확하게 먹힌 겁니다. 그래서 밀레니얼 세대에게서 일종의 '살롱 문화'를 발견하는 시각들도 많거든요. 그들은 자신들만의 아지트를 찾는 세대라는 거예요. 독서 커뮤니티 스타트업인 트레바리는 창업 3년 차인데 벌써 50억 원의 투자를 유치했습니다.[6] 앞으로도 취향 기반 비즈니스는 꾸준한 성장세를 보일 거예요.

박종훈　　　　맞습니다. 결국 트레바리와 같은 비즈니스 모델을 플랫폼 비즈니스라고 하잖아요. 그런데 제가 보기에, 밀레니얼 세대라는 수요의 등장과 플랫폼 비즈니스라는 기술 측면의 변화가 교묘하게 맞물리면서 시너지를 일으키고 있습니다. 각자의 취향을 드러내고 각자의 콘텐츠를 생산해 여기에 함께 공감하고 즐기는 밀레니얼 세대에게 플랫폼이란 무대와도 같아요. 그래서 인스타그램이나 유튜브의 폭발적인 성장세의 배경으로 이 세대를 떼놓고 분석할 수가 없죠. 결국 모두가 1인 미디어로 사는 세상이 왔습니다.

대단한 사업이 아니어도, 대중들이 좋아할 만한 똘똘한 콘텐츠를 가지고 이를 플랫폼에서 활용하게 되면 그 영향력은 상상할 수 없을 만큼 확장됩니다. 제일 대표적인 사례가 일본의 정리 전문가 곤도 마리에 아닐까요? 유치원 시절부터 정리를 좋아해서 중학생 때부터 정리하는 방법을 연구하기 시작했다는 일본의 평범한 여성이 2015년 〈타임〉이 선정한 100인에 뽑히더니 그녀의 책《인생이 빛나는 정리의 마법》이 그해 미국 아마존 베스트셀러 1위에 오르며, 800만 부 이상 판매되었습니다. 아시아를 넘어 미국의 대중들에게도 이 마법이 공감을 얻은 거죠. 그녀의 정리법은 2019년 넷플릭스Netflix의 오리지널 콘텐츠인 리얼리티 프로그램 〈곤도 마리에: 설레지 않으면 버려라〉[7]로도 만들어져서 전 세계에 소개되고 있어요.

저 같은 매스미디어 종사자들에겐 정말 힘겨운 현실이기도 합니다만, 앞으로 플랫폼 비즈니스는 밀레니얼 세대, 그리고 더 나아가 Z세대의 취향과 선호에 얼마나 부응하느냐에 성패가 달려 있다고 봅니다. 이들에게 어필하는, 제대로 된 아이디어만 있다면 엄청난 부가가치를 창출하는 플랫폼의 지원을 받는 시대가 된 거죠.

홍춘욱   그걸 경제학에서는 '슈퍼스타 효과^{Superstar effect}'
라고 부릅니다. 원래 승자독식시장을 연구해온 경제학자 셔윈 로
젠^{Sherwin Rosen} 교수가 1981년에 발표한 논문[8]에 나온 용어인데, 슈퍼
스타가 된 소수의 개인이 자신의 분야에서 엄청난 소득을 벌어들
이며 그 분야를 압도하는 것을 의미합니다. 이 이론으로 마이클 조
던과 같은 스포츠 슈퍼스타의 천문학적 연봉을 설명하기도 하죠.
그런데 흥미로운 것은 밀레니얼 세대와 플랫폼 비즈니스가 결합
한 최근의 소비시장에서 슈퍼스타 효과는 더욱 주목할 만한 통찰
이라는 겁니다.

2014년 경제학자 에릭 브린욜프슨과 앤드루 맥아피가 함께 쓴
책《제2의 기계시대^{The Second Machine Age}》에는 "디지털 상품에서는 생
산 능력의 한계라는 것이 점점 무의미해지고 있으므로, 디지털화
는 승자독식시장을 만들어낸다. 웹사이트를 가진 생산자 한 명은
원칙적으로 소비자 수백만 명, 아니 수십억 명의 수요를 충족시킬
수 있다"라는 분석이 나옵니다. 저자들은 특히 연예·스포츠·법률
분야에 속해 있는 슈퍼스타에 주목합니다.

한 사람이 인지할 수 있는 지인은 160명 정도라고 해요. 과거 같
으면 인간이 식별 가능한 지인들로 구성된 사회 공동체가 기껏
160명 규모라는 거죠. 그런데 텔레비전이 등장하고 이제는 유튜브
가 등장하면서 압도적인 인기를 끄는 사람들이 160명의 팬만 갖

는 것이 아니라 언어적, 지리적 한계를 뛰어넘어 160만, 1,600만 명 이상의 팬을 확보할 수 있게 됐습니다. 이들은 대단한 영향력을 미치는 사람들이라는 의미에서 '인플루언서influencer'라고 불립니다. 특히 밀레니얼 세대는 적극적으로 인플루언서의 '덕질'을 하는 세대입니다. 인플루언서의 모든 라이프스타일이 콘텐츠가 되고, 결국 비즈니스가 됩니다.

얼마 전에 서울 청담동의 95억 원짜리 빌딩을 구입했다는 여섯 살짜리 꼬마 유튜버의 소식에 다들 놀라지 않았습니까. 한쪽에는 '공급 과잉' 학과의 졸업자라서, 혹은 아예 학벌이 떨어져서 1차 노동시장에 진입도 못 한 채 파트타이머로 생계를 꾸리는 밀레니얼 세대가 있는가 하면, 다른 한편에는 사이버 세계에서 인기를 얻고 놀라운 소득을 올리는 젊은이들이 존재합니다. 여기에 2018년 말 현재, 한국에 체류 중인 237만 명의 '외국인과 경쟁'해야 하는 육체노동자들의 소득은 앞으로도 더 위축될 가능성이 높고요. 결국 경제의 구조적인 요인뿐만 아니라 밀레니얼 세대의 '선호'도 불평등을 심화시키는 요인으로 작용하는 셈입니다.

저축도 적게 하는 건 아니다

— 앞에서 밀레니얼 세대의 경우 소득이 감소한 것은 아니지만 이전 세대들에 비해 자산 축적이 어려운 것은 사실이라고 했다.

그렇다면 밀레니얼 세대의 저축 수준은 어떤가. 저축보다 소비가 합리적인 선택이라 하더라도 저축 없이 미래를 준비할 수 있나.

박종훈　　　많은 언론이 밀레니얼 세대는 적은 소득에 비해 소비가 많다고 꼬집었지만, 실제로는 소득이 적지도, 소비가 많지도 않다고 설명했습니다. 그런데 사실 저축에 대해서도 오해가 있습니다. 기본적으로 대한민국은 국민 총저축률이 상당히 높은 나라입니다. 흔히 저축 하면 가계저축만 생각하지만, 사실 정부저축도 있고 기업저축도 있죠. 이 모든 저축을 합쳐서 국민 총저축률이라고 하는데, 2018년 우리나라의 국민 총저축률은 34.8%였습니다. 국내 총투자율이 30.4%였으니까, 뭐, 투자보다는 저축이 많은 상태죠. 이처럼 근래 들어 우리나라는 투자보다 저축이 많은 나라가 됐습니다.

이런 상황에서는 거시경제적으로 저축이 적은 것이 문제가 아니라 오히려 저축이 너무 많고 소비가 없어서 내수시장이 죽어가는 것이 문제입니다. 지금 우리나라는 기업도 가계도, 심지어 정부도 돈을 쓰지 않고 모아두기만 합니다. 이론적으로는 총저축이 늘고 이를 통해 총투자가 늘어나면서 경제가 성장하는 선순환을 기대할 수 있다고 하죠. 하지만 우리나라는 지금 총저축이 총투자를 끌어올리는 그런 경제구조가 아닙니다. 흔히 기업이 돈을 쌓아두고 투자를 하지 않는다고 하잖아요? 가계도 마찬가지입니다. 그래서 청년이 저축을 하지 않는다고 해도 저축이 거시경제의 문제 요인이 되기는 어렵습니다.

그런데 우리 피부에 와 닿는 수치는 가계저축률이겠죠. 가계저축률은 1980년대 후반 24% 수준까지 상승한 이후 꾸준히 하락하는 추세였고, 2012년에는 한때 3.4%대까지 떨어졌다가 최근 다시 반등하고 있습니다.[9] 2017년이나 2018년에도 7%가 넘었습니다.

왜 갑자기 가계저축률이 올라갔을까요? 2018년 한국은행 〈조사통계월보〉 3월호에 실린 〈최근 가계저축률 상승 원인 및 시사점에 관한 연구〉는 집을 사느라 소비를 줄이면서 저축률이 반등했다고 설명합니다. 그런데 저는 그렇게만 보지는 않습니다. 되짚어보면 저축률이 떨어졌던 때가 호황이었고, 경제 흐름이 좋았습니다. 저축률은 기본적으로 경기가 나빠질 것이라 예측하거나 노후에 대한 걱정이 커질 때 높아지거든요. 유럽연합 통계 기구인 유로스타트의 통계를 보면 전 세계를 강타한 금융위기 직후인 2009년 13%까지 올라갔던 유럽연합 28개 회원국의 가계 평균 저축률이 2016년에는 10.8%까지 내려갔다가 최근에는 경기 불안 요인이 커지면서 다시 올라간 것으로 나타납니다.

밀레니얼 세대가 저축을 안 한다고들 하는데 실제 밀레니얼 세대의 저축률은 어떨까요? 통계청 자료를 보면 2000년, 2030세대의 저축성향은 22% 정도에 불과했지만, 2014년엔 27%가 넘었습니다. 이전 세대보다 밀레니얼 세대의 저축성향이 높다는 거죠. 밀레니얼 세대의 저축성향이 올라간 이유도 다른 세대와 같다고 봐야 합니다. 집값이 오르면서 집을 사려는 수요가 커진데다 경제가 어려

우리나라 가계저축률 추이

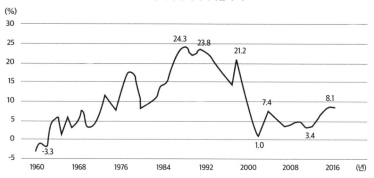

주: 가계저축률은 국민계정의 개인 순저축/국민 총처분가능소득을 말한다.　　　　　출처: 한국은행

연령별 저축성향 변화

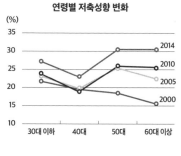

출처: 통계청

한·미·일 연령별 저축성향

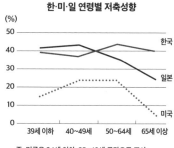

주: 미국은 34세 이하, 35~49세 구간으로 조사.
출처: 한국 통계청, 미국 BLS, 일본 Statistics Japan

워질 거라는 걱정까지 더해졌기 때문입니다.

　그렇다면 과연 이들의 저축이 충분한 수준일까요? 이건 조금 다른 이야기입니다. X세대나 2차 베이비붐 세대의 20대 때보다 밀레니얼 세대가 더 많은 비율로 저축을 한다고 해도, 사실 노후는 더 불안해졌기 때문입니다. 앞에서 본 것처럼 자산을 축적하거나 자본이득을 얻을 방법이 이전 세대보다 훨씬 못한데다 집값은 엄청난 수준으로 올랐고 양극화는 점점 심해지고 있잖아요. 이 때문에 저축률이 올라갔다고 해도 밀레니얼 세대의 노후는 평균적으로 베이비붐 세대를 따라갈 수조차 없을 겁니다. 베이비붐 세대는 높은 이자율, 주가 상승, 집값 상승을 통해 자산을 형성할 기회가 있었으니까요. 그러다 보니 가구주가 30대 이하인 가구의 순자산이 몇 년째 7,000만 원대를 좀처럼 벗어나지 못하고 있습니다. 그에 비해 가구주의 나이가 그보다 많은 가구의 순자산은 급속도로 늘어나고요.

홍춘욱　　밀레니얼 세대는 소비뿐만 아니라 저축도 이전 세대들의 젊은 시기에 비해 적게 하지 않는데, 현재 시점에서 비교하니 부모들보다 적게 하는 '현상'이 보이는 겁니다. 소득이 훨씬 높은 아버지에 비해 갓 회사에 입사한 아들이 저축을 더 많이 할 수 있을까요? 그걸 설명하는 경제학 이론이 바로 '생애주기소득가설 life cycle theory'입니다. 생애주기소득가설에 따르면 소비성향은 소득이 적은 20~30대에 가장 높고 40~50대에 낮아졌다가 소득은 줄고 씀씀이는 줄지 않는 60대 이후 다시 높아집니다. 다시 말해 20~30대에는 저축률이 낮다가 40대에는 저축률이 높아집니다.

게다가 30대에는 취업, 결혼, 출산이라는 인생의 세 가지 빅 이벤트가 일어나잖아요. 당연히 저축이 어려운 시기죠. 결혼 여부와 관계없이 주택 매수에 나서는 시기이기도 하고요. 그런데 60대가 되면 다시 저축에 비해 소비가 늘어납니다. 자녀가 결혼할 때 재산을 배분하기도 하고 자신이 은퇴할 때 소득이 최저 수준으로 줄어들기도 하니까요. 다만 뒤에서 논의하겠지만, 60대 은퇴 세대의 평균 소비성향이 최근 감소하는 추세에 있다는 것은 주목할 만한 상황입니다.

어쨌든 밀레니얼 세대가 부모 세대에 비해 저축 비율이 낮은 것은 경제학적으로 당연한 현상이므로 이걸 비판하거나 분석하는 것은 그리 의미 있어 보이지 않습니다. 오히려 방금 박 기자님이 설명하신 부분에서 주목해야 하는 것은 가계저축률이 아니라 기업과 정부의 저축률입니다. 1997년 외환위기 트라우마로 기업이 투자를 예전보다 적게 하고 정부가 지출을 줄이면서 경제 전체에 저축이 쌓이고 이게 다시 경상수지 흑자로 이어지고 있습니다. 정부가 재정을 덜 풀고 민간 부문이 투자를 적게 한다는 것은 결국 불황과 연동됩니다.

박종훈　　　기업도 저축을 많이 하는 게 절대 좋은 일은 아닙니다. 기업이 투자를 덜 하고 현금 비축만 하는 상황이 수년째 계속되고 있습니다. 가계와 기업이 불안한 경제 상황 때문에 다들 소비를 하지 않고 저축만 하고 있는 거예요. 이로 인해 내수시장이 죽어가고 경상수지는 흑자라도 '불황형 흑자'라는 우려가 나오고 있는 겁니다.

그렇다고 가계 부문에 "돈 좀 쓰세요"라고 말할 수 있을까요?

당장 자신의 노후가 불안한데 돈을 쓸 수가 없잖아요. 그럼 누가 돈을 써야 할까요? 기업과 정부가 쓸 수밖에 없죠. 특히 기업이 투자할 만한 환경을 만들어주는 것이 중요합니다. 제가 반복적으로 설명했던, 기업에 관한 규제 완화라든지, 스타트업 사우나와 같은 창업 환경 조성에 더 많이 신경 써야 하지 않을까요?

이 부분을 마무리하면서 밀레니얼 세대에게 이전 세대보다 유리한 점 한 가지를 말씀드리고 싶습니다. 그건 바로 전 세대를 통틀어 현재의 밀레니얼 세대가 가장 일하는 기간이 길어질 세대라는 겁니다. 비록 현재 소득이 만족스럽지 않더라도, 부모 세대보다는 근로 기간이 연장될 것이고, 결국 생애 소득의 관점에서는 결코 적지 않은 소득을 올리겠죠. 물론 그렇게 길게 일하고 싶어 하지 않는 분들도 있겠죠. 그러나 평균 수명이 앞 세대보다 길어질 밀레니얼에게 정년은 지금보다 훨씬 중요한 의미를 가질 것입니다. 정년 연장이 청년 세대의 실업과 대비되어 화두가 되었던 때가 있었죠. 그에 대해서는 마지막 7장에서 자세하게 논의해보겠습니다.

밀레니얼 세대도 노후에 국민연금 받을 수 있을까? :
국민연금과 세대 간 불공평 문제

― 대부분의 국민이 노후 자금으로 생각해온 국민연금. 그런데 밀레니얼 세대는 국민연금 수급에 대한 불안과 염려가 높다. 갈수록 연금 재원이 고갈되어가면서 자신들이 납부하고 있는 연금을 차후에 받지 못하게 되리라는 불안감이 커졌다. 그들의 불안은 어디에서 연유했으며, 실제 전문가들의 예측은 어떠한가.

박종훈　　밀레니얼 세대도 국민연금을 받을 수 있겠느냐는 질문에는 일단 "그렇다"고 답을 하겠습니다. 그러나 문제는 연금 재원 고갈에 대한 우려와 소득 대체율입니다. 이처럼 연금을 둘러싼 논란은 우리나라에서만 벌어지는 게 아닌데요, 여기에는 세대 간의 불공평이라는 이슈도 등장합니다.

미국 최초의 사회보장제 수혜자로 기록된 이다 메이 풀러^{Ida May}

Fuller는 1939년 은퇴한 다음 1975년 100세로 사망할 때까지 연금으로 생활하셨다고 해요. 이분이 납입한 사회보장세는 단 24.75달러였지만, 평생 받은 혜택은 총 2만 2,889달러였다고 합니다.[10] 본인이 낸 돈의 무려 924배에 달하는 금액이었죠. 어떻게 이런 일이 가능했을까요?

결론적으로 예측과 설계가 부실했기 때문입니다. 당시 미국의 연금제도는 연방보험료법Federal Insuranace Contributions Act·FICA에 따라 세율을 정했는데 이 연방보험세율이 1930년에는 2%였습니다. 고용인과 피고용인이 1%씩 분담하는 구조였죠. 2013년에는 이 세율이 15.3%까지 인상됩니다. 안타깝게도 이처럼 대부분의 국가에서 공적연금은 첫 세대가 가장 큰 이득을 보도록 설계되어 있습니다. 국민연금연구원의 논문[11]에 의하면, 우리나라도 1928년생 여성의 경우 수익비가 무려 72배, 즉 자신이 낸 돈의 72배를 가져간다고 합니다. 1948년생의 국민연금 기대 수익률은 27.2%로, 세계적인 투자가 워런 버핏의 연평균 수익률(24%)을 능가하는 수준입니다. 그런데 1990년생 여성으로 내려오면 수익비가 3.14배로 뚝 떨어지고, 평균 수명이 여성보다 짧은 1990년생 남성은 1.62배로 다시 반토막이 납니다.

모든 국가가 이와 같은 상황에 직면한 것은 무엇보다 처음에 연금구조 자체를 후하게 설계한 탓도 있고, 출산율과 경제성장률에 대해 지나치게 낙관적으로 예측한 탓도 있습니다. 우리나라의 국민연금 설계는 전두환 대통령 시절로 거슬러 올라갑니다. 1988년

1월 전두환 대통령은 선심성 국민연금을 내놓았습니다. 고작 소득의 3%, 직장인의 경우 1.5%만 내면 기존 소득의 무려 70%를 60세 이후 평생 보장하겠다는 것이 골자였습니다. 그러나 눈앞의 세대에게 베푼 선심성 정책의 부메랑을, 밀레니얼 세대, 더 나아가 Z세대를 포함한 미래 세대가 맞게 되었습니다.

물론 당시에는 지금과 같은 상황을 예측하기 어려웠겠죠. 지금 우리나라는 합계 출산율이 급속히 하락하고 있고 예전과 같은 경제성장도 어려워졌지만, 당시의 정부와 국민연금은 이런 상황을 예측하기 힘들었던 거죠. 현재 국민연금 장기재정추계에 의하면, 2060년에는 소득의 29.3%를 납입해야 지금의 국민연금 체제가 유지된다고 합니다. 그런데 이 추계는 합계 출산율을 1.05로 계산한 것입니다. 2019년을 기준으로 합계 출산율은 0.977로 떨어졌습니다. 결국 소득의 30%를 납입해야 하는 시기는 2060년보다 앞당겨질 거라는 추산이 나옵니다.

그런데 소득의 30%까지 국민연금을 내야 한다는 것은 상당히 부담되는 일입니다. 더구나 세금도 내야 하고 건강보험료도 내야 하잖아요. 이렇게 되면 본인이 연금과 건강보험료를 100% 부담해야 하는 자영업자들 같은 경우, 돈을 벌어서 세금과 사회보험료를 내다가 끝난다는 소리가 나오게 되는 거죠. 게다가 고령화가 진행되면서 건강보험료도 갈수록 가파르게 오를 겁니다. 끔찍한 예측이지만 2060년대에 경제활동을 하는 국민연금 납부 대상자들은 소득의 3분의 2를 세금과 사회보험료로 내는 시대를 살게 될지도 모릅니다. 이런 예측들 때문에 밀레니얼 세대 사이에서 국민연금에 대한 불신과 냉소가 터져 나오는 겁니다.

결국 국민연금 개혁 논의가 빠르게 진행되어야 이 상황을 조금이라도 연착륙시킬 수 있을 것입니다. 독일의 경우 현재 소득의 20% 수준으로 연금을 납입합니다. 우리가 미래 세대를 위한 사회적 타협을 통해 현재의 9%대 납입률을 독일 수준으로 끌어올리는 것이 최선이라는 의미죠. 그게 아니라면, 소득 대체율을 기존의 40% 수준에서 25% 수준으로 낮출 수밖에 없을 겁니다. 연금구조의 현실화가 빠른 시일 내에 이루어져야 합니다. 2000년대 이후 국민연금을 개혁하기 위한 수차례의 시도들이 있었지만 매번 정권들은 민심 이반이라는 값비싼 대가를 치러야 했습니다. 2007년 노후연금 지급액을 소득 대체율 60%에서 40%(2028년 기준)로 낮춘 덕분에 그나마 밀레니얼 세대의 미래 부담을 줄일 수는 있었지만, 그 대가로 노무현 정부는 당시 386 지지층에게 외면당했습니다. 결국 정부와 국민연금 개혁 당사자들이 보험료율 인상의 불가피성을 설명하고 사회적인 대타협을 이루는 일이 시대적 과제로 남았습니다.

앞머리에서 밀레니얼 세대 역시 국민연금의 수혜를 받을 수 있는가라는 질문에 대해 저는 "그렇다"라고 답했는데요, 이 대답을 좀 더 정확하게 표현하면, "이전 세대보다 보험료는 더 내고 연금은 덜 받게 되겠지만, 어쨌든 연금을 받을 수는 있다"가 제가 드릴 수 있는 대답입니다. 혹시라도 이 대답이 실망스러워서 국민연금에 가입하지 말아야겠다고 생각한 독자들에게 제가 꼭 드리고 싶은 말씀이 있어요. 국민연금은 대한민국이라는 국가가 보장하는 사회보장제도이자 가장 안전한 금융상품입니다. 장기적으로 어느 민영 금융 회사가 국가보다 안전할까요? 심지어 연금이 일부 줄어들어도, 국민연금의 수익률은 민영 연금보다 월등히 높거든요. 직장인이라면 더더욱 가입이 유리합니다. 회사가 절반을 부담해 주기 때문에 납입 금액 대비 혜택의 비율이 더 높은 셈이니까요.

다만 한 가지 유의하실 점은, 현 제도가 소득 대체율 40% 수준을 보장한다지만 이마저도 국민연금 가입 기간이 40년인 분들을 기준으로 계산한 수치입니다. 요새 같은 상황에서는 대부분의 직장인들이 길어야 25년 정도 연금을 납부하거든요. 그럼 소득 대체율은 25% 정도밖에 안 된다는 말입니다. 100만 원을 벌던 사람이 25만 원으로 살 수 있겠습니까? 국민연금으로만 노후 자금을 계획하면 안 되는 거죠. 그러므로 밀레니얼 세대는 국민연금과 함께 개인연금과 퇴직연금이라는 삼각 포트폴리오를 꾸려갈 수밖에 없습니다.

돈을 불리는 삼각 포트폴리오

— 그럼 끝으로 돈을 불리는 저축 방법을 살펴보자. 저축에도 몇 가지 유형이 있다. 목돈 마련을 위한 저축성 예금이 있고 장기적으로 유지해야 할 노후 대비 보장성 보험도 있다. 밀레니얼 세대가 당장 개설하면 좋을 저축 상품들을 소개해달라.

홍춘욱 제가 조언해드리고 싶은 방법은 '삼각 포트폴리오'를 짜는 겁니다. 제가 말하는 삼각 포트폴리오는 국민연금을 제외하고 개인이 노후에 대비해 꾸준히 들어둬야 할 대표적인 세 가지 금융상품인 개인연금, 퇴직연금 [IRP], 그리고 개인종합자산관리계좌 [ISA]입니다. 일단 세 가지 상품 모두 연말정산 때 절세 효과를 누릴 수 있고요, 시중은행이나 증권사에서 손쉽게 계좌 개설이 가능합니다.

혜택이 가장 큰, 가입 1순위는 개인연금입니다. 이 제도의 핵심은 '소득공제'에 있습니다.[12] 소득공제란 납세자의 세금 부담을 덜어주기 위해 과세 대상이 되는 소득 중에서 일정한 금액을 공제해주는 것인데요, 개인연금 가입자는 최대 400만 원까지 소득공제 혜택을 받을 수 있죠. 또한 개인연금 가입자는 적립금을 운용해 얻은 이자나 배당에 대한 세금을, 소득이 발생하는 즉시 내는 것이 아니라 나중에 연금을 수령할 때 납부합니다. 이렇게 세금을 내지 않고 자금을 장기간 운용하면 그만큼 복리 효과가 커지는 장점이 있습니다. 참고로 불어난 운용 수익은 나중에 연금을 수령할 때 연금소득세로 납부하면 되는데, 세율은 아주 낮습니다. 현재 이자나 배당 같은 금융소득에 대한 원천징수세율은 15.4%인 반면, 연금소득의 세율은 3.3~5.5%에 불과하거든요.

그다음으로 매력적인 상품은 퇴직연금입니다.[13] 퇴직연금이란 취업자가 재직 중에 자율로 가입하거나 이직 시에 받은 퇴직급여 일시금을 계속 적립·운용할 수 있는 제도입니다. 연간 1,800만 원까지 납입할 수 있으며, 최대 700만 원까지 세액공제 대상이 됩니다. 단, 연금저축에 가입한 경우에는 연금저축을 합산하여 총 700만 원의 세액이 공제됩니다. 가입 대상은 2017년 7월부터 소득이 있는 모든 취업자로 확대되어, 이제 자영업자도 가입이 가능합니다.

마지막으로 개인종합자산관리계좌에 대해 말씀드리겠습니다.[14] 이는 개인의 자산을 종합적으로 관리하여 재산 형성을 지원하려는 취지로 도입된 절세 계좌를 의미합니다. 한 계좌에 다양한 금융 상품을 담아 운용할 수 있다는 장점이 있죠. 가입 한도는 연 2,000만 원, 총 1억 원까지이며 소득 수준과 무관하게 가입이 가능하다는 장점이 있습니다. 의무 가입 기간은 5년으로 장기 투자하기에 좋습니다. 순소득에 대해 200만 원까지 비과세이고 200만 원을 초과하는 금액은 9.9%로 분리 과세하니 고소득자들에게 절세 효과가 있습니다.

물론 이 세 상품에 모두 가입하는 게 좋습니다만, 개인별로 자신의 여건에 맞춰야겠죠. 예를 들어, 무주택이고 월급이 300만 원이라면 제일 먼저 주택청약 관련 상품에 돈을 넣고, 또 어떻게든 저축하는 게 우선일 것입니다. 그런데 만일 주택 구입에 뜻이 없거나 혹은 주택을 더 크고 비싼 곳으로 옮길 생각이 없다면, 가장 큰 문제는 노후의 빈곤 위험이니 이때는 세 가지 상품이 굉장히 큰 도움이 될 것이라 봅니다.

박종훈   국민연금의 소득 대체율을 최대치로 가정해도 40% 수준이기 때문에 개인연금은 여윳돈이 있으면 필수적으로 들어야 합니다. 홍 박사님 말씀대로 세제 혜택도 크거든요. 그런데 '돈을 묶어두겠다'는 생각은 좋은데, 제가 취재 과정에서 만난 밀레니얼 세대 중에는 밀레니얼 세대에게 맞지 않는 상품에 돈을 묶어놓아 손해를 보는 안타까운 사연들이 많았습니다. 그 대표적인 상품이 장기 저축성 보험입니다. 저도 보장성 보험은 들어두는 게 좋다고 생각해요. 여유 있을 때 위험을 대비할 필요가 있으니까요. 그러나 보험사에서 운용하는 장기 저축성 보험은 밀레니얼 세대에게는 그리 권하고 싶지 않습니다.

보험상품에는 사업비라는 게 있어서 원금 100만 원을 내면 100만 원이 적립되는 것이 아니라 사업비를 떼고 적립됩니다. 사업비가 10%면 90만 원만 적립되는 식이죠. 그런데 2000년 초반 보험상품 사업비는 10%가 넘었습니다. 당시에는 워낙 고금리여서 그래도 수익이 났기 때문에 보험사도 높은 비율로 사업비를 뗄 수 있었던 거죠. 최근에는 저금리 시대여서 그런지 상품마다 차이는 있지만 사업비 비율이 원금의 7% 안팎으로 낮아졌더군요. 100만 원을 내면 그 즉시 93만 원만 적립된다고 보시면 되겠습니다. 이런 상품은 보험료를 불입하고 대체로 7년이 지나야 원금을 회복한다는 얘기가 있었는데, 이제는 수익률이 더 낮아지고 있는 만큼 원금 회복 기간도 훨씬 더 길어질 것으로 보입니다. 게다가 청년기에는 집을 산다든가, 새로운 사업을 시작한다든가, 아이를 낳는다든가 해서 예측하지 못한 목돈이 들어가는 경우가 많습니다. 그런데 이런 저축성 보험상품은 해지를 하면 큰 손해를 보기 때문에 해지하기도 쉽지 않습니다.

그러므로 세액을 공제받거나 이자소득세를 면제받지 못하는 일반 저축성 보험상품은 밀레니얼 세대에게 권하기 어렵다고 생각합니다. 세액공제가 있는 경우에는 사업비 부담을 상쇄할 수 있어서 그나마 나은 편인데요, 여기에 해당하는 상품이 바로 연금저축보험과 연금보험입니다. 연말정산 시에 전자는 세액공제를 받고, 후자는 이자소득세를 면제받습니다.

특히 연금저축보험은 불입 금액의 13.2~16.5%에 대해 세액공제를 해주기 때문에 아주 매력적인 상품으로 보일 수도 있어요. 하지만 나중에 연금을 받을 때 연금액의 5.5%를 소득세로 내야 합니다(종신연금이면 세율을 4.4%로 인하). 그래서 세액공제를 해준다고 해도 나중에 낼 소득세와 보험사가 떼가는 사업비를 감안하면 별로 큰 이득이 아닙니다. 또 연금저축보험이나 연금보험에 들면 최고 50~60년까지 목돈이 묶이기 때문에 유동성 제약이 따릅니다.

민간 금융사의 예금자보호 금액이 5,000만 원까지라는 점도 반드시 명심해야 합니다. 이 때문에 한 보험사당 적립금이 5,000만 원을 넘지 않도록 분산시키는 게 좋습니다.

연금저축 이야기가 나왔으니, 연금저축펀드 이야기까지 덧붙여볼까 하는데요, 저는 밀레니얼 세대에게 연금저축펀드 가입을 크게 권하지 않습니다. 사실 연금저축펀드는 연금을 받는 은퇴 시기에 주가나 채권값이 어떻게 되느냐에 따라 연금 액수가 크게 변하게 되거든요. 게다가 내 마음대로 주식을 파는 시점을 정할 수도 없습니다. 이 때문에 주가에 따라 노후 안정성이 크게 흔들리게 되고 은퇴자금 설계가 불확실성의 세계로 넘어가게 됩니다.

물론 예전처럼 주가가 지속적으로 오른다는 보장이 있으면 되겠죠. 하지만 우리 주가가 장기적으로 박스권에 갇힐 가능성도 결코 배제할 수 없습니다. 우리나라보다 먼저 고령화를 겪기 시작한 나라들의 경우에는 주가지수가 대개 박스권에 갇혀버렸거든요. 2018년 말을 기준으로 독일의 DAXK지수(독일의 DAX지수에는 배당이 포함되기 때문에 다른 나라와의 비교를 위해 배당이 포함되지 않은 DAXK지수를 사용)는 2000년 고점보다 22%나 떨어졌습니다. 또 프랑스의 CAC40지수는 31%, 이탈리아의 주가지수는 61%가 하락했습니다. 일본의 주가도 1989년 최고점에 비해 반 토막 수준에 불과합니다.

고령화에도 불구하고 주가가 그나마 지속적으로 올랐다고 할 수 있는 나라는 미국 정도입니다. 미국은 이민자가 많아서 고령화 속도가 상대적으로 느린 편인데다 세계의 인재와 자본이 모이는 나라이기 때문에 그나마 가능했던 일이죠. 우리나라가 미국처럼 고령화 이후에도 주가가 지속적으로 오를 것이라고 보기에는 어려운 측면이 많습니다.

연금이란 최악의 상황에서도 나를 지켜주는 버팀목이 되어야 한다는 점에서 상당한 위험 부담을 안고 있는 상품을 선뜻 노후 대비의 버팀목으로 삼으라고 권하기는 쉽지 않습니다.

Chapter 6

밀레니얼, 재테크
어떻게 해야 할까:
부동산과 투자

— 이제 많은 분들이 궁금해하실 부동산시장과 밀레니얼 세대에 대해 논의해보자. 대한민국 경제 분야 중에 가장 뜨거운 이슈는 여전히 부동산이지만 자산 여유가 없는 88년 용띠 세대에게 내 집 마련, 부동산 투자는 아직까지는 먼 꿈처럼 느껴지는 게 사실이다. 그러나 누구에게나 집은 필요하다. 이들의 등장이 2020년 이후 한국의 부동산시장에 어떤 영향을 미칠 것이라고 보는가. 그리고 이 세대들이 알아야 할 재테크 수단에는 어떤 것들이 있을까.

홍춘욱   개인적인 이야기를 먼저하자면, 저는 2차 베이비붐 세대이고 외환위기 세대입니다. 그렇지만 외환위기가 터지기 4년 전에 취직을 했으니까 그나마 운이 좋았던 세대죠. 사실 외환위기 당시 다니던 회사에서 잘렸는데도(웃음) 곧바로 취업할 수 있었습니다. 당시 제 몸값이 낮은데다 이전 직장에서 4년가량 트레이닝받은 셈이니 갈 수 있는 회사들이 적지 않았어요. 경기가 조금만 풀려도 금방 신택지가 생기는 시대였습니다. 이런 저희 세대가 가장 무서워하는 일은 어쩌면 퇴사보다도 '빚'지는 일이었을 거예요. 그럴 수밖에 없는 것이 당시 대출 이자율이 연 25% 수준이었거든요. 게다가 IMF 때 기업에 대한 대출 상환 압박이 시작되면서 한보, 기아, 진로, 삼미, 한양, 미도파 등 국내 굴지의 기업들이 연쇄 부도를 맞는 걸 두 눈으로 봤잖아요. 그러니 '대출' 소리만 들어도 다리가 후들거릴 만큼 트라우마를 얻게 된 겁니다.

그래서 제가 명색이 이코노미스트인데도 결혼하고 한동안 집을 안 샀습니다. 집 살 돈이 있었는데도 집을 샀다가 망할 거라고 생각하고 안 샀어요. 그런데 2003년쯤 하락세였던 집값이 바닥을 치고 오르기 시작했어요. 집값이 오르는 것도 배가 아팠는데 심지어 전세가가 오르는 게 놀랍더라고요. 그때부터 부동산 공부를 시작했습니다. 당시 전세는 왜 올랐던 걸까요? 간단합니다. 외환위기 여파로 신규 주택 건설이 중단되면서 공급이 부족했던 거죠.

곰곰이 한번 생각해봅시다. 외환위기 이후에 어떤 분야에서 일자리가 생기고 산업 경기가 풀리기 시작했을까요? IT 분야가 가장 눈에 띄었습니다. 특히 서울 수도권, 그중에서도 강남 테헤란밸리, 가산 디지털 단지 등에서 IT 기업의 창업과 고용이 폭발적으로 늘었어요. 정보통신혁명의 수혜를 입은 전문 인력들의 소득이 큰 폭으로 상승했습니다. 당연히 집을 사려는 사람들이 늘어났죠.

그런데 신규 주택 공급이 미미하다 보니 이 자금들이 자연스럽게 주택시장에 유입되었던 것입니다.

그래서 저도 결혼 4년 만에 경기도 신도시에 집을 장만했습니다. 그때 경험으로 저는 시장경제 사회에서 부채는 필요악이라는 걸 뼈저리게 체감하게 됐어요. 부끄럽지만 그렇습니다. 스스로 번 돈으로만 집을 살 수 있는 사람은 금수저를 제외하면 극히 일부밖에 없잖아요. 상당수의 사람들이 선호하는 아파트는 아무리 불황에 가격이 빠진다고 해도 늘 비싸고요. 그럼 결국 감당이 가능한 '부채'를 안고 현실적인 집을 살 수밖에 없다는 거죠.

여전히 집만 한 재테크가 없다

홍춘욱 상당수의 사람들이 선호하는 아파트의 조건은 대략 네 가지 정도로 정리됩니다. 첫째, 새 아파트. 당연하죠? 둘째, 교통이 우수한 곳. 셋째, 학군이 좋은 곳. 넷째, 브랜드가 있는 대단지. 이 조건을 모두 충족하는 곳들은 어디일까요? 반포, 대치, 잠실, 마포의 대단지 아파트들이 바로 떠오르죠. 당장 이 아파트를 구입할 여력이 되시는 분들은 이 책을 읽을 필요가 없습니다(웃음). 결국 자신의 능력에 맞게 몇 가지 조건은 포기해야 합니다. 여기에 정답은 없습니다.

저는 당시 두 가지 조건을 포기하고 집을 구입했습니다. 첫째는 교통, 둘째는 브랜드 대단지. 서울에서 조금 멀지만 당시에는 그 불편을 저만 감당하면 되었지요. 그리고 아파트 브랜드는 그냥 포기하기로 했습니다. 대신 새 아파트라는 점과 교육 여건이 우수하다는 점을 높이 샀던 거죠. 일부 대출을 받았지만, 어쨌든 내가 번 돈으로 처음 집을 장만해본 분들은 아실 거예요. 너무 좋아서 밤에 잠이 안 옵니다. 게다가 대출을 끼고 있으니까 혹시나 집값이 떨어지진 않을까 걱정도 되었죠.

중요한 사실은 이렇게 빚을 지고 집을 사면 누구나 '강제로 저축'하는 시스템이 마련된다는 겁니다. 별다른 게 아닙니다. 빚을 갚는 게 저축하는 거잖아요. 하루라도 빨리 이 빚을 갚아야 마음이 편해질 것 같고, 혹시 경제위기가 와서 회사에서 잘리기라도 하면 어쩌나 싶어지거든요. 그래서 그 시기에 돈을 알뜰히도 모았습니다.

그러다가 아이가 태어났습니다. 아이가 성장하는 하루하루가 얼마나 소중한지 경험해보신 분들은 알죠. 이때 회사가 멀리 있어 출퇴근 시간이 길다는 것이 참 원망스러웠습니다. 가장 예쁠 시기의 아이를 두고 출근했다가 애가 잠들고 나면 퇴근하는 시절이었거든요. 주말 출근도 허다했고요. 그래서 '직주근접', 즉 직장과 가까운 거리의 집을 찾기로 결심하게 됐습니다. 서울로 이사를 가려면 다시 '레버리지leverage(지렛대, 수익 증대를 위해 부채를 끌어다가 자산 매입에 나서는 투자 전략 일체)'를 활용해야 했습니다. 이러한 제 경험을 돌이켜보면, 중간중간 집값은 빠지기도 하고 지역에 따라 차이를 보이기도 하지만 '주택을 소유한다'는 것은 우리 삶에 많은 긍정적인 영향을 끼칩니다.

제가 밀레니얼 세대에게 말씀드리고 싶은 것은 '집을 사면 부자가 된다'든지 '어느 동네 아파트를 사야 오른다'는 것이 아니라, 인간의 생애주기를 고려할 때 초반에 다소 부담이 되더라도 그 어떤 재테크보다 집을 구매하는 일이 의미가 있다는 겁니다. 시시각각 주택 가격이 변동하고 경기가 호황과 불황을 오가지만, 어쨌든 투자 목적이 아닌 실수요를 위한 주택 구입에 대해 너무 과도한 기대를 하지도 말고, 또 시장 상황에 따라 과하게 배척하지도 말라는 거죠. 필요하다면 레버리지를 활용해서 현실적인 재정 요건을 갖춘 다음, 모든 조건을 갖춘 집이 아니라 재정이 허락하는, 자신에게 최선인 주택을 구입하면 되는 거죠.

앞서 박 기자님께서 현재 은행의 저축 이자율이 기껏해야 2% 수준이라고 하셨잖아요. 뒤집어 말하면, 대출 이자율도 기껏해야 3%대라는 거죠. 지금처럼 레버리지를 활용하기에 위험 부담이 적은 금융 환경도 없었던 겁니다. 어쩌면 밀레니얼 세대에게 여러 경제 지표 중에 유일하게 유리한 조건인지도 모르겠어요. 부모 세대는 경험한 적이 없는 대출 이자율의 시대가 지속되고 있고, 앞으로도 우리는 꽤 오랜 시간 저금리 시대를 살아가게 될 겁니다. 활용하기 좋은 여건이라는 거죠.

박종훈　　밀레니얼 세대는 집에 대한 고민이 정말 깊을 거라고 봅니다. 대체로 이 세대가 부동산시장을 처음 경험한 최근 5년 사이, 즉 2015년부터 집값이 엄청나게 폭등했습니다. 이 세대는 2008년 글로벌 금융위기 시기에 학교를 다녔기 때문에 부모의 상황에 따라 간접적으로만 집값 하락을 경험했을 뿐, 본인의 자산인 집값이 떨어진다는 트라우마는 별로 없을 거예요. 그런데 조금만 과거로 시점을 돌리면 2012~2013년 심각한 부동산시장 침체가 있었습니다. 당시에 유행하던 용어가 바로 하우스 푸어^{house poor}였는데요, 집을 보유하고 있지만 무리한 대출로 인한 이자 부담 때문에 빈곤하게 사는 사람들을 가리키는 말이었습니다.

그러다가 2015년이 지나면서 분위기가 조금씩 달라졌죠. 이때가 88년 용띠들이 막 사회에 진출하기 시작한 때잖아요. 그런데 재테크에서 참 재미있는 건 누군가 수익을 보기 시작하면 그제야 사람들이 관심을 갖는다는 점입니다. 2000년대 주식이 호황일 때는 대학교마다 주식 동아리가 있었어요. 2015년 이후 서울을 중심으로 부동산 가격이 급등하기 시작하자 이제 너도 나도 부동산만 쳐다보게 됐습니다. 밀레니얼 세대도 다르지 않을 거라고 봅니다. 이건 집값이 그만큼 꽤 많이 올랐다는 반증이기도 해요.

지난 30년간 전국의 집값 상승률 그래프를 보시면, 1~2년간 크게 상승하다가 2~3년간은 소강상태가 이어지는 구조가 반복되는, 일종의 '톱니바퀴' 모양의 추세를 보입니다. 조금 전에 홍 박사님이 아파트를 구매하셨다는 2002년을 정점으로 16%까지 상승하다가 2003년 이후 하락하지요. 그랬다가 다시 2006년쯤에 12% 상승 꼭짓점을 보입니다. 그런데 주목할 것은 이 꼭짓점들이 최근으로

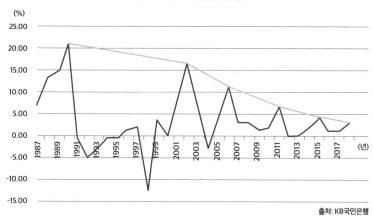

지난 30년간 전국 집값 상승률

출처: KB국민은행

올수록 점점 낮아지고 있다는 거예요. 우리 경제가 엄청난 성장세를 보였던 1980~1990년대처럼 부동산시장이 큰 폭으로 상승하고 하락하는 변동성은 앞으로는 점차 줄어들 것으로 보입니다.

그래서 저 역시도 홍 박사님 의견과 마찬가지로, 누구나 집은 구매하는 것이 여러 가지 의미에서 긍정적이라고 봅니다. 집 한 채가 있느냐 없느냐가 평생에 걸친 재테크 운용에 상당한 의미를 갖거든요. 부채를 활용하는 것도 좋은 전략이라고 봅니다. 다만 구매 시점에 관해서는 생각이 다릅니다. 집값이 매번 톱니바퀴 같은 파동을 그리면서 올라가고 있는 상황에서 굳이 집값 상승률이 꼭짓점을 찍을 때 살 필요는 없다는 말씀을 드리고 싶습니다. 집값 침체기에는 부동산시장이 매도자에서 매수자 위주로 넘어가기 때문에 훨씬 유리한 입장에서 집을 살 수 있거든요. 결국 구매 시점을 잘 잡아야 한다는 말이죠.

2020년 이후 집값 상승은 둔화될까

박종훈　　　이미 우리가 저금리 시대에 접어들었다고 언급하기도 했지만 저는 앞으로 집값 상승 요인이 있다면 그건 거의 유일하게 '금리'일 거라고 생각합니다. 왜냐하면 앞으로 지속적으로 금리가 하락할 가능성이 크기 때문이에요. 과거 고금리 시대를 떠올리면 금리가 이미 충분히 낮은 수준이라고 생각하시겠지만, 미국을 비롯해 한국의 금리도 당분간 더욱 내려갈 요인들만 감지됩니다.

실제로 미국이 2019년 7월 무려 10년 만에 기준 금리를 0.25%p 인하한 데 이어 9월에도 추가로 0.25%p 인하했는데, 트럼프 대통령은 추가로 1%p를 더 낮추길 원한다고 공개적으로 연준에 요구하고 있는 상황입니다. 유럽의 경우는 한 발 더 나아가 마이너스 금리 시대를 열었습니다.[1] 덴마크와 스위스, 독일을 중심으로 시중 은행에 돈을 맡기면 이자를 받기는커녕 수수료를 내야 하는 마이너스 예금 금리가 형성되고 있다는 거죠. 금리가 낮다면 레버리지로 삼을 주택 수요자들이 많다는 거고요.

반면에 집값 하락을 초래할 요인들 역시 만만치 않습니다. 당장 아파트 분양 물량이 문제인데요, 2000년부터 2014년까지 우리나라에 분양된 아파트는 평균 27만 호였습니다. 그런데 2015년에 분양 승인된 물량은 52만 호, 2016년에는 47만 호, 2017년에는 31만 호, 2018년에는 28만 호에 이릅니다.[2] 그 결과 지난 4년 동안 누적

된 초과 물량이 50만 호나 되는 셈입니다. 물론 2019년에는 아파트 분양 물량이 약 26만 호로 줄어들 것으로 보이지만, 아파트 분양 직후 바로 입주하는 게 아니라 대체로 분양 이후 3~4년 뒤에 입주하기 때문에 본격적인 입주는 2018년 하반기부터 시작되어 2022년까지 이어지게 될 겁니다.

사실 집값에 직접적으로 영향을 미치는 것은 분양 물량보다 입주 물량이라고 할 수 있습니다. 그동안 우리나라에서는 입주 물량이 많으면 집값이 안정되고, 입주 물량이 줄어들면 집값이 상승하는 현상이 반복되어왔습니다. 그래서 2000년 이후 4~5년마다 집값 상승과 안정을 오가는 주기적인 파동이 계속되어왔던 건데요. 2019년 이후 아파트 입주 물량은 1991년부터 무려 7년 동안 장기

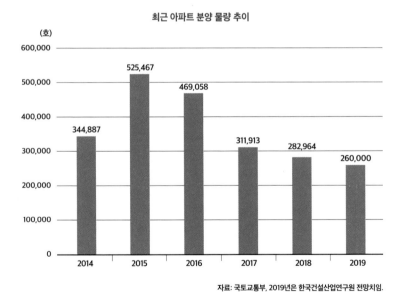

최근 아파트 분양 물량 추이

자료: 국토교통부, 2019년은 한국건설산업연구원 전망치임.

적인 집값 하락세를 이끌었던 노태우 대통령의 200만 호 건설 이후 최대 입주 물량이 될 것이라는 평가도 있기 때문에 그 여파를 주의해서 살펴볼 필요가 있겠습니다.

그리고 인구구조의 변화도 주목해야 합니다. 물론 아직까지는 인구가 본격적으로 줄기 시작하는 시점이 오지 않았고, 가구수 분할이 계속되고 있기 때문에 단순히 주택 수요가 줄어서 집값이 하락할 것이라고 예측하기는 어렵습니다. 다른 나라와 달리 우리나라만은 부동산시장의 주요 수요층이 6070세대라는 독특한 특징을 갖고 있다는 점도 부인할 수 없습니다. 7장에서 자세히 설명하겠지만 이건 우리나라만의 매우 특이한 현상이죠. 대부분의 국가에서 은퇴 세대는 대체로 주택을 팔거든요. 지금 당장은 아니지만, 2020년대의 어느 시점이 되면 우리나라의 6070세대도 주택을 팔기 시작할 가능성이 큽니다.

정책 변수도 고려해야 합니다. 현 정부가 보유세를 대폭 강화한 것은 부동산 상승세를 꺾겠다는 강력한 의지의 표명이잖아요. 이것이 시장에 미칠 여파도 생각해야 합니다. 게다가 2019년 8월, 드디어 정부가 최후의 보루로 여기던 '분양가 상한제' 카드를 꺼내들었습니다. 그러나 분양가 상한제만으로는 집값을 잡는 데 큰 효과가 없을 것입니다. 분양가 상한제로 시세보다 몇억 원씩 싸게 분양받을 기회가 생기면 집을 사려던 사람들이 분양을 기다리는 대기수요로 바뀌게 됩니다. 물론 이런 측면에서는 다소나마 집값 하락 효과를 기대할 수 있겠죠.

하지만 시장은 그동안의 경험을 통해 분양가 상한제의 여파로 3~4년 뒤에는 주택 공급이 줄어든다는 사실을 너무나 잘 알고 있습니다. 더구나 재건축 아파트 값이 하락하는 만큼, 지은 지 10년이 되지 않은 신축 아파트의 가격이 더 올라가는 효과가 생기게 됩니다. 이 때문에 분양가 상한제만으로는 집값 안정 효과를 기대하기 어려울 것 같습니다. 더구나 집값은 후행 변수라서 2018년까지 좋았던 경기가 2020년까지는 집값을 끌어올리는 요소로 계속 작용하기 때문에 한동안 시장의 힘은 집값을 끌어올리는 방향으로 작용할 가능성이 큽니다. 게다가 미국의 금리 인하가 가속화되면 한동안 집값을 떠받치는 효과를 가져올 수도 있습니다. 다만 부동산시장에서 정부의 영향력은 대단히 크기 때문에 집값을 잡겠다는 정부의 정책 기조가 완전히 바뀌지 않는 한, 2018년과 같은 큰 폭의 집값 상승도 쉽지는 않은 상황입니다. 분양가 상한제를 실시해도 집값이 다시 뛰는 기미가 보인다면, 정부는 더욱 강력한 집값 안정 대책으로 대응할 것이 분명하기 때문입니다.

여기서 한 가지만 추가하자면, 제가 부동산시장을 예측하기 위해 눈여겨본 통계가 바로 '주택 자가보유율'입니다. 주택 자가보유율은 자기 집을 보유한 가구의 비율을 뜻하는데요, 집값이 오랫동안 바닥을 헤맸던 시기의 끝 무렵이었던 2014년 주택 자가보유율은 58%까지 떨어졌습니다. 집값 하락에 대한 기대가 커서 내 집을 사기보다는 전세를 선호했기 때문이죠. 그런데 2016년에 시작된 부동산 붐을 타고 2018년 주택 자가보유율이 61.1%를 기록하면서

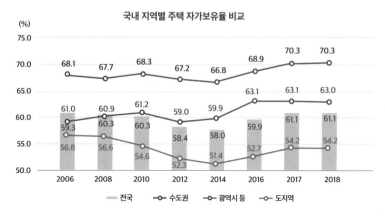

국내 지역별 주택 자가보유율 비교

(%)

	2006	2008	2010	2012	2014	2016	2017	2018
전국	61.0	60.9	61.2	59.0	59.9	63.1	63.1	63.0
수도권	68.1	67.7	68.3	67.2	66.8	68.9	70.3	70.3
광역시 등	59.3	60.3	60.3	58.4	58.0	59.9	61.1	61.1
도지역	56.8	56.6	54.6	52.3	51.4	52.7	54.2	54.2

━ 전국　─○─ 수도권　─○─ 광역시 등　─○─ 도지역

출처: 국토부, <2018년 주거실태 조사>

2006년 수준을 넘어 역대 최고 수준을 보였습니다.[3]

1인 가구의 증가세를 고려하면 이 비율은 상당히 높은 편입니다. 그 이유는 2000년에 15.5%였던 1인 가구 비중이 17년 만에 2배 가까이 급증하면서 전체 가구의 28%를 넘어설 정도로 대세로 자리 잡은 점, 대체로 1인 가구가 2인 이상 가구에 비해 집을 살 만한 재정 여력이 훨씬 미약하다는 점을 고려하면 집을 가질 여력이 있는 사람은 거의 집을 산 셈이죠. 따라서 투기 수요라면 몰라도 주택에 대한 실수요는 한동안 주춤할 수밖에 없다는 게 제 판단입니다.

그럼 제가 마지막 중요한 질문을 던져보겠습니다. 과연 우리 경제가 앞으로도 과거처럼 빠르게 성장할 수 있을까요? 그렇다면 분명 부동산시장의 전망도 밝을 겁니다. 소득이 오르면 집값도 오릅니다. 자산이 증가하면 대부분의 무주택자는 주택 구입을 생각하죠. 실제로 2017~2018년 서울 집값이 무서운 속도로 상승했던 배경에는 당시 '반도체 특수', 즉 반도체 분야의 수출 호조세에 힘입은 대규모 성과급 지급 등으로 고소득자가 늘었다는 점을 꼽는 분들도 많거든요. 그러나 앞으로 불황과 경제위기를 예상한다면 이야기는 달라지겠죠.

안타깝지만 저는 이에 대해 부정적인 입장에 가깝습니다. 우선 우리 경제가 고도성장할 가능성은 매우 낮아졌습니다. 왜냐하면 우리나라의 1인당 GDP가 이미 3만 달러를 넘었기 때문입니다. 이런 경제 규모에서 예전과 같은 3%대의 성장은 전례를 찾아보기 힘듭니다. 물론 미국은 예외고요. 대체로 GDP가 3만 달러를 넘어서면 선진국 그룹에 진입하고, 잠재 성장률이 하락하기 시작합니다. 더구나 우리는 생산가능인구, 생산연령인구의 비중이 급속히 줄어들기 시작하면서 경기 둔화가 우려되는 케이스고요. 독일같이 경제 상황이 탄탄하다고 평가받는 국가도 경제성장률은 1% 안팎입니다. 이런 추세라면 2020년 이후 우리나라의 연평균 경제성장률도 1%대에 진입할 가능성이 큽니다.

그럼 장기 주택 가격 상승률도 과거와 같을 수가 없겠죠. 톱니바퀴 모양으로 상승과 둔화가 반복되던 그래프가 기억나실 겁니다. 그런데 상승기의 꼭짓점 수치가 점차 하락하고 있었죠. 그래서 저는 미국이 금리 인하 속도를 가속화하지 않는 한, 전국적인 관점에서 우리 부동산시장의 상승 여력은 크지 않다고 봅니다. 다만 지역별 차이가 있을 뿐이죠. 사람들이 선호하는 특정 지역의 가격 상승이나 차별화는 일어날 수 있습니다. 일시적 충격들로 지역적으로는 오르내림 현상도 있을 수 있고요. 저는 실수요 밀레니얼 세대에게 주택 구입 여부가 아닌, 주택 구입 '시점'과 '지역' 선택이 중요하다고 말해주고 싶습니다. 이에 대한 박사님 견해도 상당히 궁금하네요.

홍춘욱　　　입장 차이가 좀 있죠(웃음). 우선 현재 주택시장이 과다 공급 상황이라고 하셨는데, 이에 대해 먼저 짚어보겠습니다. 저는 주택시장에서 가장 중요한 통계는 '공급'이라고 봅니다. 물론, 공급은 시장에서 결정되는 면이 있습니다. 다만, 다른 상품들과 달리 주택은 착공과 입주의 시차가 길다는 점에 유의할 필요가 있습니다. 이를 경영학계에서는 '리드타임lead time이 길다'라고 이야기하죠.

예를 들어 주택 공급 부족 혹은 경기 여건 호전 등에 의해 주택 가격이 상승하기 시작하면 '주거용 건축물 착공'이 늘어납니다. 그러나 착공했다고 해서 바로 입주로 연결되지 못하기에, 주택 가격

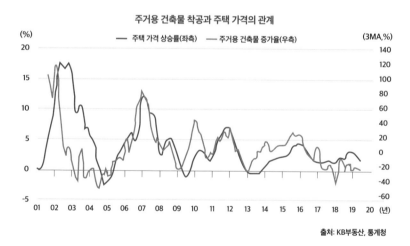

주거용 건축물 착공과 주택 가격의 관계

출처: KB부동산, 통계청

상승과 착공의 증가가 동반됩니다. 수년이 지난 후에 완공된 집들의 입주가 시작될 때에는 '공급 과잉'이 심화되며 주택 가격을 억누르는 요인으로 작용하게 되죠.

주거용 건축물의 착공 증가율을 연 단위로 살펴보면, 2016년 −9.0%, 2017년 −21.6%, 2018년 −20.0%였습니다(이상의 통계는 '면적' 기준이며, '동수' 기준으로는 2016년 +2.9%, 2017년 −16.0%, 2018년 −16.0%의 증가율을 기록했다). 주거용 건축물의 착공이 감소한 이유는 정부와 지자체가 택지 공급을 계속 줄였기 때문입니다. 배경은 이렇습니다. 2008~2010년 서울 강남의 내곡동과 세곡동 보금자리 주택 사업 등 정부 주도의 주택 공급이 상당히 많았습니다. 그 당시에 건설 경기는 상당히 안 좋았습니다. 물량 공세 앞에 장사가 없다고 하죠. 부동산시장도 가격 조정을 받을 수밖에 없었고요. 당시에

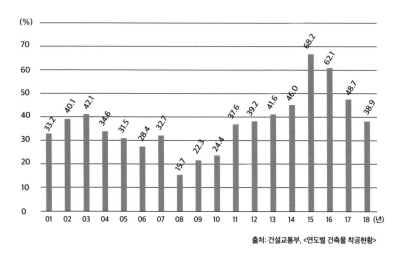

주거용 건축물 착공(연면적 기준, 100만 평방미터)

출처: 건설교통부, 〈연도별 건축물 착공현황〉

검단, 동탄, 하나, 구리 등 경기도 일대에 2기 신도시 공급이 쏟아지고 있었습니다. 2012년만 해도 전년 대비 주거형 건축물의 착공이 61% 늘었다고 하거든요. 그 결과 택지 공급을 주관하는 LH공사(전 토지주택공사)의 부채 규모가 140조 원까지 늘어났습니다. 이때 집값 하락세가 두드러지면서 무리해서 주택을 구매했던 분들 중에 '하우스 푸어'가 등장했고요. 결국 이 부담이 정부가 택지 공급을 다시 줄이는 방향으로 작용했던 겁니다.

그런데 문제는 최근 3년입니다. 박 기자님 말씀처럼 현재 주택 공급 물량이 많은 것은 사실이지만 그건 2019년까지만 해당되는 이야기라는 겁니다. 실제 서울 지역의 입주 물량 공급은 2018년에 정점을 찍은 것으로 보이고 2020년 이후 3년간은 입주 절벽이 기다리고 있습니다.

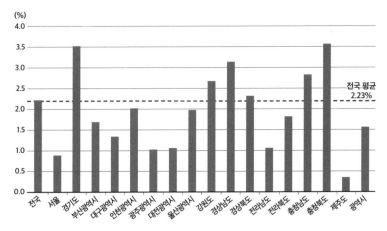

2018년 가구수 대비 지역별 입주 물량 비중

자료: 통계청, KB 국민은행

물론 2013~2016년의 주택 착공은 사상 최대 수준이었습니다. 그러나 그래프에서 확인할 수 있듯이 가구수 대비 입주 물량은 지역별 편차가 큽니다. 경남과 충북, 충남 등 지방은 입주 가구수가 급증하는 반면 서울과 광주, 대전 등은 입주 물량이 턱없이 부족하죠. 이것이 수도권 일부 지역과 지방 부동산시장의 가격 양극화 현상을 촉발한 원인이라고 봅니다.

다만 서울이라고 해서 입주 물량이 전혀 없는 것은 아닙니다. 2019년 서울에서는 송파 헬리오시티, 개포 래미안블래스티지 그리고 고덕 그라시움 등의 입주가 있습니다. 그러나 이후에는 대규모 단지 공급이 눈에 띄지 않습니다. 한동안 재건축을 추진하는 아파트 단지들이 많았는데 왜 이런 상황이 펼쳐지게 됐을까요? 제일 먼저 이 흐름에 김을 뺀 것은 정부가 추진한, 소위 '재초환', 즉 재건축 초과이익환수제라는 긴 이름의 정책입니다. 재건축에 따르는 집주인의 수익을 정부가 일부 세금 형태로 가져가는 제도를 말합니다.

게다가 분양가 상한제가 있습니다. 원래는 2019년 10월에 분양가 상한제를 시행할 예정이었지만 연기될 가능성이 높아지고 있습니다. 분양가 상한제는 2007~2014년에도 시행된 적이 있습니다. 이 제도를 도입하는 이유는 "분양가 상승은 인근 기존 주택 가격 상승을 견인하여 집값 상승을 촉발하고 결국 실수요자의 내 집 마련 부담을 가중시킬 우려"가 높기 때문이라는 것이 정부의 설명입니다.[4] 정부는 이 제도가 시행되었을 때 주택 가격이 안정되었다면서 분양가 상한제의 시행을 강력하게 추진 중이죠.

그러나 이와 같은 주장에 저는 기본적으로 동의하기 어렵습니다. 분명 이 제도의 적용을 받는 재건축 사업은 수익성이 상당히 악화되어 추진 동력을 많이 상실할 겁니다. 결국 주택 공급은 양적으로 급감할 수밖에 없다는 말입니다. 이건 부동산시장의 강력한 가격 상승 요인입니다. 물론 아무래도 서울 및 수도권의 인기 지역에서 좀 더 관찰되는 현상이겠지만, 새 아파트 물량이 마르면 다음 수요는 준공 10년 이내의 아파트들로 이동하겠죠. 당연히 이들 아파트 가격이 고공 행진할 거고요. 과연 이런 상황에서 주택 가격 하락을 예측할 수 있을까요? 죄송하지만, 저는 그건 힘들 거라고 봅니다. 모두가 선호하는 지역, 입지 조건 등을 충족시키는 주요 아파트 단지들은 앞으로도 상승 여력이 풍부합니다.

시장과 정부의 엇박자 속 내 집 마련 전략

홍춘욱　　　아파트 재건축이 아니라면 지역 재개발을 통한 신규 주택 공급도 생각해볼 수 있습니다. 그런데 이른바 달동네 재개발이 어려운 이유는 제도 변경의 불확실성이 너무 크고 참여자들의 이해관계가 일치되기 어려운데다 임대주택을 비롯해 지자체가 요구하는 기부채납 등의 규제 때문입니다. 최근 서울시를 비롯한 수도권의 주요 지자체에서 이와 관련된 규제를 상당히 강화하고 있습니다. 임대주택의 의무 비율을 올리고 1970년대 지어진 가옥이나 아파트 몇 동을 문화유산으로 보존하라는 명령을 내리기도 합니다. 몇 개 동을 빼고 재개발을 하는 것은 전체적인 사업 수익성을 악화시키는 정책이라고 볼 수밖에 없습니다. 결국 이러저러한 이유들로 재개발이 쉽지 않게 됐습니다.

그럼 결국 돌고 돌아 신도시 건설이 다시 대안으로 떠오릅니다. 앞서 말했듯이, 저는 1기 신도시에 첫 집을 장만했습니다. 저의 경험으로 보면 신도시 건설은 빨라야 5년, 늦으면 입주까지 8년 정도가 걸리는 장기전입니다. 아직도 2기 신도시 일부에선 입주가 끝나지 않았습니다. 원래 신도시 아파트 단지를 분양할 때는 광역교통시설부담금을 반영해 수도권광역급행철도^{GTX} 등을 놓을 재원을 마련합니다. 참고로 광역교통시설부담금이란 광역교통시설의 재원 확충을 위해 공공 부문과 민간 부문에 비용을 분담시키는 제도입니다.[5] 수도권은 2001년 4월부터, 지방의 5대 도시권은 2002년 1월부터 부과되고 있죠. 부과 대상이 되는 곳은 대규모 택지 조성 사업이 이뤄지는 지역입니다. 가장 대표적인 게 신도시죠. 참고로 3기 신도시를 개발할 때 광역교통망을 확충하기로 결정했는데, 이때 기본보다 2배 이상 많은 광역교통시설부담금을 책정하여 각 가구당 분양가가 4,000만 원 정도 인상될 거라는 분석도 있습니다.[6] 그런데 2기 신도시 같은 경우에는 아직 철도 공사를 시작도 하지 못한 곳이 태반입니다. 진행이 미비하다 보니 검단 신도시 같은 곳은 미분양 사태를 맞이했지요. 이 와중에 정부가 3기 신도시 건설을 발표하면서 2기 신도시 입주 예정자들이 대규모로

(단위: 조 원, %)

	2014	2015	2016	2017	2018	2019	연평균 증가율
1. 보건·복지·고용	106.4	115.7 (120.4)	123.4 (126.9)	129.5 (131.9)	144.7 (145.8)	161.0	8.6
2. 교육	50.7	52.9 (52.9)	53.2 (55.1)	57.4 (59.4)	64.2 (64.4)	70.6	6.9
3. 문화·체육·관광	5.4	6.1 (6.4)	6.6 (6.9)	6.9 (7.0)	6.5 (6.5)	7.2	6.0
4. 환경	6.5	6.8 (6.9)	6.9 (7.0)	6.9 (7.1)	6.9 (7.0)	7.4	2.8
5. R&D	17.7	18.9 (18.9)	19.1 (19.1)	19.5 (19.5)	19.7 (19.7)	20.5	3.0
6. 산업·중소기업·에너지	15.4	16.4 (18.1)	16.3 (18.6)	16.0 (18.8)	16.3 (18.2)	18.8	4.1
7. SOC	23.7	24.8 (26.1)	23.7 (23.7)	22.1 (22.2)	19.0 (19.1)	19.8	△3.6
8. 농림·수산·식품	18.7	19.3 (19.8)	19.4 (19.6)	19.6 (19.8)	19.7 (19.8)	20.0	1.3
9. 국방	35.7	37.5 (37.6)	38.8 (38.8)	40.3 (40.3)	43.2 (43.2)	46.7	5.5
10. 외교·통일	4.2	4.5 (4.5)	4.7 (4.7)	4.6 (4.6)	4.7 (4.7)	5.1	3.7
11. 공공질서·안전	15.8	16.9 (17.1)	17.5 (17.5)	18.1 (18.2)	19.1 (19.1)	20.1	5.0
12. 일반·지방행정	57.2	58.0 (58.2)	59.5 (62.9)	63.3 (65.1)	69.0 (69.1)	76.6	6.0
총지출	355.8	375.4 (384.7)	386.4 (398.5)	400.5 (410.1)	428.8 (432.7)	469.6	5.7

출처: 기획재정부

항의하기도 했습니다.

한편 정부의 사회간접자본^{SOC} 예산은 2015년을 정점으로 지속 적으로 줄어들었습니다.[7] 2015년 24.8조 원을 고비로 2016년에는 23.7조 원, 2017년과 2018년에는 22.1조 원과 19.0조 원으로 줄어들 었습니다. 같은 기간, 전체 정부 예산이 375.4조 원에서 428.8조 원 으로 급증한 것을 생각하면 SOC 예산의 비중은 대단히 가파르게 줄어든 셈입니다. 그런 와중에 정부가 서울, 경기, 인천광역시를 연결하는 GTX 노선을 놓기로 결정했습니다. 정부의 SOC 예산이 줄어든 상황에서 GTX 등 광역철도망의 건설 비용은 어떻게 조달해야 할까요? 결국 지자체들이 상당 부분을 해결해야 하는데, 이 과정에서 많은 시간이 소요될 가능성이 높습니다.

물론 각 지자체의 입장도 이해하지 못할 것은 아닙니다. 대표적으로 GTX 건설에 대한 서울시의 입장을 생각해보면, 사업이 달갑지가 않겠죠. 광역철도가 생기면 장거리 출퇴근을 하는 분들이 늘어납니다. 이렇게 대중교통을 통해 접근성이 좋아지면 주간에 서울의 밀집도가 더욱 심화되겠죠. 서울시는 이러한 대중교통 노선을 늘릴수록 도시가 복잡해지는데, 이걸 건설하는 비용을 서울시민의 세금으로 충당해야 한다면 서울시민을 설득할 수 있을까요? 수도권 지자체에서는 이 막대한 비용을 서울시의 재정적 도움 없이 해결할 수 있을까요?

결국 이렇게 되면 광역교통망과 관련된 사업들은 계속 미뤄지게 됩니다. 애초에 정부 주도가 아니고서는 해결하기 어려운 문제입니다. 그래서 저는 이렇게 신도시를 외곽에 건설하는 정책보다는 저 역시 원했던 '직주근접'이 가능한 서울 내의 미니 신도시 건설이 더욱 나은 선택지라고 생각합니다. 그린벨트나 용산 미군기지 이전 부지 등이 후보지가 되었지만, '환경 보존' 혹은 '녹지 확충'을 선호하는 흐름에 밀려 현실화되지 못했죠.

어쨌든 밀레니얼 세대가 마주한 현재의 부동산시장은 이런 상황입니다. 많은 분들이 선호하는 지역의 아파트들을 중심으로 서울의 집값은 크게 올랐습니다. 신축 물량이 조금 늘었을 때는 가격 조정을 받았지만 어쨌든 가격은 지속적으로 상승해왔습니다. 대단지 중심의 신규 주택 공급이 많았지만 앞으로 공급 물량도 줄어들 것입니다. 현 정부의 주택시장 정책들로 인해 이제부터는 재건축 사업을 진행하기도 여의치 않을 겁니다. 정부는 3기 신도시를 추진하겠다고 했지만 입주까지 넘어야 할 산도 많고 언제 교통망이 해결될지 아직은 알 수 없습니다. 결국 이미 신축됐거나 준공 10년 내외의 비교적 새 아파트들에 대한 수요가 계속 늘어날 겁니다.

단기적인 부동산시장을 예측하라면 저는 못 하겠습니다. 변수가 너무 많잖아요. 언제 사는 것이 좋을지 역시 똑 부러지게 말씀드리기 힘듭니다. 다만, 적어도 서울 수도권은 주택 공급이 많지 않기에 무주택자라면, 특히 신혼부부(현행 제도상 신혼부부는 혼인신고일로부터 만 7년 이내인 부부)라면 정부에서 제도를 유리하게 설계해 둔 부분들이 있으니 청약제도나 신혼부부 대상 보금자리대출 상품, 희망타운 등을 활용해서 주택 구입을 시도해보시길 권합니다. 작게 시작할 수도 있고 서울에서 조금 멀 수도 있지만 제가 그랬듯이 많은 밀레니얼 세대가 열심히 직장생활을 하고 조금씩 저축을 하면서 눈높이에 맞는 집에서부터 출발해보면 어떨까 합니다.

끝으로 제가 지인들에게 종종 하는 조언을 들려드리겠습니다. "좋은 가격이 나왔을 때 너무 재지 말고, 급등하는 곳을 쫓아가지 말자!" 많은 분들이 바닥을 쳤을 때 집을 사고 싶다고들 하잖아요. 그런데 예측은 어디까지나 예측이에요. 바닥이 어디쯤인지 아무도 모른다는 겁니다. 결국 자신만의 '룰 베이스', 즉 원칙과 기준선을 생각해두고 그 안에서 구매 결정을 하는 것이 가장 좋습니다. 막상 부동산시장이 최저점에 도달했을 때는 은행과 기업도 부실이 우려되기 때문에 대출 심사가 엄청나게 까다로워지거든요. 원할 때 돈을 빌리지 못할 수도 있다는 말입니다. 그리고 무주택자들이 주택을 구입하기 전에 대부분 전세로 거주하는 경우들이 많죠. 그런데 자산의 거의 대부분인 임대 보증금이 불황기에는 자칫 묶이는 경우도 생깁니다. 권투선수 마이크 타이슨이 말했죠. "누구나 계획을 가지고 있다. 나에게 얼굴을 한 대 맞기 전까지는 Everyone has a plan until they get punched in the face." 중요한 것은 자신의 룰, 그리고 '시드 머니 Seed money' 마련입니다.

박종훈　　　　밀레니얼 세대의 부동산과 관련해서는 저도 박사님과 비슷하게 생각한 부분이 있습니다. 차이를 보이는 부분만 짧게 덧붙여보겠습니다. 일단 집값은 경기 후행 변수라는 점을 생각해야 합니다. 우리 경제가 계속 나빠지고 있는 상황이라면 사실상 우리는 집값 급등을 그렇게 걱정할 필요가 없습니다. 왜냐하면 경기가 호황을 맞이하면서 전반적인 경제지표들이 좋아진 이후에 시차를 두고 집값이 오르기 시작하거든요. 그래서 대표적 선행 지표인 코스피 지수와 비교하자면 주가와 집값의 시차가 약 6개월에서 24개월까지 난다는 의견들도 있습니다. 반대로 말하면 주가 급락 이후에도 6~24개월 후행 지표인 집값만 나홀로 상승하는 경우가 있습니다. 그래서 저는 수요자 입장에서는 주가가 급격히 하락하거나 경기가 나빠지는 신호가 나타나면 집 장만을 서두를 필요가 없다고 말씀드리고 싶습니다.

그리고 저는 첫 집을 마련할 때는 여러 가지 제약이 있을 수밖에 없지만, 그래도 미래의 상승 요인이 많아 보이는 집을 고르라는 말씀을 드리고 싶어요. 왜냐하면 집 장만에 들어가는 돈은 여윳돈이 아니고 대부분 전 재산이잖아요. 남들이 기피하는 동네, 조건들을 가진 집을 얻으면 내 전 재산의 미래 가치도 떨어질 수 있다는 점을 감안하면 결코 집을 쉽게 선택할 수 없다는 거죠. 남들이 선호하는 집들이 경기가 좋을 때 더 오르고, 경기가 나쁠 때 덜 빠집니다. 당연히 여러 조건들을 잘 따져봐야 하는데, 앞으로는 이 조건에도 조금 변화가 생길 것 같습니다.

가장 대표적인 것이 '학군'에 대한 선호가 줄어들 것으로 보인다는 겁니다. 아시다시피 밀레니얼 세대는 이전 세대들에 비해 결혼도 적게 하고, 결혼을 하더라도 '딩크족(아이를 갖지 않는 맞벌이 부부)'으로 사는 분들이 많아졌습니다. 이들이 부동산시장의 전면에 나서게 되면 학군은 더는 예전만큼 중요한 요소가 아니겠죠. 게다가 앞서 말씀드렸듯이, 설령 자녀가 있는 밀레니얼이라고 해도 자녀 교육에 예전 세대만큼 '투자'하지는 않을 것입니다. 앞으로는 오히려 '직주근접' 요건이 훨씬 더 부각되겠죠. 이왕이면 대기업,

거대 사업장이 존재하는 도심의 주거지들을 잘 살펴보면 좋을 거예요. 고소득자들이 종사하는 직장 근처의 아파트라면 절대로 수요가 줄지 않을 테니까요. 삼성 본사가 있는 서울 강남 지역이나 IT 밸리를 이루고 있는 경기 판교 등이 대표적인 사례겠죠.

밀레니얼 세대가 맞닥뜨리게 될 가장 심각한 문제는 부동산시장의 차별화가 가속화되고 있다는 점입니다. 이제 주택 보급률이 103%를 넘어섰다고 하죠? 그러나 새로 공급된 물량은 물론, 앞으로 공급될 물량도 도심 외곽의 비인기 지역에 쏠려 있습니다. 도심 인기 지역의 집은 여전히 수요에 비해 턱없이 부족합니다.

그런데 과거에는 도심 인기 지역의 집값이 오르면 세입자들이 차라리 전세금으로 집을 사자는 생각으로 외곽 지역에 집을 구입했기 때문에 외곽 지역의 집값도 덩달아 올랐습니다. 하지만 지금은 신도시 건설은 물론 온갖 개발 계획으로 비인기 지역의 집이 남아돌게 되었거든요. 그 결과 도심 인기 지역의 집값이 올라도 비인기 지역의 집값이 따라 오르지 않을 수도 있습니다.

만일 지금처럼 초과 공급이 계속되면 가까운 미래에 일부 비인기 지역의 주택은 현금화조차 힘들어질 수도 있습니다. 이 같은 부동산시장 환경은 밀레니얼 세대에게 너무나 불리한데요, 일단 비인기 지역에 집을 장만한 다음 이를 교두보로 점점 인기 지역으로 옮겨나갔던 과거 세대의 전략을 답습하기가 너무나 어려워졌기 때문입니다. 결국 여윳돈으로 도심 인기 지역에 집을 살 수 있는 극소수의 밀레니얼 세대가 아니라면 부동산의 옥석을 가리는 것이 그 어느 때보다 중요해질 것 같습니다.

홍춘욱　　　그럼 이렇게 질문해보죠. 과연 우리나라의 주택 가격 지수를 믿을 수 있을까요? 말문이 막히는 질문이죠?(웃음) 그런데 한번 살펴봅시다. 1986년 12월 'KB 부동산 지수'라는 것이 처음 만들어졌습니다. 그때부터 주택 가격을 지수화해서 비교하기 시작했습니다.

조금 전에 박 기자님께서 말씀하신, 선호하는 조건의 주택들이 가격 방어에 유리하다는 점은 그 비교 대상이 아파트 vs 다가구/빌라 vs 단독주택이라면 동의합니다. 경기 상황과 관계없이, 아파트가 다가구주택이나 빌라에 비해 가격이 비싸고 잘 오르죠. 또 다가구주택이 단독주택에 비해 가격이 잘 오릅니다. 그래서 해당 지역에 개발 호재가 없는 한, 단독주택은 가격 수준이 평균을 크게 밑돌았습니다. 물론 상업적으로 상당한 붐을 맞이한 서울 홍대 지역과 같은 케이스는 예외고요.

그러나 아파트만 생각해보면 이야기가 달라집니다. 서울 강남이든 전국의 광역시(부산, 대구, 광주, 인천)든, 인구 유입이 꾸준히 이루어지고 일자리와 가구수가 늘어나는 장기 추세를 살펴보면 서울만 독주한다고 보기는 어렵습니다. 2008년 이후만 따지면 부산이 최고 상승률을 보였고, 2019년만 따지면 대전의 상승률이 으뜸일 듯합니다. 특정 지역이 단기간 주도하는 시기도 있고 빠지는 시기도 있지만 결국 장기적인 상승률은 비슷합니다. 이유가 뭘까요?

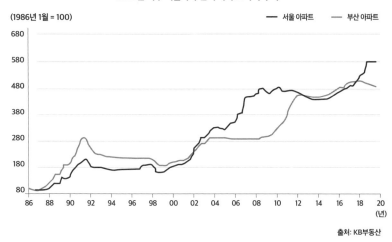

1986년 이후 서울과 부산의 아파트 가격 추이

(1986년 1월 = 100)　　　　　　　　　　　　　　━ 서울 아파트　　━ 부산 아파트

출처: KB부동산

　　하나는 박 기자님이 말씀하신 것처럼 경기 때문이겠죠. 어느 해에
는 IT 기업들이 호황을 누리다가, 또 어느 해에는 지방의 조선소가
호황을 누리고, 또 어떤 해에는 제조업체들이 수출 호황을 누리기도
하죠. 이런 이유들 때문에 지역별 차이가 단기적으로 나타나는 거예
요. 두 번째 이유는 공급 때문입니다. 얼마 전까지 서울 지역의 미분
양 주택은 채 100호가 안 되었습니다. 그런데 경상남도 지역의 미분
양은 몇십만 호라는 통계가 나왔었죠. 2013~2015년 해당 지역의 경
기가 너무 좋다 보니 엄청나게 아파트 건설을 추진했던 것이 원인이
었습니다. 소득도 높아지니 분양도 잘됐죠. 그러다 자동차·조선업
경기가 급격히 하락하면서 미분양 사태가 나타나기 시작한 거죠.
　　그러므로 제가 드리고 싶은 말씀은 대도시의 집값은 장기적으
로 우상향할 가능성이 높다는 것입니다. 또한 우리나라에서 자본

주의 시스템하의 부동산시장이 형성된 것이 길어야 50년밖에 되지 않았는데도 아파트에 대한 선호도 불변이고 지역별 아파트의 장기 상승률도 대체로 비슷한 모양이라는 겁니다. 그러므로 어느 지역이 유독 선호가 높아서 상승 랠리를 이어갈 것이라는 식의 예측은 불가능하지 않냐는 거죠.

10년 전을 돌이켜보면, 모두가 도곡동 타워팰리스를 최고의 아파트라고 치켜세웠습니다. 그러나 상대적으로 요새는 힘을 못 쓰잖아요. 또 10년 전까지만 해도 대형 평형 아파트들이 정말 인기가 좋았는데, 지금은 84제곱미터 이하의 소형 아파트들이 인기죠. 과연 지금까지 많이 오른 집이 앞으로도 더 오를까요? 어마어마한 현금을 보유한 지방의 자산가가 서울에 집을 몇 채 산다고 해보죠. 그럼 당연히 저는 최근 가장 많이 오른 서울 강남의 주요 아파트들을 사라고 하겠어요. 그분은 대출도 필요 없을 거고요. 그러나 우리는 그런 자산가가 아니잖습니까. 그럼 몇 가지 조건들을 내세워서 이런 지역의 특정 평형 아파트를 사는 것이 유리하다고 말할 수 있을까요?

이젠 직장도 3~4년마다 이직하는 것이 자연스러운 시대가 다가왔습니다. 세상은 점점 빠르게 변해가고요. 이사도 이전 세대들에 비해 자주 다닐 수밖에 없을 거예요. 무엇보다 직주근접을 추구하게 될 테니까요. 그럼 집을 사는 일이 생각보다 빈번해지겠죠. 결국 자신이 생각하는 우선순위에 따라 집을 장만하고 징검다리처럼 상황에 맞게 잘 옮겨 타는 분이 '집테크'에 성공할 것입니다. 그런 맥락에서 조금 첨언을 해봤습니다.

밀레니얼을 위한
서울 아파트 공략 가이드

── 밀레니얼 세대 중에 신혼부부들은 부동산시장의 실수요자로 주택 구매에 상당한 관심을 가지고 있다. 전 국민의 절반이 사는 서울과 수도권을 중심으로, 이들이 아파트를 구입할 때 참고하면 좋을 현실적이고 전략적인 조언을 해주신다면 어떤 것들이 있을까.

홍춘욱　　　제가 서울의 아파트를 구매하고 싶어하는 후배들한테 종종 해주는 이야기인데요, 일단 주택시장이 하나의 단일한 시장이라는 생각을 버려야 해요. 제가 보기에 아파트시장은 네 가지로 나뉩니다.

첫째는 지금도 좋고 미래에도 좋을 시장이에요. 대표적인 곳이 강남입니다. 용산 일부 지역까지도 포함되죠. 왜냐하면 앞에서 박 기자님이 언급했듯이 좋은 일자리가 모여 있는 곳에 고소득자들이 살거든요. 일종의 클러스터를 형성하면서 사람들을 끊임없이 끌어당기는 힘을 갖고 있습니다. 강남(반포, 압구정, 도곡 등)이 180만 명, 광화문이 60~80만 명, 용산-마포가 30~40만 명 정도의 고소 득자 클러스터를 형성하고 있다고 보고요. 당연히 그 주변은 최고 의 거주지가 됩니다. 시장의 원리상 가격 또한 당연히 높게 형성 되어 있습니다.

두 번째는 지금까지는 굉장히 좋았는데 미래 상황은 다소 불투 명해 보이는 시장입니다. 대표적인 케이스가 일산, 평촌, 산본, 중 동, 동탄 등과 같은 1, 2기 신도시들입니다. 현재는 매우 살기가 좋 습니다. 아파트 단지 내에 커뮤니티가 잘되어 있고, 교육 여건도 좋습니다. 그런데 밀레니얼 세대가 결혼도 적게 하고 아이도 적 게 낳는다는 사실에 비추어보면, 특히 맞벌이 비중이 계속 높아지 는 추세를 감안하면 비교적 도심과 멀어서 미래 가치를 높게 평가 하긴 힘든 거죠. 비록 광역철도 등으로 접근성이 개선된다 하더라 도 말이죠. 게다가 일산이나 분당 같은 1기 신도시는 이미 주택 노 후화가 진행 중입니다. 그런데 재건축이 가능할까요? 변수가 너무 많고 상당한 시간을 필요로 하는 대규모 사업이 되겠죠. 판단은 각자의 몫입니다만, 저는 밝지는 않다고 봅니다.

세 번째는 과거에는 저평가되었지만 지금부터는 괜찮아질 수 도 있는, 미래 가치가 비교적 높은 시장입니다. 대표적인 지역이 30년이 넘은 대단지 아파트들이 밀집해 있는 재건축 대상지들입 니다. 목동, 상계동, 좀 더 확장하면 마포구와 금천구의 노후 아파트들이 여기 해당됩니다. 생각보다 이 지역들이 교통이 좋습니다. 신도시들과 다르죠. 게다가 재건축 사업의 조건이 준공 40년 이상의 아파트로 까다로워졌어도 상대적으로 그 기간에 임박한 지역들입니다. 그래서 미래 가치가 높아질 수 있다는 것이죠. 주거 환경이 개선되면 교통이 좋기 때문에 충분히 시장가치가 뜁니다. 비록 지금은 노후 지역이지만 주머니가 넉넉하지 않은 밀레니얼 세대가 이 유형의 아파트 단지들을 공략하면 좋겠다 싶습니다.

마지막으로 네 번째는 과거에도 좋지 않았고 미래에도 가능성이 별로 없는 시장입니다. 이 케이스는 굳이 설명하지 않아도 되겠죠. 이 유형의 아파트만 고르지 않으면 됩니다.

당연히 제가 밀레니얼 세대에게 주목하라고 권하고 싶은 시장은 세 번째가 되겠죠. 그런데 이 시장의 장점이 하나 더 있습니다. 바로 대부분 투기과열지역으로 지정되어 있지 않다는 점입니다. 그럼 뭐가 좋을까요? 대출 규제로부터 비교적 유리하죠. 수도권으로 범위를 넓히면 LTV 대출 기준으로 70%까지 허용되는 지역들이 꽤 있습니다. 정부 보도자료나 신문기사를 통해 서울이나 과천, 세종 같은 강한 규제지역에서 주택담보대출의 한도가 집값의 40%로 제한되었다는 소식을 접했을 것입니다. 하지만 강한 규제지역에서도 LTV 70% 적용이 가능합니다.[8]

이런 일이 가능한 이유는 정부(주택금융공사)가 운영하는 디딤돌 대출이나 보금자리론 같은 정책 모기지는 6.19대책이나 8.2대책에 따라 강화된 LTV 규제(70%→40%)를 적용받지 않기 때문입니다. 디

9.13대책 이후 주택 구입 목적의 지역별 LTV·DTI 비율

구분			투기과열지구 및 투기지역		조정대상지역		조정대상지역 외 수도권		기타	
			LTV	DTI	LTV	DTI	LTV	DTI	LTV	DTI
고가주택 기준 이하 주택 구입 시	서민 실수요자		50%	50%	70%	60%	70%	60%	70%	없음
	무주택 세대		40%	40%	60%	50%	70%	60%	70%	없음
	1주택 보유 세대	원칙	0%	-	0%	-	60%	50%	60%	없음
		예외	40%	40%	60%	50%	60%	50%	60%	없음
	2주택 이상 보유 세대		0%	-	0%	-	60%	50%	60%	없음
고가주택 구입 시	원칙		0%	-	0%		고가주택 기준 이하 주택 구입 시 기준과 동일			
	예외		40%	40%	60%	50%				

디딤돌 대출과 보금자리론 제도

구분	디딤돌대출	보금자리론
집값한도 (면적·연령 기준)	5억 원 이하 (전용면적 85m² 이하)	6억 원 이하(전용면적 제한 없음) ※ 단, 신혼부부에 대한 요건(소득, 금리) 완화 적용 시 주택면적 85m² 이하
부부합산 연 소득 한도	7,000만 원 (생애 최초 주택 구입자 또는 신혼부부 또는 2자녀 이상) 6,000만 원(기타)	1억 원(3자녀 이상) 9,000만 원(2자녀 이상) 8,500만 원(맞벌이 신혼 & 무주택자) 8,000만 원(1자녀) 7,000만 원(기타 자녀 없는 외벌이 신혼 포함) ※ 신청일 기준 만 19세 미만 자녀를 의미
무주택 요건	무주택자만 대출 신청 가능 (또 다른 1주택으로 갈아타려는 기존 1주택자 신청 불가)	무주택자 / 1주택자(기존 집 2년 내 처분 조건)
대출금액한도	2억 4,000만 원(2자녀 이상) 2억 2,000만 원(신혼부부) 2억 원(기타)	3억 원(2자녀 이하) 4억 원(3자녀 이상)
적용 LTV (지역별 기본 LTV와 무관)	70% 이하 주택 유형과 관계없이 지역별 소액 임차 보증금 차감	70% 이하(①연봉 7,000만 원 이하 & ②집값 5억 원 이하 & ③무주택자) 60% 이하(①, ②, ③ 중 한개 이상 요건을 충족하지 못하는 자)
적용 금리	연 2.00~3.15%	연 3.1~3.35% (2018년 11월, U-보금자리론 기본형 기준)

출처: 국토부 발표 자료

딤돌대출에 적용되는 LTV는 지역과 무관하게 70%입니다. 연 소득 제한 조건을 고려해야 하지만, 디딤돌대출을 받을 수 있는 사람이라면 서울이나 과천 아파트를 구입해도 LTV 70%를 적용받을 수 있습니다. 보금자리론의 경우 비규제지역은 최대 70%, 규제지역은 최대 60%까지 대출해줍니다.

청약제도는 어떻게 로또가 되었나

— 30대들이 생애 첫 주택을 마련하려고 할 때 가장 많은 관심을 갖는 것은 청약제도 활용이다. 주변 시세보다 저렴한데다 새 아파트라서 열기가 뜨거울 수밖에 없다. 문제는 상당히 비현실적인 청약 조건들이다. 더불어 정부의 정책 변화도 많았다. 분양가 상한제 도입으로 거의 '당첨＝로또'가 될 것이라는 예측도 있다. 현 청약제도의 문제점, 그리고 미래 청약시장의 전망은 어떻게 보는가.

박종훈　　　원론적으로 청약제도를 통해 아파트를 구매하는 것이 괜찮은 선택인가를 따져보려면, 지금 대한민국의 부동산시장이 '버블' 단계인가를 따져봐야 합니다. 다른 나라와 주택 가격을 비교하는 것이 유의미한가에 대한 반론이 있을 수도 있지만, 어쨌든 많이들 비교하는 일본 주택 가격을 좀 살펴보겠습니다.

아시다시피 일본 도쿄의 부동산시장은 1991~1992년 사이에 대폭락해서 우리로 치면 서울시에 해당하는 도쿄도 23구의 경우 기존 가격의 3분의 1 수준으로 급락했습니다. 10억 하던 아파트가 3억 수준이 됐다는 말이죠. 그런 정도가 되어야 '버블' 상태라고 부를 만합니다. 그럼 우리나라는 어떨까요? 설령 거품이 있다고 해도 1989년의 도쿄와는 비교할 수도 없을 만큼 작은 수준입니다. 경기 악화가 시작되고 상당한 불황에 접어든다고 해도 서울 도심의 20억 원짜리 아파트가 7억 원이 되는 일이 있을까요? 최악의 금융위기가 아니고서는 좀처럼 상상하기 힘든 상황입니다.

결국 집값이 수년간 올랐다고 해도 물가 상승과 소득 증가 수준을 감안하면 우리 부동산시장의 거품은 1989년의 일본에 비해서는 미미한 편이라고 봐야 합니다. 그래서 청약제도는 상당히 괜찮은 선택지라고 할 수 있습니다. 청약에 당첨되면 시세보다 몇억 정도 저렴하게 새 아파트를 구매할 수 있는데, 이는 웬만한 경제위기로는 내려가기 힘든 수준의 아파트 가격이기 때문입니다. 게다가 정부가 설정해둔 제도의 특성상 무주택자인 신혼부부들에게 유리한 조건들이 많습니다. 소위 '특공'이라고 부르는 신혼부부특별공급은 무주택 신혼부부가 일반 공급과의 청약 경쟁 없이 별도로 아파트를 분양받을 수 있는 제도입니다.

그런데 문제가 있습니다. 항간에 신혼부부 특공을 '부잣집 막내아들 특공'이라고 부르거든요. 왜냐하면 신혼부부 특공의 신청 자격이 너무나 비합리적이기 때문입니다. 우선 혼인신고한 날로부터 만 7년 이내의 부부들 중에 전 세대원이 무주택자이면서 부부 합산 소득이 전년도 기준으로 도시 근로자 월평균 소득의 100%, 맞벌이의 경우 120% 이하를 충족해야 합니다. 그래야 우선공급에 신청할 수 있습니다. 2018년 3인 이하 가구의 평균 소득은 세전 540만 1,814원(맞벌이 648만 2,177원)입니다. 연봉으로 계산할 경우 외벌이는 약 6,500만 원, 맞벌이는 합산하여 약 7,600만 원 이상이면 신혼부부 우선공급을 신청할 수 없는 거죠.[9] 그런데 현재 대졸 신입사원의 초임 연봉이 평균 3,200만 원 정도이고, 요새 결혼들을 늦게 하니까 결혼할 당시의 연봉은 당연히 더 올랐을 겁니다. 이런 분들이 맞벌이를 하면 소득 구간을 훌쩍 넘어버려서 청약 자격이 없습니다.

게다가 최근 분양하는 아파트 가격이 어지간히 비싼 게 아니거든요. 7억 원짜리 아파트를 분양받는다고 가정해보죠. 그리고 결혼과 동시에 만 7년 동안 열심히 벌어서 아이도 한 명 낳고, 부부 합산 소득이 월 600만 원 수준을 유지하고 있다고 칩시다. 그중 절반만 쓰고 7년을 모은다고 해도 자산이 2억 6,000만 원 정도밖에 안 됩니다. 그럼 7억 원짜리 아파트 청약을 받으려면 대체 대출 비율이 어떻게 되는 거죠? 그리고 대출은 어떻게 갚아나가죠? 제도의 취지를 생각할 때 상식적이지 않은 설계라는 거죠. 결국 누가 혜택을 볼 수 있을까요? 부모로부터 증여받은 자산이 있는 부잣집 아들이나 혜택을 보는 특공이라는 말이 그래서 나온 겁니다.

홍춘욱 이 청약제도의 신청 자격 조건을 설계한 정책입안자들은 정말 반성해야 합니다. 2019년 상반기를 기준으로 서울 인기 지역의 당첨 가점은 70점을 넘어섰습니다.[10] 제가 보기에도 이건 말이 안 되는 제도예요. 과한 표현일 수도 있지만 저는 이 제도 자체가 '꼰대스럽다'고 생각합니다.

이 제도는 최소 조건만 갖추면 모두 신청할 수 있게 해서 '추첨 방식'으로 선정하는 게 낫다고 봅니다. 그리고 소득으로 조건을 만들 것이 아니라 오히려 자산 조건을 걸어야죠. 적어도 이런 특공에 '금수저'들이 당첨되는 건 사회 정의에 맞지 않잖아요.

그리고 결혼 여부나 자녀 유무에 대한 조건도 조금 풀어줘야 합니다. 이제 우리 사회에도 동거 커플이 늘어나고 비혼을 결심한 분들도 많아졌는데, 이들을 배제할 어떤 법적 근거도 없잖아요. 다만 이렇게 당첨되어서 아파트를 구매한 경우, 전매 제한 기간을 장기로 설정하면 투기나 시세 차익 우려도 사실상 사라지게 될 겁니다.

이렇게 되면 자격을 갖춘 분들이 엄청나게 늘어나겠죠? 그래서 실제로 '로또'처럼 지금보다 더 심한 광풍이 일 수도 있어요. 그런 문제를 해결하는 것은 오히려 간단합니다. 정부가 공공 분양 아파트를 더 많이 건설하면 되는 거죠. 그건 결국 건설 경기를 호전시키고 일자리를 제공하는 역할도 하겠지요.

조건이 되면 청약으로 집을 구매하고 싶은 분들이 엄청나게 많은데, 이렇게 허들을 잔뜩 높여놓으면 다들 포기하고 구축 아파트 시장으로 이동하게 됩니다. 그래서 정부가 그토록 붙잡고 싶어하는 서울 아파트 가격 상승세가 멈추지 않았던 겁니다. 참 답답한 제도예요.

밀레니얼이 부동산시장에서 밀려나고 있는 까닭

홍춘욱 이 장의 서두에서 '밀레니얼 세대가 앞으로의 부동산시장에서 어떤 영향을 미치게 될까'란 질문을 받았습니다. 이들이 얼마나 유의미한 세력이 되겠느냐는 이야기겠죠. 그런데 현재까지의 추세를 보면 이 세대의 시장 내 영향력은 그다지 크지 않은 것으로 보입니다. 좀 더 자세히 살펴보겠습니다.

기본적으로 밀레니얼 세대는 나이가 어리기 때문에 대부분 무주택 실수요자입니다. 부동산 가격이 빠질 때는 실수요자가 중요한 세력입니다. 그러나 현재 부동산시장은 빠른 속도로 상승해서 (단기적으로 조정은 받고 있지만) 가격 레벨이 크게 올라가 있는 상태입니다. 2015년에 비해서는 많이 올랐지만, 2008년과 비교해보면 아직까지 저렴한 편입니다. 2008년 서울 지역의 평균 소득 대비 주택 가격과 2019년의 그것을 비교해보면 그렇다는 말이죠. 게다가 2008년만 해도 대출 이자율이 7~8% 수준이었습니다. 그래서 서울 지역의 아파트 가격이 굉장히 비싸다고는 생각되지 않습니다. 방금 박 기자님도 버블 수준은 미미하다고 하셨죠. 그러나 레벨이 많이 올라왔기 때문에 '좋았던 시절은 끝났다'고 생각합니다.

앞에서 제가 주택 공급이 마를 향후 몇 년간은 서울 집값이 상승할 여력이 있다고 말씀드렸지만, 박 기자님의 말씀처럼 경제 상황이 밝지는 못하므로 냉정하게 보건대 '무조건 오른다'고 말씀드릴 수는 없습니다. 그런데 지금부터의 부동산시장은 '실력 차가 벌어지는 시장'이 되리라고는 분명히 말씀드릴 수 있습니다. 지금껏 상승세를 누린 인기 아파트 단지들은 가격 방어가 충분히 가능할 것이고, 더 나아가 경기가 조금만 풀려도 다시 올라갈 가능성이 높습니다. 그러나 선두 아파트의 가격대를 따라가다가 가격이 꽤 빠져버린 아파트들도 제법 나올 겁니다.

밀레니얼 세대는 기본적으로 자산 규모가 크지 않다고 했습니다. 만일 30대 직장인이 주택, 특히 아파트를 구입하려고 한다면 거의 대부분 은행 대출을 받거나 부모님으로부터 일정 규모의 증여를 받아야겠죠. 그러니 '대장주'를 시도하기 어렵다면 2008년 당시 상승 추이를 그렸다가 지금은 가격대가 많이 낮아진 아파트들을 찾아보는 것도 방법입니다. 이런 상황이니 밀레니얼 세대가 시장을 주도하게 되리라는 기대는 아직 이르다는 거죠.

박종훈   방금 홍 박사님이 상당히 온화하게 말씀하신 거예요(웃음). 제가 보기에, 현재 대한민국 부동산시장에서 밀레니얼 세대는 '쫓겨나고 있다'고 표현하는 것이 진실에 가깝습니다. 왜냐하면 우리나라에서 유독 60대 이상의 노년층이 보유한 주택의 비중이 점점 늘어나고 있기 때문입니다.[11] 한국은행 자료를 보면[12] 60세 이상 고령층이 보유한 주택 수는 2013년 361만 채에서 2017년에는 464만 채로 급격히 늘었습니다. 이에 비해 39세 이하 청년층이 보유한 가구수는 같은 기간 170만 호에서 151만 호로 급격하게 감소했습니다. 특히 고령층의 다주택 보유 가구수는 2013년 49만 가구에서 2017년 77만 가구로 급증했습니다. 고령층이 노후 대책으로 주택 임대를 택한 것을 보여주는 대목이죠. 이처럼 고령층이 은퇴 이후나 은퇴를 앞두고 부동산 투자를 급격히 늘리는 것은 다른 나라에선 발견하기 힘든 현상입니다.

최근 한국금융연구원 거시금융연구실이 발표한 보고서를 보면

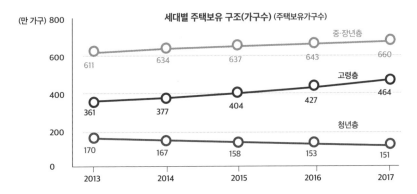

세대별 주택보유 구조(가구수) (주택보유가구수)

(만 가구) 800

중·장년층
611 634 637 643 660

고령층
361 377 404 427 464

청년층
170 167 158 153 151

2013 2014 2015 2016 2017

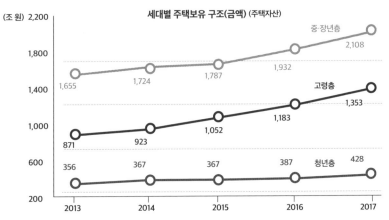

세대별 주택보유 구조(금액) (주택자산)

(조 원) 2,200

중·장년층
1,655 1,724 1,787 1,932 2,108

고령층
871 923 1,052 1,183 1,353

청년층
356 367 367 387 428

2013 2014 2015 2016 2017

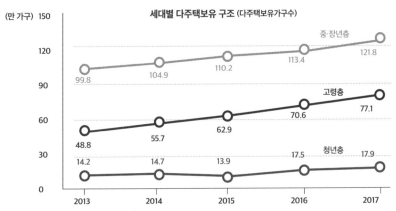

세대별 다주택보유 구조 (다주택보유가구수)

(만 가구) 150

중·장년층
99.8 104.9 110.2 113.4 121.8

고령층
48.8 55.7 62.9 70.6 77.1

청년층
14.2 14.7 13.9 17.5 17.9

2013 2014 2015 2016 2017

출처: 한국은행, <조사통계월보> 2018년 11월

[13] 2008년, 2012년, 2016년 시기별로 대출을 받은 분들의 연령별 비중을 비교할 수 있습니다. 예외는 있겠지만, 신규로 받은 주택담보대출은 대부분 주택 구입 자금으로 쓰였겠죠. 2008년엔 당시 30대와 50대가 대출받은 비중이 약 24% 수준으로 비슷했습니다. 그런데 2012년이 되면 4년 만에 30대 비중은 19%로 하락한 반면 50대 비중은 29%로 올라갑니다. 50대가 집을 더 많이 샀다는 추론이 가능하죠. 그럼 50대 이상 장년·노년층은 왜 주택 구입에 나서게 됐을까요? 이 질문에 대한 대답은 마지막 장에서 자세하게 설명해보겠습니다.

지금까지 우리는 39세 이하 청년층의 주택 보유 비중이 크게 줄어들면서 사실상 주택시장에 새로 진입하지 못하고 오히려 밀려나고 있는 상황임을 확인했습니다. 그런데 주택시장의 미래를 보면 이는 상당히 암울한 상황을 예고하고 있는 건지 모릅니다. 부동산 가격이 앞으로도 계속 유지되려면 주택시장의 세대교체가 자

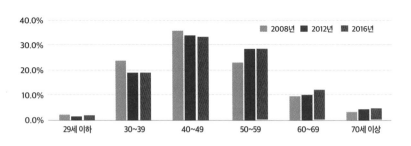

연도별·연령별 주택담보대출 비중의 변화

주: 각 연도별로 연말 기준 전체 주택담보대출 잔액 중 각 연령대가 차지하는 비중을 나타냄.　　　　출처: 한국금융연구원

연스럽게 일어나야 합니다. 즉 밀레니얼 세대가 작고 값싼 주택에서 시작해 점점 좋은 집으로 옮기면서 자산을 불려나가야 나중에 기성세대가 보유한 집을 좋은 값에 사줄 수가 있습니다. 그런데 밀레니얼 세대가 아예 주택시장에 진입조차 못한다면, 앞으로 부동산의 세대교체를 해줄 부동산 매수 주체로 성장하기 어려울 수밖에 없습니다. 이렇게 고령층의 주택 보유 비중만 급속도로 늘어나는 현재의 상황이 지속되면 앞으로 밀레니얼 세대가 부동산시장의 차세대 주역으로 자라날 수 있을지 의구심이 들 수밖에 없습니다.

앞에서 홍 박사님께서 언급하신 것처럼, 과거 기성세대가 경험했던 것과 같이 징검다리처럼 옮겨 타면서 집을 늘려가는 자산 증식을 이루어내려면, 밀레니얼 세대가 최소한 소박하게라도 부동산시장에 진입해야 합니다. 그런데 지금처럼 청년층의 주택 보유 비중이 급격히 줄어든다면 우리 주택시장의 미래는 과연 어떻게 될까요? 제 우려는 이 지점에서 비롯됩니다.

우리도 유럽식 장기
모기지 모델을 도입할 수 있을까

— 학계에서는 모든 청년들이 집 걱정을 하는 우리나라에서도 북유럽 국가들처럼 장기 모기지 모델을 적극 수용해야 한다고 주장하기도 한다. 우리도 유럽처럼 청년들 누구나 결혼할 때 혹은 독립할 때 20~30년간 장기 상환하는 방식으로 집을 소유하는 제도를 만들 수는 없을까.

홍춘욱　　　기본적으로 유럽과 우리는 사회적 합의 수준이 다르다고 봐야겠죠. 그 이면에는 많은 구조적 차이들이 존재합니다. 가장 간단하게는 북유럽 국가들은 사회보장과 복지 수준이 높다 보니 국민들이 노후 걱정을 별로 하지 않습니다. 게다가 유럽은 공통의 문화권으로 봐야 하잖아요. 주요 언어가 독일어나 프랑스어, 영어 정도이고, 대부분이 영어를 공용어로 쓰기도 합니다. 인접한 국가에서도 취업이 어렵지 않다는 말씀을 드리는 겁니다. 자국에서 취업이 어려우면 인접 국가에 가서 취직을 하면 되지요. 게다가 대학 교육까지 무상인 국가들이 많고, 구직 전까지 청년 소득도 보장합니다. 결국 일자리 문제가 비교적 쉽게 해결되고 의료보험과 노후 보장이 잘되어 있는 국가들에서 30년짜리 장기 모기지 플랜을 통해 청년이 집을 구매하는 것은 우리 생각만큼 걱정스러운 일이 아니겠죠(물론 이러한 환경 속에서도 유럽 밀레니얼 세대의 주택 구매 비중이 이전 세대들에 비해 줄고 있기는 하다). 게다가 우리가 줄곧 이야기한 것처럼 유럽은 저금리가 아니라 아예 마이너스 금리라서 주택 구매에 더욱 부담이 없죠.

이뿐만이 아닙니다. 네덜란드, 벨기에 등의 유럽 국가들은 부동산 가격이 장기적으로 상승해왔습니다. 1995년을 기준(100)으로 해당 국가의 물가 상승률을 반영한 실질 주택 가격 지수를 계산해보면, 엄청나게 올랐다고들 하는 우리나라의 2017년 실질 주택 가격 지수가 97입니다. 물가 상승률을 감안하면 오히려 가격이 3% 이상 빠졌다는 이야기죠. 물론 전국 평균 가격이긴 합니다. 서울은 엄청나게 올랐지만 지방은 그렇지 않은 곳들도 많으니까요. 그런데 네덜란드는 182, 벨기에는 181, 캐나다는 무려 237까지 올랐습니다. 청년 시기에 집을 사둬도 크게 손해 볼 일이 없겠죠.

그런데 우리는 어떻습니까? 통계청이 발표한 〈2018 국내 인구이동통계〉를 보면, 인구이동률(인구 100명당 이동자 수)이 14.2%에 이릅니다.[14] 이게 과거에 비해 꽤 떨어진 것으로, 도시화가 한창 진행 중이던 1975년에는 인구이동률이 25.5%에 달하기도 했습니다. 상황이 이렇다 보니, 예전에는 변동 금리에 3년짜리 주택담보대출을 받는 것이 일반적이었죠. 짧으면 2~3년, 길어도 4~5년 사이에 이사할 계획을 가지고 있는데 장기로 고정 금리 대출을 받을 이유가 없었던 거죠. 한때 30~40% 하던 금리가 현재 2% 수준으로 내려왔으니 변동 금리 대출을 받은 사람이 압도적으로 유리했던 것이 사실입니다. 그러나 미국이나 유럽 같은 경우에는 대부분 고정 금리형 장기 모기지로 집을 삽니다. 금리 변동성이 그만큼 안정적

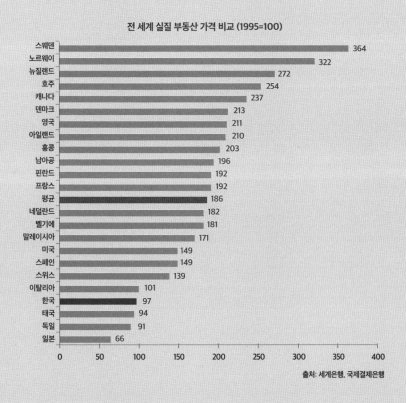

전 세계 실질 부동산 가격 비교 (1995=100)

출처: 세계은행, 국제결제은행

이라는 의미도 되겠죠. 게다가 유럽 같은 경우는 정부가 엄청난 규모로 공공 주택을 건설합니다. 그러나 우리의 경우, 현재 택지 개발조차 막혀 있는 상황이라고 말씀드렸고요.

그런데 유럽의 모기지 모델도 언제나 좋았던 것만은 아닙니다. 복지국가들이라고 해서 부동산 가격 폭락이 없었던 것은 아니거든요. 1990년대 초 스웨덴, 핀란드, 노르웨이, 덴마크 등의 북유럽 국가들이 금융위기를 겪었습니다. 은행이 부도 났고, 기업들의 도산이 이어졌습니다. 당연히 부동산 가격도 폭락했어요. 이럴 때 고정 금리형 장기 모기지는 대출자에게 엄청난 타격을 입히죠.

결국 제도라는 건 특정 국가의 정부와 국민이 오랜 역사적 맥락 속에서 선택해온 것이거든요. 그래서 어떤 시스템과 제도가 무조건 좋다고 말할 수는 없는 문제입니다. 유럽식 장기 모기지에 좋아 보이는 점이 분명 있지만 이 제도는 탄탄한 복지 재정을 바탕으로 가능한 것입니다. 또 이 재정을 가능하게 하는 높은 수준의 세금에 대한 사회적 합의도 있어야 하고요. 이들 국가가 노동력 이동이 자유로운 환경에 놓여 있다는 점도 잊어서는 안 됩니다. 우리는 우리에게 주어진 환경 속에서 더 나은 제도를 찾는 노력, 그리고 그에 대한 사회적 합의를 이루는 방식에 더 주목해야 한다고 봅니다.

과연 가계부채는 위험한가

— 그런데 많은 언론에서 현재의 가계대출 수준이 위험 수위를 넘었다고들 말한다. 그러나 자산이 부족한 밀레니얼 세대는 은행과 함께 집을 살 수밖에 없다. 불가피한 레버리지다. 늘어가는 주택담보대출, 이대로 괜찮을까? 적정 수준의 대출은 어느 정도일까?

홍춘욱 가계대출이 과다한 수준인 것은 맞습니다. 한국은행이 2019년 8월에 발표한 〈2019년 2분기 중 가계신용(잠정)〉 보고서에 따르면 2019년 2분기 말에 가계신용 잔액은 1,556조 1,000억 원으로 사상 최대치를 경신했습니다.[15] 앞서 살펴본 것처럼 2015년 이후 서울 수도권 중심으로 집값 상승이 4년가량 지속되면서 다주택자든 무주택 실수요자든 집을 살 생각이 있는 사람들은 레버리지를 최대한 당겨쓴 상태라고 봐야 해요. 그래서 정부가 보유세를 높이고 LTV/DTI 대출 규제 등의 정책을 편 것은 긍정적으로 평가합니다. 수요만 억제하는 정책을 편 것이 문제라면 문제지만, 2018년 같은 경우는 정말 무서울 정도로 부동산 가격이 올라갔잖아요. 그대로 둘 수는 없는 상황이었다고 봅니다.

박종훈 사실 가계대출이 GDP 대비 어느 정도가 위험하다, 위험하지 않다라는 기준을 정하기는 힘들어요. 국가 간에 비교를 한다 해도 유의미한 결론을 이끌어내기는 힘듭니다. 그러나 제가 염

연도별 가계신용 잔액 및 증감률

출처: 한국은행

려스러운 부분은 가계부채의 증가 '속도'입니다. 특히 2015~2018 년 가계대출의 증가 속도는 중국 다음으로 세계에서 두 번째로 높은 수준이었거든요. 2019년 가계대출에 대한 여러 가지 규제가 생겨나면서 다행히 속도가 조금 둔화되기는 했습니다. 하지만 사실은 이렇게 늘어난 다음이 더 큰 문제거든요. 실제로 빚이 급속도로 늘어난 직후 최대 5년까지는 경기 둔화나 위기가 닥칠 위험이 있다는 연구 결과도 있습니다. 대출 증가 속도는 중요한 경제위기의 시그널이기 때문에 예의 주시할 필요가 있다고 생각합니다.

홍춘욱　　　그런데 이렇게 가계부채가 증가하는 동안 정부에선 재정 긴축이 있었습니다. 국제결제은행이 발표하는 세계 각국의 부채 비율 통계를 보면, 우리 정부의 정부부채는 계속 줄었거든요. 절대 규모가 아니라 GDP 대비 상대 비중이 줄어들었다는

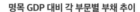

명목 GDP 대비 각 부문별 부채 추이

(%, 명목 GDP 대비)

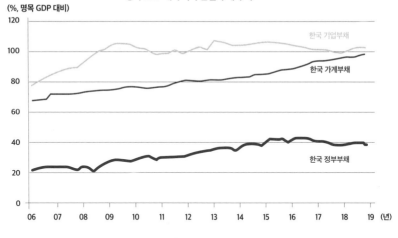

명목 GDP 대비 주요 국가별 부채 추이

(%, 명목 GDP 대비)

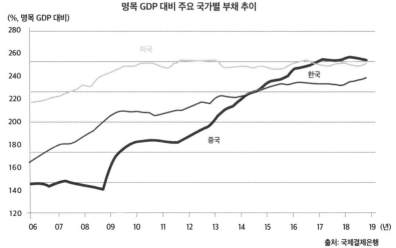

출처: 국제결제은행

의미입니다. 한국의 부문별 부채 흐름을 살펴보면, 한눈에 가계부
채가 급격히 늘어난 것을 발견할 수 있습니다. 2008년 명목 GDP의
74%에서 2018년에는 98%까지 늘어났죠.

이게 뭘 의미하는 걸까요? 단순히 가계부채가 증가했다는 사실 뿐만 아니라, 기업과 정부의 부채가 늘어나지 않았다는 점에도 주목할 필요가 있습니다. 한국은행이 기준 금리를 인하하며 경기 부양 신호를 보냈더니 가계 부문만 집을 사기 위해 대출을 받고 기업이나 정부는 별로 돈을 안 썼다는 거죠. 결국 2015~2018년에는 집값 상승, 그리고 가계부채 증가로 경기의 급격한 위축을 막았다고도 볼 수 있겠습니다.

물론 경제 전체의 부채 규모가 급증하면 문제가 될 수 있습니다. 그러나 국가별 부채 규모를 살펴보면 한국은 높은 편이 아닙니다. 지금 가장 문제가 되는 나라는 중국이죠. 중국의 가계부채와 기업부채는 2008년 142%에서 2018년 254%로 급증했습니다. 이 때문에 최근 IMF는 다음번 금융위기가 발생할 때 가장 취약한 곳으로 중국의 기업 부문과 은행 부문을 지목한 바 있습니다.[16]

제가 말씀드리고 싶은 것은 가계부채가 사상 최대로 늘어났다는 것이 아니라 정부부채나 기업부채와의 밸런스가 좋지 않다는 점입니다. 정부가 시장의 숨통을 터줄 재정 정책을 펴는 동시에 기업의 투자 환경을 만들어야 해요. 경기 부양을 위해 경직성 예산, 즉 매년 증액되는 공무원 호봉과 같은 비용 말고 비경직성 예산, 즉 경기 여건에 따라 탄력적으로 줄이고 늘릴 수 있는 예산을 더 키워야 한다는 거예요. 최근에 국토부가 경기도 신도시에 추진하고 있는 GTX 사업이 그런 예가 되겠죠.

박종훈　　　　네. 그리고 저는 개인 차원에서도 대출을 관리해야 한다고 덧붙이고 싶습니다. 대출이 필요하다면 정확하게 자신의 재무 상태를 따져보고 무리하지 않는 선에서 레버리지를 일으키는 게 중요합니다. 특히 집을 장만하려는 밀레니얼 세대는 주택담보대출을 받을 때, 어느 정도가 적정 규모인지 궁금하실 것 같아요.

흔히 인간은 망각의 동물이라고 하잖아요. 앞서 언급한 것처럼 지난 2009년부터 2015년까지 하우스 푸어가 큰 문제가 되었습니다. 32만 명의 하우스 푸어가 26조 원의 부채를 짊어지고 큰 고통을 받았고, 이건 단순히 개인의 문제가 아니라 사회 전체의 경제문제로 비화됐었죠. 그런데 2015년 이후 집값이 상승하기 시작하자 또 가계가 최대치 수준으로 부채를 떠안기 시작했습니다. 집값이 오를 때는 누구도 하우스 푸어가 될 것을 걱정하지 않거든요.

그런데 부동산이 무서운 이유는 대부분의 사람들에겐 전 재산이 걸린 문제이기 때문입니다. 그래서 요행을 기대하거나 이번에는 다를 거라는 근거 없는 믿음만 가지고 뛰어들기에는 리스크가 너무 큰 투자인 거예요. 다른 투자에는 웬만해서는 전 재산을 걸지 않잖아요? 또 부동산은 로또와도 다릅니다. 로또는 1,000원만 있으면 한 세트를 구입할 수 있는 반면, 부동산은 일단 투자에 나서려면 최소 몇억 원은 있어야 합니다.

그래서 실수요자 입장에서는 남들이 부동산으로 돈을 벌었다고 급하게 시장에 뛰어들 것이 아니라, 자신의 재무 상태를 면밀히 살펴볼 필요가 있다는 겁니다. 또한 집값의 오르내림에 상관없이 매달 자신의 소득으로 원리금을 무리 없이 갚아나갈 수 있는 수준으로만 대출을 받으셔야 합니다. 예를 들어, 자신의 자산이 5억 원인데 8억 원짜리 아파트를 구매한다고 해보죠. 그러면 3억 원의 대출이 필요하잖아요. 그럼 20년 만기에 연 2.7% 고정 금리로 3억 원을 빌리면 매달 약 160만 원씩 원리금을 상환해야 합니다. 부부 합산 소득이 600만 원이 넘는다면 크게 문제가 없겠죠. 그런데 소득이 월 250만 원밖에 안 되는 가구라면 이 대출은 무리입니다. 상식적으로 생각해보시면 되는 거죠.

금리와 환율, 그리고 장기 투자 전략

— 밀레니얼 세대가 목돈을 마련하고 주택 구매에 나서는 일 외에, 고려할 만한 장기적인 투자 방법들에는 무엇이 있을까. 지금 한국 경제의 대내외 조건들, 이를테면 금리와 환율, 미국과 중국의 무역 전쟁 등을 고려한 투자 전략에 대해 조언해달라.

박종훈   밀레니얼 세대가 이전 세대보다 더 많이 가지고 있는 자산은 무엇일까요? 바로 '시간'입니다. 밀레니얼 세대에겐 장기 투자가 가능하다는, 압도적으로 우위의 조건이 있습니다. 베이비붐 세대만 해도 시간이 별로 없습니다. 자신이 유망한 재테크를 해서 죽은 후에 상당한 수익이 돌아온다고 한들 무슨 의미가 있겠습니까. 저는 밀레니얼 세대가 가지고 있는 시간이라는 자산을 잘 활용하는 것이 투자의 제1법칙이란 말씀을 드리고 싶습니다.

이미 앞에서 부동산시장이 톱니바퀴처럼 주기적으로 변동해왔음을 드러내는 데이터를 보셨습니다. 그러면 시간이 무기인 밀레니얼 세대는 그 흐름을 충분히 활용해서 매매 시점을 정할 수 있겠죠. 중장년층이 그 변동이 다시 찾아올 때까지 투자 시점을 마냥 늦출 수 있을까요? 시간이 충분하다는 것은 엄청난 이점입니다.

단순히 주택시장의 변동보다 더 드라마틱한 사건은 경제위기입니다. 대표적으로 1997년에 외환위기가 있었고, 2008년에 글로벌 금융위기도 있었죠. 아무리 세계 금융 당국이 위기관리 능력을 키워왔다고 해도 세계적 규모의 경제위기가 찾아오는 빈도는 전혀 줄어들지 않고 있습니다. 오히려 위기의 강도가 과거보다 세지고 있죠. 서른 전후의 밀레니얼에게 평생 적어도 두세 차례의 크고 작은 경제위기가 닥칠 가능성이 있다고 봅니다. 이미 역사적으로 앞 세대가 외환위기나 글로벌 금융위기에서 보여주었듯이, 어떤 위기에서도 흔들리지 않고 자산을 탄탄하게 지켜낸 이들에게 경제위기는 오히려 '바겐세일'과 같은 기회를 제공해왔습니다. 이미 여러 차례 경험했던 것처럼 위기가 오면 집값도, 주식가격도 급격하게 하락합니다. 그래서 첫 번째 조언은 '서두르지 말고 시간을 활용하라'는 겁니다.

게다가 세계 경제도 호황의 장기 랠리를 누리고 있습니다. 미국이 미국 역사상 최장기인 10년째 호황을 누리고 있고, 중국은 개혁개방 이후 인류 역사상 보기 힘든 40년째 불황 없는 성장을 이어오고 있습니다. 그러나 반드시 꽃은 지고 계절은 바뀌죠. 지금까지 인류 역사에서 영원히 계속된 호황은 없었습니다. 이 호황의 흐름이 끝없이 지속되진 않으리라는 것을 우리는 본능적으로 알고 있습니다.

홍춘욱   그럼 제가 이어보겠습니다. 밀레니얼 세대가 이전 세대들에 비해 더 가지고 있는 두 번째 자산은 해외 경험과 외국어 능력입니다. 이게 무슨 소리냐고 하실 테지만 분명 의미가 있는 자산입니다. 직업이나 환경에 따라 예외가 있긴 하지만, 대부분의 '58년 개띠' 세대가 해외여행을 자유롭게 하게 된 것이 고작 20년 정도입니다. 그마저도 한국인 가이드가 인솔하는 패키지여행을 다녀온 비중이 엄청나게 높지요. 그런데 밀레니얼 세대는 어떻습니까? 대학 때부터 유럽으로 자유여행을 다녔지요. 현지 사이트에서 유스호스텔과 호텔 그리고 기차를 영어로 척척 예약하는 세대라는 거죠. 그런데 이건 재테크와도 관련이 있습니다. 바로 해외 투자에 대한 마인드가 이전 세대들과는 비교할 수도 없을 만큼 열려 있다는 거죠.

어느 정도 자산 규모가 만들어지면 대부분 투자 포트폴리오를 설계하게 됩니다. 어려운 일이 아니에요. 한 달에 적금(안전 자산)을 일정 비율로 불입하고, 국내 주식도 일정 비중으로 운용해보고, 그 외에 펀드나 달러 자산에도 일정한 비율로 투자하는 것이 바로 투자 포트폴리오를 짜는 겁니다. 그런데 투자 포트폴리오를 설계할 때는 반드시 리스크 헤지 risk hedge (위험 회피)를 위해 국내 자산에만 투자하지 말고 해외 자산에도 일정 비율을 투자하라고 권하고 싶습니다.

경제위기가 찾아올 때는 현금성 자산을 확보해두는 것이 좋습니다. 대부분의 자산을 국내 주식이나 펀드 상품에 투자해두었다면 당연히 자산 가치가 폭락할 테니까요. 전 재산을 대출 낀 아파트 구입에 묶어두었다면 집값 폭락으로 순식간에 '하우스 푸어'가 될 테니까요. 이런 상황에서 리스크 헤지를 하기에 좋은 투자처가 바로 위기 시에도 상당히 안전하게 움직이는 기축 통화인 달러나 금입니다. 국내 경제에 위기가 오면 원화 가치가 하락하면서 원/달러 환율이 급등하게 됩니다. 1997년 외환위기 당시 원/달러 환율은 최고 1,962원까지 올라갔습니다. 2008년까지도 잠깐이었지만 1,500원대까지 오르기도 했었고요. 게다가 현재 미국의 연방금리가 우리나라 정책 금리보다 높습니다. 달러에 투자하기 상당히 좋은 타이밍이라는 의미죠.

특히 문제를 더욱 악화시킨 것은 중국 위안화의 평가절하입니다. 1달러에 대한 중국 위안화 환율이 7을 넘어서면서, 아시아 통화가 동반 약세를 보일 가능성이 높아진 것입니다. 중국이 위안화 환율을 인상(위안화 평가절하)한 이유는 '무역 분쟁' 때문입니다. 미국이 중국의 대규모 무역 흑자에 항의해 대규모 관세를 부과하자, 중국은 환율 조정으로 맞선 것이죠. 예를 들어 관세를 10% 부과했다면, 미국에서 중국산 제품의 가격은 10% 오르게 됩니다(물론 수입 업체가 제품 가격의 인상을 허용하지 않고 마진을 축소할 수도 있다). 이때 중국이 위안화 환율을 10% 인상해버리면, 중국 기업들은 관세 부과분만큼 달러로 표시된 제품 가격을 인하할 여력이 생기지 않겠습니까? 따라서 미중 무역 분쟁이 격화될수록 중국의 위안화 가치가 약세를 보일 가능성이 높고, 이는 한국 원화를 비롯한 아시아 통화의 가치를 떨어뜨리는 힘으로 작용할 수 있습니다.

이럴 때 밀레니얼 세대에게 권하는 것은 일정 비율의 해외 투자입니다. 가장 손쉬운 방법은 달러를 사두는 거죠. 매달 일정 금액을 사둘 수도 있고, 은행에서 달러예금을 가입할 수도 있습니다. 미국에서 거래되는 회사채나 국채에 투자하는 펀드도 있고 또 주식처럼 거래할 수 있는 상장지수펀드ETF도 있습니다. 그것도 복잡하다면 증권사에서 해외 증권 계좌를 열고 해외에 상장되어 있는 ETF들(대표적으로 채권 추종 ETF, 리츠 추종 ETF, 배당주 추종 ETF 등이 있다)에 일정 자산을 투자하는 것도 좋습니다. 참고로 '상장지수펀드'로 흔히 번역되는 ETFExchange Traded Fund는 말 그대로 코스피200이나 삼성그룹주 등 특정 지수를 추종하는 펀드입니다. 그런데 상장지수펀드가 일반적인 펀드와 다른 점은 바로 주식처럼 매매할 수 있다는 점입니다. 따라서 일반적인 펀드에 비해 수수료도 싸고 매매도 자유로워서 최근 많은 인기를 끌고 있습니다.

이야기를 마무리하자면, ETF 투자 등을 통해 주식이나 채권 같은 다양한 자산에 분산 투자해야 할 뿐만 아니라 해외 자산에도 투자해야 한다는 것입니다. 물론 2008년 같은 경제위기가 닥치면, 해외 자산도 가치가 하락할지 모릅니다. 그러나 달러에 대한 원화 환율 급등으로 이미 '환차익'을 올린 상황이기에, 국내 자산보다 타격을 덜 입을 것입니다. 그러니 꾸준히 적립식으로 투자를 해나가면 장기적으로 수익이 나쁘지 않을 것으로 기대됩니다.

박종훈　　　방금 달러예금을 언급하셔서 제가 조금만 더 부연하겠습니다. 사실 2018년에 지인들이 재테크 방법을 물어보면 달러예금을 들어두시라고 조언했었어요. 당시에는 환율이 1달러에 1,050원 선까지 하락한 상태라서 어느 선까지 떨어질지 우려하던 시기였죠. 그래서 섣불리 달러를 사기가 쉽지 않았습니다. 그때 제가 세운 기준은 최근 3년간의 평균 원/달러 환율보다 싸면 조금씩 달러를 사서 정기예금을 들어두자는 것이었습니다. 제 계산으로 2018년 당시에 최근 3년간의 평균 환율은 1,120원 정도였거든요. 게다가 당시 달러예금의 금리가 시중은행 기준으로 2.5~3.1%였으니 국내 예금보다 이자도 더 높았던 셈입니다.

당시에 제가 달러예금을 가입하라고 조언할 수 있었던 배경에는 우리나라 반도체 호황, 그것도 '슈퍼사이클'이라고 불리던 수출 호조도 있었고, 남북 정상 회담에 따른 남북 관계 개선 무드도 있었습니다. 원래 반도체 호황이 시작되기 직전까지 우리나라 수출이 지속적으로 줄어든 탓에 미래가 정말 암울한 상황이었거든요. 그 시기의 환율이 1,240원 정도였으니까, 반도체 호황 사이클이 끝나면 환율이 올라갈 가능성이 더 크다고 봤던 겁니다. 그때 달러예금을 만드신 분들은 원화 금리보다 높은 은행 이자에 환차익까지 누렸을 겁니다.

그렇다면 이 책을 쓰고 있는 현재, 환율이 1,100원대 후반(2019년 9월 기준)인 상황에서 달러 투자가 적당할까요? 이건 상당히 어려운 질문인데요. 다만 방금 홍 박사님이 말씀하신 대로 일정한 비율을 정해 적립식으로 투자한다면 리스크를 줄일 수 있을 거라는 생각이 듭니다. 더구나 달러 금리가 우리 원화 금리보다 여전히 조금 더 높기 때문에 달러로 정기예금에 가입하는 데는 기회비용도 거의 없거든요. 제 경우에는 앞서 말씀드린 것처럼 최근 3년간의 평균 환율을 미리 계산한 다음 그 이하면 매달 일정 금액을 달러로 자동 환전하여 정기예금에 불입하도록 설정해놓았습니다. 은행에 가시면 이런 '자동 환전-자동 정기예금 가입' 상품이 있습니다. 이런 상품에 들어두면 평소에 신경을 쓰지 않고도 리스크를 최소화하면서 달러 투자를 할 수 있는 거죠.

달러로 분산할 때 달러 표시 자산인 미국 국채를 사두는 것도 좋은 대안입니다. 저는 2018년부터 미국 국채 투자를 강조해왔는데요. 다만 이 책이 출간된 시점에는 미 국채 가격이 너무 올라서 쉽게 권하기가 어려운 상황이긴 합니다.

여기에 한 가지만 더 추가하자면, 금 투자도 생각해본 밀레니얼이 있으실 겁니다. 경제위기가 닥쳐올지도 모른다는 위기감이 가시화될 때마다 골드바 같은 걸 사신다는 이야기를 들은 적이 꽤 있거든요. 그런데 금도 다 같은 금이 아닙니다. 골드바의 경우에는 구입과 동시에 부가가치세 10%가 붙고, 판매 수수료도 떼야 합니다. 결국 금 가치에 비해 15% 정도 비싸게 사는 거죠. 그런데 금값이 15% 수익을 내는 경우는 흔하지 않거든요. 그래서 저는 실물로서의 금보다 거래 비용이 적게 드는 금 통장을 소개해드리고 싶어요.

개념적으로는 달러예금과 똑같습니다. 은행에 금 통장을 개설하면 당일 국제 금 시세를 기준으로 적립해나갈 수 있습니다. 공임비, 부가가치세, 보관비가 전혀 없기 때문에 비용도 절감되고요. 이왕이면 주 거래 은행에 개설해서 우대고객으로 수수료율 인하를 요구하는 것도 방법입니다. 달러예금과 마찬가지로 미리 가격을 정하고 그 이하에서만 금을 자동으로 사도록 설정할 수도 있습니다. 예를 들어 1그램에 4만 8,000원 이하일 때만 매달 일정 금액을 적립하는 걸로 설정해두는 거죠. 금값이 폭등하기 전인 2018년까지 제가 직접 이 방법을 써봤는데 상당히 유용했거든요. 다만 사고팔 때의 수수료가 0.6~0.7%나 되고 이자소득세도 내야 한다는 점이 단점입니다.

더 좋은 방법은 KRX금시장에서 금을 사는 겁니다. 한국거래소가 운영하는 금시장이라 신뢰도가 높고 수수료도 가장 쌉니다. 게다가 앞서 말씀드린 금 통장과 달리 이자소득세는 물론 거래세도 없습니다. 다만 주식처럼 거래해야 하기 때문에 처음 투자하시는 분들은 조금 어렵다고 느낄 수도 있습니다. 또 주식시장과 같이 오후 3시 30분이면 장을 마감하기 때문에 저녁 6~7시까지 금 통장으로 입출금이 가능한 은행에 비해 거래 시간이 짧은 것도 불편

하긴 합니다. 그래도 모든 장단점을 고려했을 때 KRX금시장이 가장 좋은 금 투자 방법이라고 할 수 있습니다.

제가 2016년 말에 출간한 책에서도 달러와 함께 금을 포트폴리오에 넣어둘 필요성이 있다고 강조했었죠. 그 이유는 시세 차익을 노리기 위해서라기보다는 앞으로 닥쳐올지 모를 경기 불황이나 퍼펙트 스톰(크고 작은 악재들이 동시다발적으로 일어나면서 발생하는 절체절명의 초대형 경제위기)에 대비하기 위해서입니다. 세계 곳곳으로 위기가 번져나가는 최악의 상황에서는 금이 최후의 보루가 될 수 있기 때문이죠. 특히 금값은 달러인덱스(여섯 개 통화에 대비한 달러의 가치를 나타내는 지수)와 정반대로 움직이기 때문에 달러와 금에 동시에 투자하는 편이 리스크를 분산하는 데도 유리합니다.

다만 금은 달러와 달리 이자가 전혀 없기 때문에 너무 오랫동안 보유하게 되면 많은 기회비용이 발생하게 됩니다. 또 금은 안전자산이라는 우리의 인식과 달리 금값은 워낙 자주 출렁거리거든요. 이 책이 나온 시점에는 금값이 갑자기 치솟은 상황인 만큼 굳이 너무 비쌀 때 추격 매수를 하기보다는 금값이 출렁거리는 틈을 노려 조금씩 분할 매수하는 편이 좋을 것 같습니다. 금은 시세 차익보다는 위기에 대비한 보험 정도로 생각하는 것이 좋은데요. 헤지펀드의 제왕으로 불리는 레이 달리오는 금융 시장의 극심한 변동성에 대비해 금융자산의 7.5% 정도를 금으로 보유할 것을 권한 바 있습니다.

홍춘욱　　　저는 개인적으로 금 투자는 선호하지 않습니다. 금은 장기적으로 시세가 오르지 않는다면, 손해 볼 확률이 높거든 요. 그 자체로는 사용가치도, 이자도, 배당금도 없습니다. '월가의 현인'으로 칭송받는 투자자 워런 버핏은 지난 2001년 국제 금값이 급등할 때, "금에 투자하는 것은 어리석은 행동"이라고 지적한 바 있습니다. 가치를 만드는 생산적인 투자가 아니기 때문이죠.[17] 게 다가 금은 통장에서 인출하는 순간 또 부가세를 내야 합니다. 박 기자님의 말씀처럼 차라리 KRX금시장을 통해 거래하시는 것이 수수료 절감 차원에서 나을 겁니다. 그러나 그 역시도 금을 팔 때 는 세금을 내야 하죠. 긴 호흡을 요한다는 점에서 밀레니얼 세대 가 선호할 만한 투자처는 아니라는 생각도 들고요.

고수익 투자 상품의 유혹

　　　　　— 대부분이 '포기' 상태라고 해도 자산 증대와 투자에 관 심이 높은 밀레니얼들도 있다. 이자율이 낮아서 적금을 드는 것도 싫고, 주식은 위험 부담이 커서 싫다며 고수익 고위험 P2P 펀딩에 투자하는 밀레니얼 세대도 존재한다. 위험 자산에 과감히 투자하는 경향에 대해선 어떻게 생각하는가.

박종훈　　　지금과 같은 저금리 저수익 시대에는 10% 안팎의 수익률을 내는 P2P^{Peer-to-Peer} 대출이 달콤하게 느껴집니다. P2P 대출은 온라인 플랫폼 운영자가 특정 대출상품을 게시해 불특정 다수의 투자금을 모은 다음 차주에게 빌려주는 방식입니다. P2P 대출 업체는 차주에게 원금과 이자를 받아 투자자에게 돌려주고, 중개 수수료를 받아 이익을 얻지요. 이들은 자체 대출에 규제를 받기 때문에 '통신판매업'으로 등록한 뒤, '대부업' 자회사를 설립해 대출을 실행합니다.

하지만 은행 금리를 넘어서는 수익률에는 반드시 어느 정도의 위험성이 있음을 명심해야 합니다. 사실 은행 예금이 아닌 이상 원금을 100% 보장하는 재테크는 눈을 씻고 찾아봐도 없어요. 특히 P2P 투자, 그리고 P2P 대출의 경우 리스크의 성격이 기존 재테크와는 다소 다른 양상을 띠고 있다는 점을 명심하셔야 합니다.

워낙 금융상품의 수익성이 낮아지다 보니, 조금 위험하더라도 고수익의 상품에 눈을 돌리는 지금 청년 세대의 마음을 모르는 것은 아닙니다. 물론 가끔은 성공 신화가 등장하기도 하죠. 하지만 저수익의 시대, 그리고 좀처럼 소득이 늘어나지 않는 시대에는 한 번만 투자에 실패해도 충격이 큰 법입니다. 워낙 수익률이 낮아서 손실을 메우는 데 이전보다 오랜 시간이 걸리기 때문이죠. 우리보다 먼저 저수익 시대를 경험한 일본인들이 투자에 더욱 보수적이 될 수밖에 없었던 이유이기도 합니다. 이런 측면에서 P2P 대출에 투자를 해보시려는 분들은 위험성을 명심해야 합니다. 높은 수익률은 공짜가 아닙니다. 높은 위험도를 수반할 수밖에 없다는 얘기죠.

해외 투자도 마찬가지입니다. 최근 베트남이나 인도 같은 개발
도상국의 주가 상승 추이를 보면, 조금이라도 빨리 이런 나라의
주식시장에 투자해야 하는 것이 아닌가 하는 조바심이 들 수도 있
습니다. 하지만 해외 투자는 결코 쉽지 않습니다. 다른 나라에 투
자할 때는 단지 주가지수만 보면 안 되기 때문이죠.

대표적인 사례가 지금 국내에서 인기 투자처로 떠오른 베트남입
니다. 베트남 주식시장이 인기를 끈 것은 처음이 아닙니다. 2006년
베트남 주가가 폭등하기 시작하자 베트남 펀드가 상당한 인기를
끌었습니다. 하지만 당시 베트남 펀드에 가입했던 사람들은 대부분
큰 손해를 봐야 했습니다. 주가지수가 하락한 것은 물론 베트남 동
Vietnamese đồng · VND화의 가치가 폭락해 이중으로 타격을 받았기 때문
입니다. 투자한 원금의 5분의 1만 간신히 건진 사례도 있었습니다.

개발도상국의 통화가치는 주가지수보다 급변하는 경향이 있기
때문에 개발도상국에 투자할 때는 상당히 주의해야 합니다. 베트남
동화는 1986년 1달러에 23동에서 2018년 2만 3,000동으로 32년 만
에 통화가치가 1,000분의 1로 떨어진 것으로 유명합니다. 이처럼
통화가치가 추락한 이유는 첫째, 물가 상승률이 선진국과 비교도
안 될 만큼 높은데다, 둘째, 정부에서 수출을 늘리기 위해 통화가치
를 인위적으로 낮추기까지 했기 때문입니다. 게다가 정치적 불안
정성도 환율을 급변하게 만드는 중요한 요인입니다.

이처럼 개도국에 투자했다가 환율 때문에 낭패를 본 사례는 브
라질 국채 투자에서도 찾아볼 수 있습니다. 2011년부터 브라질 국

채가 특히 은퇴한 자산가들 사이에서 큰 인기를 끌었습니다. 당시 브라질 국채는 연 10% 안팎의 높은 금리를 제공한데다 한국과 브라질 양국의 조세 협약에 따라 브라질 국채의 이자소득이나 환차익에 대해 세금을 한 푼도 낼 필요가 없었기 때문입니다. 저수익 저금리 시대에 브라질 국채는 그야말로 황금 알을 낳는 거위처럼 보였습니다. 그러나 당시 브라질 국채를 산 사람들 역시 대부분 큰 손해를 봐야 했습니다. 2012년 1월 1헤알^{Real}(브라질 통화 단위)에 680원에서 2019년 9월 280원대로 브라질의 통화가치가 추락했기 때문입니다. 아무리 이자를 받아도 환율이 반 토막 나는 바람에 아무런 소용이 없었습니다.

그러므로 개발도상국에 투자하려면 그 나라의 물가 상승률을 잘 살펴봐야 합니다. 물가 상승률이 높은 개발도상국의 통화가치는 폭락하기 쉽거든요. 또한 그 나라의 정치적 안정성과 국제투명성 기구가 발표하는 부패인식지수도 중요합니다. 제아무리 빠른 성장을 하던 나라라도 군부 쿠데타 한 번이면 순식간에 나락으로 떨어지기 때문입니다. 우리나라에서 각종 자산의 수익률이 크게 떨어지고 있기 때문에 해외 투자가 앞으로 대세가 될 가능성이 큽니다. 해외 투자는 어쩔 수 없는 선택이지만, 공부를 하지 않고 해외 투자에 나섰다가는 큰 곤경에 처할 수도 있다는 점을 명심해야 합니다.

또한 제아무리 고수익을 약속하는 투자라도 해당 금융상품의 구조를 잘 모르는 경우에는 투자를 자제하는 것이 좋습니다. 대표적인 사례가 2019년 8월에 있었던 독일 국채 금리연계형 파생결합

증권^{DLS}상품의 대규모 투자 손실 사태입니다. 많은 투자자들이 믿을 만한 독일 국채에 투자했기 때문에 안전할 것이라고 생각했지만, 이는 완전한 착각이었습니다. 이 상품은 독일 국채 금리가 하락하면 큰 손실을 보는 구조였거든요. 그런데 독일 국채가 가장 안전하다는 생각 때문에 글로벌 경제에 대한 불안 심리가 커지자 독일 국채 수요가 폭발적으로 늘어났고, 그 결과 금리가 폭락하는 바람에 투자자들은 심지어 원금의 95%에 이르는 손실을 봤습니다.

홍춘욱　　　네. 그 원리를 조금 더 설명해보면 이렇습니다. 우선 금리연계형 파생결합증권이란 금리나 환율, 국제유가 등을 기초자산으로 하는 파생금융상품으로 기초자산의 가격에 따라 수익률이 결정됩니다. 방금 박 기자님이 말씀하신 DLS 상품은 독일 국채 10년물 금리에 연계되어 있었습니다.[18]

이런 상품의 구조에 대해 간단하게 설명하자면, 기본적으로 '옵션' 상품입니다. 지금 한국 금리가 1%대인데, 이 금리 수준보다 높은 수익률을 보장하기 위해서는 어떤 상품을 '매도^{sell}'하지 않으면 안 됩니다. 예를 들어 향후 5년간 독일 국채 금리가 −0.5%를 밑돌 경우 큰 손실을 보는 유럽의 은행 A가 있다고 가정해보죠. A은행 입장에서는 어떻게든 이 위험을 회피하고 싶을 것입니다. 물론 금리가 −0.5%를 계속 웃돌면 좋겠지만, 만에 하나 −0.5%를 깨고 내려갈 위험에 대비하고 싶을 것입니다. 결국, A은행은 다음과 같은 옵션 상품을 설계하게 됩니다. 5년 내에 독일 국채 금리가 −0.5%를 한번이라도 깨고 내려가면 이익을 보는 상품을 만드는 것입니다. 이렇게 하면 만에 하나 금리가 −0.5%를 밑돌더라도 충격을 상쇄할 수 있을 테니까요. 물론 거래 상대방이 있어야 이 효과를 누릴 수 있습니다. A은행이 넉넉한 프리미엄(옵션 매도 시에 받을 수 있는 이익)을 제시하면 거래 상대방이 나타날 수도 있죠. 이때 한국의 DLS 가입자들이 거래 상대방으로 부각되었습니다. 이제 정리해보죠.

옵션 매수자 A은행: '5년 내에 독일 국채금리가 −0.5%를 밑돌면 이익을 보되, 반대로 −0.5%를 밑돌지 않으면 손실을 보는' 포지션 구축

옵션 매도자 한국의 DLS 가입자: '5년 내에 독일 국채금리가 −0.5%를 밑돌면 손실을 보되, 반대로 −0.5%를 밑돌지 않으면 이익을 보는' 포지션 구축

이 옵션 거래 덕분에 DLS 가입자들은 그동안 높은 금리의 혜택을 누렸습니다. 옵션 매도 과정에서 발생했던 프리미엄 덕분이죠. 그러나 독일 국채 금리가 −0.5%를 밑도는 순간, 대규모 손실이 발생합니다. 그리고 이 손실만큼 유럽의 A은행은 이익을 보았을 것입니다. 물론, 이상의 상품 구조는 대단히 단순화해서 설명한 것입니다. 유럽의 A은행이 한국의 DLS 가입자와 직접 거래한 것이 아니라, A은행은 상품을 설계한 다음 이를 세계 각국의 증권사에 팔았을 테니까요. 그리고 증권사들은 자신들의 고객에게 직접 팔거나 혹은 은행을 통해 판매를 했겠죠.

이상의 거래에서 보듯 고수익에는 나름의 '이유'가 있습니다. 그러

니 예상 수익률이 좋다고 상품에 가입해서는 안 됩니다. 이름이 낯설고 또 복잡한 설명이 따르는 상품에는 우리가 알 수 없는 위험이 있을 수 있다는 점을 꼭 기억하시면 좋겠습니다.

밀레니얼은 기업의 미래를 바꿀 수 있을까

— 밀레니얼 세대가 미국에서도 암호화폐, 즉 비트코인이나 이더리움 등 블록체인을 기반으로 한 화폐들에 상당한 관심과 투자 의향을 보이고 있다고 한다. 또 한 조사에 따르면 가상화폐에 투자하려는 의향을 밝힌 밀레니얼 세대가 27%나 됐다고 한다. 국내에서도 20~30대를 중심으로 비트코인 투자 열풍이 일었다. 이런 투자성향을 갖고 있는 것도 세대적 경향이라고 봐야 할까? 그리고 이들의 투자는 괜찮은 걸까?

박종훈 밀레니얼 세대가 비트코인에 열광했던 몇 가지 이유가 있습니다. 첫 번째는 바로 기성세대의 자산이 아니라는 점입니다. 전통적인 부의 축적 수단이었던 부동산, 주식은 기성세대의 영역이라는 생각이 있는 거죠. 이미 기성세대가 끌어올려서 가격이 높게 형성되어 있기 때문에 밀레니얼 세대가 보기에는 '비싸게 사야 하는' 자산들인 거죠. 그런데 비트코인은 우리가 새로 시작하는 우리만의 리그, 새로운 블루오션과 같은 투자처였던 거예요. 두 번째는 다른 자산들에 비해 밀레니얼 세대가 기술과 정보의 우위에 서 있는 영역이라는 점이에요. 대부분의 기성세대가 비트코인이 무엇인지, 채굴은 왜 하는 건지 이해를 못 하고 있잖아요. 여기서 발생하는 자신감 같은 것들이 이 세대의 투자 경향에 반영된 거죠.

그런데 문제는 이러한 진입 장벽이 밀레니얼 세대가 우위에 설수 있는 조건이 되기도 하지만 반대로 비트코인의 자산 가치 상승에 일정한 한계를 만든다는 점입니다. 원래 주식이든 부동산이든 엄청난 가격 상승과 호황으로 연결되려면 좀처럼 투자와 거리가 멀 것 같은 일반 대중까지 해당 시장에 뛰어들어야, 그렇게 수요가 늘어야 자산 가격의 이례적인 폭등이 가능하다고들 하거든요. 그래서 저는 세계 여러 나라에서 기성세대의 적극적인 동참이 시작되지 않는다면 암호화폐시장의 성장은 제약받을 거라고 생각합니다.

비트코인의 가격 변동 추이[19]를 살펴보면 초기에는 금의 대체재로서, 또는 금과 경쟁관계로서 금값과 같은 방향으로 움직인다고 생각하는 분들이 있었습니다. 워낙 새로운 투자 형태라 아직 예단하기는 쉽지 않지만, 지금까지의 행보로 볼 때 금의 대체자산으로 보기에는 어려운 측면이 있습니다. 대표적인 시기가 바로 2018년 말이죠. 비트코인 가격이 연일 폭락할 때 금 가격은 오히려 가파른 상승세를 보였거든요. 또 비트코인 가격이 주춤하기 시작한 2019년 7월 이후 금값은 본격적인 상승세를 이어갔습니다. 아직 데이터가 충분하지 않지만, 암호화폐는 금융시장의 풍부한 유동성이 끌어올린 시장이라고 보는 것이 더 맞지 않을까 조심스

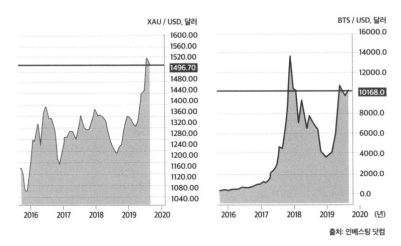

국제 금 가격 변동 추이	비트코인 가격 변동 추이
XAU / USD, 달러	BTS / USD, 달러

출처: 인베스팅 닷컴

레 추측해봅니다. 만일 그렇다면 암호화폐에 대한 투자는 경기 방어적인 투자라기보다는 순응적인 투자로 봐야 할 것 같습니다.

그런데 기본적으로 암호화폐가 갖는 장기적인 약점은 상속이 불투명하다는 점입니다. 당연하게도 부동산은 물론, 예금이나 보험금 등 대부분의 자산은 얼마든지 상속이 가능합니다. 우리나라의 '안심 상속 원스톱 서비스'처럼 대부분의 나라가 돌아가신 분의 재산을 상속할 방법을 마련해놓았기 때문입니다. 그런데 암호화폐는 가상지갑에만 넣어둔 경우 완전히 공중에서 사라질 수도 있습니다. 실제 사례도 많고요.

2013년 8월, 26세의 매슈 무디라는 청년이 경비행기를 타다가 추락 사고로 사망했습니다. 아버지인 마이클 무디는 아들이 생전에 비트코인 채굴에 열중했음을 알고 있었고, 수십, 수백억 원에 이르는 자산을 갖고 있을 것으로 추정했습니다. 하지만 아버지는 아들의 비트코인을 끝까지 찾지 못했습니다.

또 2018년 4월에는 저명한 암호화폐 투자자인 머튜 멜론이 사망했는데요, 그는 사망 직전 〈포브스〉지가 선정한 암호화폐 억만장자 순위에서 5위에 오르기도 했습니다. 당시 〈포브스〉지가 추정한 그의 암호화폐 자산은 10억 달러, 우리 돈으로 1조 2,000억 원 정도였습니다. 그런데 그가 암호를 누구에게도 알려주지 않고 갑작스럽게 사망하는 바람에 이 돈은 영영 찾을 수 없게 되었습니다. 암호화폐 전문 분석 회사인 체이널리시스Chainalysis는 이 같은 이유로 이미 비트코인의 25%가 영원히 사라졌을 거라는 추정을 내놓았죠.

비트코인은 64자리에 이르는 복잡한 키파일이 한 번만 발급됩니다. 다른 사이트처럼 비밀번호를 기억하지 못할 때 개인정보를 입력하는 방식으로 재발급을 받는 것도 불가능합니다. 또한 생전에 가족 등 타인에게 비밀번호를 알려주는 것도 쉽지 않습니다. 암호만 알려주면 암호화폐의 특성상 언제든 돈을 빼갈 수 있고, 추적이나 반환이 어렵기 때문입니다. 암호화폐는 그 이름처럼 암호가 가장 중요하기 때문에 암호를 알려주는 순간 사실상 증여를 해준 것이나 다름없거든요.

결국 예고된 죽음이 아니면 상속이 매우 까다롭고 암호화폐 자산은 영원히 가상세계에만 남아 있을 수도 있다는 것이죠. 이에 대한 보완책을 연구하고 있다고는 하지만, 암호화폐가 세대를 넘어 영속적인 자산으로 계속 계승되어나갈 수 있을지 의구심이 생기는 대목입니다.

홍춘욱 　　　　고백하자면, 제가 암호화폐의 원리를 아직까지 정확히 이해하지 못한 이전 세대에 해당하죠(웃음). 책도 꽤 여러 권을 읽어봤는데도 그래요. 그래서 밀레니얼 세대에게 여기에 투자해라, 하지 마라 조언은 못 하겠네요. 그럼에도 이런 암호화폐에 투자하고 싶다는 분들에게 드릴 말씀은 있어요.

모든 투자는 결국 투자자가 하고 싶으면 하는 거죠. 다만 손실이 나더라도 내 전체 자산에 크게 영향이 없을 정도로만 투자하면 별 문제가 없습니다. 비트코인을 비롯한 암호화폐는 지금 누가 보더라도 안전 자산으로 보기 어렵잖아요. 대신 높은 투자 수익이 예상되다 보니, 다들 '열풍' 수준으로 투자에 뛰어들었죠. 만일에 비트코인이 수백, 수천 배씩 폭등할 거라고 예상한다면 조금만 사두어도 되지 않겠습니까?

비트코인의 미래를 낙관하시는 분들은 장차 암호화폐가 모든 통화 시스템을 대체할 거라고까지 예상합니다. 그런데 전 세계 연기금의 총자산 규모는 약 45조 달러로 추산됩니다. 전 세계의 GDP가 약 70조 달러이고, 금융기관들이 보유한 펀드 등의 자산이 100조 달러 정도입니다. 중복 계산된 부분도 당연히 있겠지만, 어쨌든 전 세계의 자산을 200조 달러로 상정해보죠. 그런데 채굴 과정을 거치느라 발행 속도가 낮을 수밖에 없는 특정 암호화폐가 전 세계의 통화 시스템을 대체하려면, 해당 암호화폐의 가격이 엄청나게 상승해야 한다는 말이잖아요. 지금 수백만 원만 투자해도 훗날 몇백억 원 정도의 가치가 되겠죠. 그러면 그냥 수백만 원만 투자해도 되지 않을까, 그런 생각이 들더라고요.

인생을 건 투자는 무모합니다. 게다가 앞에서 말씀드렸듯이, 저수익 저금리 환경에서 살아갈 밀레니얼 세대가 투자 손실을 만회하기는 그만큼 어렵겠죠. 굳이 이렇게 변동성이 큰 자산에 거의 전 재산을 투자하겠다는 분이 있다면 그건 무모한 짓입니다.

박종훈　　　아이러니하게도 그러한 급격한 변동성이 밀레니얼 세대를 끌어들이는 요소가 된다는 점이 흥미롭죠. 이들의 취향과 문화의 변화 속도도 빠르고요. 앞에서 홍 박사님이 이 세대의 투자성향과 금 투자가 별로 어울리지 않을 수도 있다고 하셨잖아요. 그런 면에서 비트코인과 같은 투자처가 이들에게 왜 매력적으로 보였을지는 충분히 이해할 만합니다. 그러나 중요한 것은 위험 자산 투자에 대한 원칙입니다.

— 이 세대가 비트코인 투자에만 관심을 갖는 것은 아니다. 밀레니얼 세대가 환경과 사회적 정의에도 관심이 높다는 것은 익히 알려진 사실이다. US트러스트의 조사에 의하면, 밀레니얼 세대의 32%가 기업에 투자한다면 '사회적 기업에 투자하고 싶다'고 밝혔다. 이전 세대가 15%에 그쳤던 것에 비하면 분명 차이가 있다. 밀레니얼의 투자성향은 기업의 미래를 바꿀 수 있을까.

홍춘욱　　　이전 세대와 구분되는 밀레니얼 세대의 투자성향이라는 것이 있는지에 대해서는 이견이 있을 수도 있습니다. 그러나 앞에서 언급했던 것처럼, 이 세대가 저희 세대에 비해 공정함, 지속 가능한 사회, 정의, 평등 등의 가치를 더 소중히 여긴다는 점은 인정합니다. 이것이 투자성향과 기업의 미래까지 좌우할지를 묻는다면 저는 아직 그러기에는 조금 이르다라고 답할 수밖에 없을 듯합니다. 기본적으로 이 세대가 기업 투자에까지 영향을 미칠 만큼의 자산을 형성하지 못했거든요.

제가 국민연금에 재직할 때부터의 추이를 보더라도, 연기금 등의 상당수 기관투자자들이 스튜어드십 코드^{stewardship code}(수탁자책임원칙), 즉 자산 운용사가 지는 성실한 관리인으로서의 의무 정도로 아주 기본적인 수준의 사회책임투자^{social responsible investment}(기업의 재무적 성과뿐 아니라, 인권·환경·노동·지역사회 공헌도 등 다양한 사회적 성과를 잣대로 기업에 투자하는 것)만 했다는 거죠.

그런데 갈수록 지역별로 조금씩 편차를 보이기 시작했습니다. 사회책임투자의 비율이 아시아 지역은 정말 미미한 수준인데 미국은 약간 올라가 있죠. 유럽의 경우 노르웨이의 국부펀드^{GPF}, 네덜란드의 공적연금^{ABP} 등을 중심으로 엄격하게 사회책임투자 비율을 높여가는 추세입니다. 가장 대표적인 예인 ABP는 2017년 말 그린본드에만 348억 5,000만 유로를 투자하는 등 적극적인 행보를 보이고 있습니다. 참고로 그린본드란 기후와 환경 관련 프로젝트를 위해 발행된 채권을 뜻합니다. 그린본드는 자산담보부 증권^{asset-backed bond}의 형태로 발행되며, '기후채권'이라고도 불립니다. 만일 전 세계의 밀

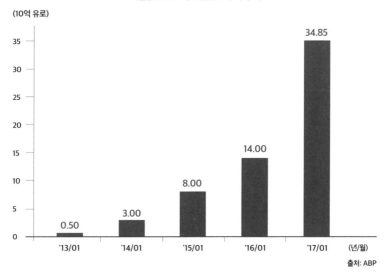

네덜란드 ABP의 그린본드 투자 추이

(10억 유로)

출처: ABP

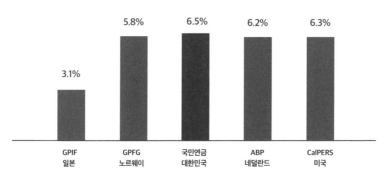

2001~2017년 세계 주요 연기금 수익률 비교

출처: 국민연금

레니얼 세대가 기업 투자에서도 사회적 책임을 중시하는, 유의미한 목소리를 내게 된다면 아마도 연기금 투자 비율에도 변화가 생길 것입니다. 다만, 이러한 투자의 수익률이 높을 거라는 보장은 없습

밀레니얼 이코노미

니다.

최근에 벤처투자 업계에서도 소위 '임팩트 투자'라고 해서 투자 행위를 통해 수익을 추구하는 것뿐만 아니라 사회나 환경에 긍정적인 영향을 미치는 사업이나 기업에 투자하려는 움직임이 나타나고 있습니다. '착한 펀드'라 불리는 ESG(환경·사회·지배구조) 펀드 같은 상품들도 있고요. 그런데 문제는 이러한 선한 의도를 가진 임팩트 투자가 높은 수익률을 보여주는가가 자본주의 경제에서는 더욱 중요하다는 거죠.

오늘 이 순간에도 수천수만의 플레이어가 싸우고 있는 무대가 글로벌 주식시장입니다. 그들은 오직 수익률로 경쟁하는 거잖아요. 이러한 기본적인 전제를 제쳐두고도 사회기업투자가 지속 가능할까요? 그건 당연히 아니죠. 임팩트 투자가들 역시 수익률을 절대 포기할 수 없는 투자 조건을 내세우고 있고요.

실제로 사회책임투자를 내세운 유럽 연기금의 수익률이 높지 않거든요. 지난 20년간 전 세계 연기금들의 수익률을 비교해보면, 대형 연기금을 기준으로 우리나라 국민연금의 수익률이 1위입니다. 그런데 국민연금은 사회책임투자에서는 정말 초보적인 단계에 머물러 있거든요. 그래서 이 문제가 그리 쉬운 것은 아니라는 말씀을 드리는 겁니다.

개인 투자자로서는 개인의 가치판단에 맞게 투자처를 선택할 수가 있겠죠. 무기 개발 회사나 담배 회사에 투자하지 않는 식으로요. 그런데 자산시장 전체에 영향을 미칠 만큼 한 세대의 선호와 가치가 반영되려면 얼마나 무수한 변수와 경제 여건을 고려해야 할까요. 결국 이 지점은 정치의 문제와 맞닿아 있습니다. 수익률을 다소 포기하더라도 한 사회가 중요한 가치를 부여하는 투자로 이동하는 것은 그러한 사회적 콘센서스^{consensus}가 형성되어야 하는 문제입니다.

박종훈　　　그런데 미국에서 흥미로운 변화들이 감지된 경우들이 있어요. 미국은 총기 규제가 정말 뜨거운 논란거리잖아요. 그런데 그 위험성에 대한 상당한 공감대에도 불구하고 이전 세대는 큰 변화의 움직임을 보이지 않다가 미국의 청소년들, 그러니까 어린 밀레니얼 세대나 Z세대가 총기 규제의 필요성에 대한 동영상을 공유하고 총기 관련 기업들에 공개적으로 반발하기 시작했어요.

특히 2018년 2월 미국 플로리다주의 고등학교에서 총격 사건이 일어나 17명이 목숨을 잃었는데요, 이후 학생들의 태도는 이전 세대와는 완전히 달랐습니다. 어린 학생들이 수업을 중단하고 시위를 하는 전통적인 항의 방식에만 뛰어든 것이 아니라 인터넷과 SNS를 통해 꾸준히 자신들의 주장을 알리고 있는 것입니다. 미국 언론도 이때가 미국 총기협회가 가장 긴장했던 시기라고 언급했죠. 변화는 그렇게 시작될 수도 있습니다.

이는 소비에도 영향을 미치죠. 저희 세대는 입바른 소리는 잘해도 실천에 옮기지는 못하는 세대잖아요(웃음). 그런데 밀레니얼은 생각을 곧장 실천에 옮기더라고요. 요새는 같은 물건을 사더라도 착한 기업의 것을 골라서 삽니다. 최근 일본과의 무역 전쟁 속에서 '노노재팬' 사이트를 적극적으로 방문해서 SNS상으로 리스트를 공유하고 '일본 제품 불매운동'에 앞장선 세대도 밀레니얼 세대와 청소년들입니다. 게다가 단순히 특정 기업의 제품을 사지 않는 것에 그치지 않고, 이를 대체할 국산 제품을 구매하고 이를 공유하는데다 일본 자본이 투자한 기업들의 지분구조까지 확인해보는 수준에 이르렀단 말이죠. 이 과정에서 밀레니얼 세대와 Z세대의 역할이 컸다고 봅니다.

사실 불매운동이 시작되기 전에 실시된 여론조사를 보면 일본에 대한 호감도는 10대나 20대가 다른 세대보다 높은 편이었습니다. 그런데도 10~20대의 불매운동이 가장 뜨거운 것을 두고 여러 가지 해석이 나오고 있습니다. 우선 이들은 일본과 우리나라의 격차가 현격히 줄어든 상황에서 어린 시절을 보낸 탓에 과거 기성세대와는 달리 일본에 대한 열등감이 전혀 없습니다. 그러다 보니 아베 총리를 비롯한 일본 관료가 우리나라를 한 수 아래인 나라로 취급하는 것에 대한 불쾌감이나 분노가 더욱 컸던 거지요.

또 밀레니얼 세대와 Z세대는 위안부나 강제징용 문제를 단순히 국가나 민족의 문제가 아닌, 인류 보편의 가치와 정의를 훼손한 것으로 본다고 합니다. 그래서 윤리적 소비를 중시하는 밀레니얼 세대와 Z세대가 일본 제품에 대한 전방위적인 불매운동에 적극적으로 참여하는 측면도 있습니다. 과거 기성세대는 일본과의 갈등이 불거지면 일장기를 불태우거나 일본 대사관에 오물을 투척하는 등의 과격한 행동을 했지만 정작 불매운동은 단발로 끝나곤

했죠. 하지만 밀레니얼 세대는 각자 불매를 행동으로 옮기고 지속적으로 지켜나가고 있다는 점에서 이전 세대와 확연히 차이가 납니다.

일본도 이처럼 달라진 밀레니얼 세대의 행동을 전혀 예측하지 못했던 것 같아요. 초반에 일본의 주요 인사들이 불매운동을 비하하는 발언을 일삼다가 지금은 내심 크게 당황하고 있는 듯합니다. 이처럼 밀레니얼 세대가 제품을 구매할 때는 성능이나 가격뿐만 아니라 기업의 윤리의식과 사회적 논란을 적극적으로 고려합니다. 그 대표적인 사례가 바로 밀레니얼 세대에게 착한 기업으로 자리 잡은 오뚜기의 약진입니다.

오뚜기는 소비자물가 안정에 기여하겠다며 2008년 이후 11년간 대표 라면의 가격을 인상하지 않았습니다. 덕분에 네티즌에게서 '갓뚜기(GOD+오뚜기)'라는 별명을 얻었고요. 또한 오뚜기는 인터넷에서 사회 공헌 활동, 고용 행보 등 여러 미담 사례가 알려지면서 2017년 라면시장 점유율을 2014년의 18.3%에 비해 1.4배가량 증가한 25.6%로 높였습니다. 게다가 2016년부터는 명예회장의 오랜 사회 공헌 활동과 투명한 승계 과정이 공개되면서, 홍보대사를 자청하는 네티즌도 생겨났습니다. 당시는 기

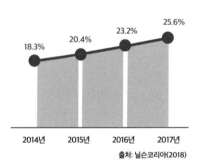

오뚜기의 국내 라면 시장점유율

18.3%   20.4%   23.2%   25.6%

2014년   2015년   2016년   2017년
출처: 닐슨코리아(2018)

업 총수들의 불법과 탈법 이슈들이 이어지던 시기라 오뚜기는 더욱 화제가 되었죠.

그래서 저는 기본적으로 투자는 수익률 싸움이라는 홍 박사님의 말씀에 대체로 동의합니다만, 좀 더 부연하자면, 밀레니얼 세대의 자산 규모가 커지고 사회경제적 여건이 나아지게 되면 분명투자에까지 영향을 미칠 거라는 생각이 강하게 들어요. 아직은 예단하기 이르지만, 변화의 조짐이 조금씩 나타나고 있습니다.

Chapter 7

'58년 개띠' 세대의
은퇴와 부의 대물림

— 한편 밀레니얼 이코노미를 맞이할 한국은 이미 고령화 사회로 진입했다. 고령화 문제는 사회적으로도 중요하지만, 경제적 관점에서도 의미가 있다. 밀레니얼의 부모 세대인 베이비붐 세대, 대표적으로 '58년 개띠'의 은퇴는 한국 경제에 어떤 파급효과를 가져올까? 자산을 어느 정도 형성한 58년 개띠 세대의 경우, 은퇴와 동시에 임대사업자로 변신하는 경우가 많다는데, 어떤 배경이 작용한 것인가.

'58년 개띠'는 왜 임대사업자가 되었을까

박종훈　　　네. 국내에서도 1차 베이비붐 세대의 은퇴가 시작됐습니다. 이 세대는 사실 외환위기 때 일자리를 잃었던 경험도 있는 세대죠. 당시 많은 사람들이 자영업에 뛰어들었습니다. 하지만 본인을 비롯하여 동료, 선후배들이 퇴직금으로 치킨집을 차렸다가 5년도 버티지 못하고 망하는 모습을 지켜보고 또 직접 경험하기도 했습니다. 5년을 버틴 자영업자가 전체의 20%도 되지 않는다는 통계를 많이들 들어보셨겠죠? 다섯 명 중 네 명은 폐업을 했다는 거죠. 그래서 우리 사회 전반에 걸쳐서 이 시기의 '학습효과'가 상당했습니다. 그런 그들이 대부분 직장에서 물러나는 시기가 온 겁니다. 60대가 된 그들이 다시 치킨집에 도전할까요? 쉽지 않죠.

그런데 이들이 경험한 삶에서 유일하게 '불패 신화'로 남아 있는 자산시장이 있습니다. 바로 부동산입니다. 사업은 힘들었지만 꿋꿋하게 지켜낸 집 한 채, 특히 서울의 주택 가격은 엄청난 수준으로 상승했죠. 자연스럽게 부동산만 한 재테크, 노후 대비책이 없

연도별 임대사업자 및 임대주택 등록 추이

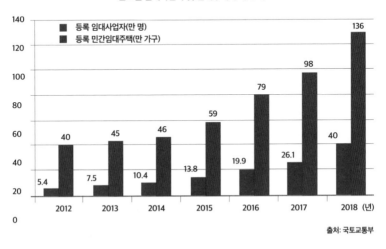

출처: 국토교통부

다는 결론에 이르게 됐습니다. 그로 인해 일정 수준 이상의 자산을 보유한 은퇴 세대들은 새로운 사업에 뛰어들기보다 임대사업자로 변신하게 됐습니다. 실제로 임대사업자가 보유한 주택 수는 2012년 40만 호가량에서 2018년 136만 호까지 늘어났습니다.[1] 6년 만에 약 3배로 점프한 거죠.

게다가 정부의 제도적 지원도 있었습니다. 가장 가시적인 변화를 만든 것은 이명박 정부 당시 경기 부양을 위해 임대사업자에게 세제 혜택을 제공한 것입니다. 아시다시피 2013~2014년 부동산 침체기에 '하우스 푸어'가 늘어나면서 사회문제로 대두했었죠. 정부는 집값을 부양하기 위해 고민이 깊어졌습니다. 그때 등장했던 제도들이 주택연금 강화와 임대사업자에 대한 세제 혜택이었습니다. 임대사업자로 등록하면 종합부동산세를 전액 감면해주고, 재산세와 임대소득세도 감면해주었죠.

가장 강력한 혜택은 양도세를 대폭 낮춰준 것이었습니다. 그야말로 부동산 관련 세금을 거의 모두 감면해준 셈입니다. 결국 임대사업자들이 주택을 더 구입하도록 유도한 거죠. 심지어 당시에는 이 정책이 진보 진영에서도 환영받았습니다. 다주택자가 임대사업자로 전환하면 임대시장도 투명해지고 임대 공급도 늘어나는 효과를 기대할 수 있다는 이유에서였죠. 결국 이러한 제도적 지원 덕분에 베이비붐 세대는 은퇴 자금으로 '나도 임대사업이나 해볼까?'란 생각을 하게 됐습니다.

홍춘욱　　　저는 이런 전환에도 금리가 결정적인 원인이 되었다고 생각합니다. 박근혜 정부의 소위 '초이노믹스Choinomics(최경환 경제부총리의 경제 정책)' 시절 예금 금리가 연 3% 이하로 내려갈 때 서울과 경기 지역 오피스텔의 전월세 전환율,[2] 즉 월세 임대 수익률이 10%에 가까웠습니다. 공실을 고려해도 상당히 높은 수익률을 보였던 겁니다(지금은 금리도 1%대로 낮아졌지만, 2019년 8월 기준 서울 지역의 월세 임대 수익률도 5%대로 떨어졌다). 당시에 대출을 받아서 임대사업을 벌이면 수익이 상당히 쏠쏠했던 거죠. 그리고 아파트의 경우는 대부분 월세보다는 전세나 반전세를 놓잖아요. 상당히 높은 전세 보증금을 충당하기 위해 전세대출을 받으시는 분들은 대체로 금융권 신용도가 높습니다. 은행에서 요구하는 서류와 자격 조건들을 모두 검증받으신 분들이죠. 이러한 이유로 임대사업자 입

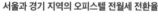

서울과 경기 지역의 오피스텔 전월세 전환율

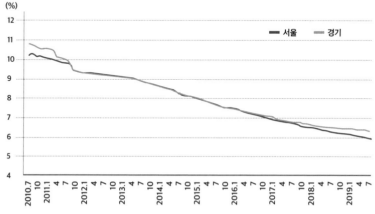

출처: KB 부동산

장에서는 아파트 갭투자가 오피스텔 투자에 비해 리스크도 적었던 거고요. 게다가 집값이 오르기 시작했잖아요. 그래서 2010년 전후로 소형 아파트에 많이들 투자했습니다.

그러면 정부는 이런 민간 임대사업자들에게 왜 혜택을 주기로 했을까요? 박 기자님의 말씀처럼 주택시장 부양, 즉 집값을 올리기 위해서가 첫 번째 이유입니다. 두 번째 이유는 MB 정부 때 대규모 공공 임대 건설 사업을 펴면서 방만한 재정 운영으로 '돈이 없었기' 때문입니다. 앞에서 제가 언급했던 LH공사의 보금자리주택 사업 등으로 공공 부채가 과도하게 누적됐다는 이야기가 여기서 나온 겁니다. 세곡동, 내곡동의 보금자리주택 사업이 대표적이고요.

그래서 박근혜 정부는 부동산 경기 부양을 위해 '정부 돈'을 쓰는 대신 민간 임대사업을 활성화하겠다고 나선 거예요. 그게 민간 기업형 임대주택인 '뉴스테이' 사업이었습니다. 뉴스테이 임대는 임대인이 임대료를 마음대로 올릴 수 없었기에 세입자들은 안정적으로 좋은 주거 여건을 누릴 수 있었어요. 대신 민간 사업자에게는 용적률 규제를 완화해줬지요. 주택 규모에도 규제가 없고 입주 자격에도 제한이 없었습니다.

이러한 방식의 인센티브는 2017년 8월 2일에 발표된 이른바 '8.2대책'으로 더욱 강화되었죠. 간단하게 말해, 저가의 소형 주택을 8년 이상 임대해주고, 또 임대료를 급격히 인상하지 않는 임대사업자는 양도세나 소득세 그리고 종합부동산세 등을 내지 않게 된 것입니다(8년 이상 장기 임대해주는 사업자를 예전에는 '준공공 임대사업자'라고 불렀는데, 최근에는 '공공 지원 장기 일반 민간 임대주택 사업자'라는 어려운 이름으로 부른다). 그리고 장기보유에 따른 장기특별공제도 당연히 해주었고 요. 그러다 2018년 9.13대책[3] 이후 이 혜택이 일부 축소되었습니다. 임대사업자라고 해도 9.13대책 이후 매입한 임대용 주택에 대해서 는 종합부동산세를 내야 하는 등 규제가 강화되었습니다. 하지만 여전히 임대주택 사업자에 대한 세제 혜택[4]은 적지 않습니다.

이처럼 여러 조건들이 유리하게 갖춰진 셈이었으니, 노후 자산이 어느 정도 확보된 분들에게 임대사업은 상당히 합리적인 선택이 었습니다. 그러나 결과적으로 이러한 인센티브 구조가 부동산 가 격을 상승시킨 주범이라고 볼 수도 있습니다. 그리고 임대사업자로 넘어가지 않은 다주택자들도 늘었습니다. 물론 8.2대책과 9.13대책 으로 세금 부담이 늘어난 것은 분명한 사실입니다만, 자녀들에 대 한 증여나 혹은 법인 설립 등을 통해 세금 부담을 피해가고 있죠.

실제로 실거래가 데이터를 보다 보면, 시가보다 3억 원 정도 낮 게 거래된 고가의 아파트들이 간간이 보이거든요. 종부세 부담이 높은 다주택자들은 어차피 세금을 내야 한다면 증여를 통해 양도 차액에 대한 세금을 내는 편이 낫다고 생각하신 거예요. 당국에서 도 아파트 급매물의 경우 최대 3억 원 정도는 낮은 거래가 가능하 다고 암묵적으로 인정해주기 때문에 자녀나 손자에게 이런 방식 으로 넘겨주는 거죠. 대부분은 증여라고 보시면 됩니다. '금수저' 들의 대표적인 재테크 방식이죠.

박종훈   이건 여담입니다만, 사실 증여가 언뜻 합리적인 선택으로 보일 수 있지만 사실상 세금 차원에서 더욱 유리한 것은 상속입니다(웃음). 상속으로 가면 세금을 훨씬 아낄 수 있는데도 많은 분들이 제대로 확인하지 않으시고 증여를 하시더라고요. 왜냐하면 언론에서 그동안 상속세율이 최대 50%이고, 할증이 들어가면 65%까지 오른다고 보도들을 많이 했기 때문입니다. 그러나 65%는 의결권 있는 지분의 과반 이상을 보유한 대기업 최대 주주가 과세표준 30억 원 이상의 주식을 물려줄 때나 적용되는 상속세율입니다. 통상 10억 원까지의 상속은 세금을 거의 내지 않는다고 보시면 됩니다. 이 때문에 대한민국에서 상속세를 낼 정도로 부유한 사람은 1.9%에 불과하거든요. 또 10억 원이 넘는 경우라 해도 단계적으로 세율이 올라가기 때문에 국민 대부분은 저런 과도한 상속세를 내는 일이 없다고 보시면 됩니다. 그러니 제가 보기엔, 상속세 납부 대상이 아닌 분들이 미리 증여를 해서 세금을 내는 것은 정말 비합리적인 선택인 거죠.

증여를 하면 미성년자는 10년간 2,000만 원, 성년자는 10년에 5,000만 원까지만 공제됩니다. 그래서 사실상 증여는 상속보다 세금을 내는 경우가 많습니다. 그 결과 상속으로 재산을 물려받으면 세금을 안 내도 될 사람들이 증여를 해서 증여세를 낸다는 거죠. 수년간 뜨거운 '증여 열풍'은 부모 세대가 세금을 잘 몰라서 유행한 측면이 적지 않다고 봅니다.

양극화와 '금수저' 밀레니얼의 탄생

— 최근 '세대 격차'뿐만 아니라 '세대 내 격차' 이슈가 뜨거운 것은 '부의 대물림'이 적극적으로 나타나 밀레니얼 세대 내에서도 자산의 현격한 차이, 양극화가 대두되었기 때문이다. 실제로 우리 사회에서 이렇게나 많은 국민이 자녀들에게 '증여'할 방법을 고민했던 적이 없다고도 하던데 어떻게 봐야 할까.

박종훈　　　최근에 양극화에 대한 논의가 증폭되고 있는 것은 사실입니다. 앞에서도 밀레니얼 세대 내의 양극화 현상에 대해 말씀드렸습니다. 그런데 실제로 가계동향조사에 따르면, 우리나라의 지니계수(소득 분배의 불평등도를 나타내는 지수로 1에 가까울수록 불평등하다)는 2009년 0.314에서 2017년 0.355로 높아졌다가 2018년에는 0.333으로 하락했습니다.[5] 유엔에서는 통상 0.4를 빈부 격차의 경계선으로 삼는데, 그보다도 낮은 수준이지요. 물론 지니계수의 신뢰도에 대해서는 논란이 있습니다만, 다른 지표들을 봐도 수치상 우리나라의 빈부 격차가 극심해졌다고 보기는 어렵습니다. 그러나 우리가 체감하는 것은 조금 다르죠.

저는 밀레니얼 세대가 박탈감을 느끼게 된 데에는 세 가지 종류의 격차가 작용했다고 생각해요. 첫 번째는 교육 격차, 두 번째는 정보 격차, 세 번째는 자산 격차입니다. 얼마 전에 법무부 장관 후보자 자녀의 입시 과정에 대해 전 사회적인 논란이 있었습니다. 그

논란이 과하냐 아니냐를 떠나서 특히 대학생들이 이 사태에 극도로 분노를 표출했던 것은 밀레니얼 세대가 경험하고 있는 교육 격차가 그만큼 벌어져 있기 때문이에요. 예전처럼 시험 성적만 높다고 좋은 대학을 가는 시대가 아닙니다. 지금 학생들을 '학종 세대'라고 부르잖아요. 학생부종합전형을 어떻게 준비하느냐. 소논문, 봉사활동, 인턴, 해외 경험, 수상 실적 등을 다각도로 관리해야 좋은 대학을 가는 시대이다 보니, 웬만한 가정에서는 제대로 대비를 시킬 수가 없어요. 이보다 먼저 시도된 입학사정관제도도 그랬지만, 이제는 사교육의 도움이나 부모의 사회적 지위를 통한 정보력 등을 활용하지 않고는 상위권 대학에 진입하는 것이 정말 힘들어졌습니다. 이 상황이 밀레니얼 세대가 보기에는 '엘리트 계층의 야합'처럼 보이는 거예요. 그리고 결국 좋은 대학에 입학함으로써 '금수저 밀레니얼'들이 '엘리트 코스'를 밟아갑니다.

제가 북유럽 사례를 많이 언급했습니다만, 핀란드 초등학교의 경우에는 담당교사와 보조교사까지 한 학급에 배치되는 교사가 세 명입니다. 만일 어떤 학생의 학업성취도가 매우 저조하다고 판단되면 보조교사가 1대 1로 배치되어 해당 학생이 반 평균 수준에 도달할 때까지 지속적으로 학습을 케어해줍니다. 공교육이 낙오자를 지속적으로 케어해주면서 성장시키는 거예요. 그래서 핀란드엔 사교육시장이 없습니다. 그러나 우리는 공교육이 커버하지 못하는 자리를 사교육이 채워주는 수준을 넘어서서 오히려 사교육이 교육시장을 주도해나가는 상황까지 벌어지고 있습니다. 학업성취도는 부모의 자산, 지식, 직업 등을 통해 견고해지고요. 이렇듯 부모의 경제적, 문화적 자산이 결국 밀레니얼 세대의 정보 격차로 이어졌습니다. 게다가 이 정보 격차는 취업으로까지 확장됐죠. '신의 직장'으로 불리는 공기업 취업에 수많은 정·재계 인사들의 자녀 채용 부정 청탁이 있었다는 뉴스들이 끊임없이 쏟아져 나오고 있습니다.

그러나 이 세대를 가장 좌절시키는 격차는 방금 홍 박사님도 언급하신 부의 대물림으로 인한 자산 격차입니다. 아무리 좋은 대학을 나오고, 좋은 기업에 취업했다 해도 웬만한 소득으로는 서울에 번듯한 아파트 한 채를 장만하기가 어려운 시대입니다. 현재 대기업의 평균 초임 연봉이 3,500만 원 수준인데, 서울 아파트의 중위값은 8억 원을 돌파했습니다. 물가 상승을 고려한다 하더라도 지금까지 그 어떤 세대도 경험해본 적이 없는 집값이죠. 그런데 밀레니얼 세대로선 본인보다 똑똑하지도 않고 성실하지도 않던 친구가 결혼과 동시에 가격이 20억 원에 육박하는 강남 아파트에 떡하니 입성하는 상황을 심심찮게 봅니다. 당연히 좌절할 수밖에 없죠. 평생 열심히 모아서 20억 원짜리 아파트에 들어갈 수 있을까요? 따라잡을 수 없는 부의 격차가 이렇게 만들어졌습니다.

이러한 밀레니얼 세대 내의 자산 격차는 장차 자산시장에서 부동산시장까지 한국 경제에 적지 않은 영향을 미칠 겁니다. 그리고 그 여파는 '58년 개띠'라고 불리는 은퇴 세대에게도 전해질 거고요. 당장 임대사업자는 증가하고 있는데 혼인율이 1980년대에 비해 절반 수준으로 뚝 떨어진 밀레니얼 세대의 임대 수요는 줄어든다고 생각해보세요(인구 1,000명당 혼인 건수를 의미하는 조혼인율은 1980년 10.6에서 2018년에는 5.0으로 하락했다). 과연 부동산 가격이 지금처럼 계속 상승할 수 있을까요? 제 생각에는 분명 한계가 있어 보여요.

게다가 주택시장이 계속 유지되려면 수요자의 세대교체가 건강하게 이루어져야 하거든요. 10년 뒤에 한국 주택시장의 버팀목이 단단하려면 현재 30대가 매수 주체가 되어 계속 집을 사고 이들에 의해 가격이 방어되면서 자연스럽게 세대교체가 이루어져야 합니다. 그런데 지금처럼 밀레니얼 세대의 신규 진입이 어렵고, 60대 장년층이 계속 소유를 확대해간다면 10년 후에 우리 부동산시장이 건강하게 존립할 수 있을지 우려된다는 거죠.

홍춘욱　　　현재의 부의 양극화 진단에 대해서는 저도 동의합니다. 다만 낮아지는 혼인율과 출산율이 부동산시장에 미치는 영향에 대해서는 좀 다르게 생각합니다. 인구가 줄면 수요가 줄어드니까 시장 가격이 하락한다는 논리는 직관적으로는 옳아 보여요. 그런데 서구 국가들의 수치를 보면 꼭 그렇지는 않다는 말씀을 드리고 싶습니다.

미국의 대표적인 베이비붐 세대를 '46년 개띠'로 보면 미국에서는 우리나라보다 약 12년 먼저 은퇴와 세대교체가 진행됐다고 볼 수 있습니다. 2차 세계대전을 겪은 서구 유럽권도 마찬가지죠. 그러면 경제 주체가 밀레니얼 세대로 교체된 지금쯤에는 미국과 유럽의 주택 가격이 떨어졌어야 하잖아요. 그런데 스웨덴, 노르

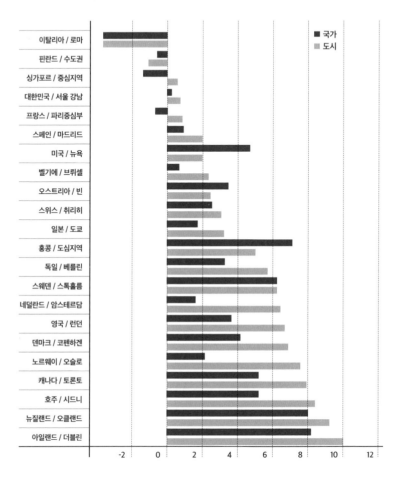

세계 주요국과 주요 도시의 실질 주택 가격 상승률(2013~2018)

출처: IMF

웨이, 영국, 네덜란드, 호주, 캐나다, 미국 등에서 부동산 가격은
오히려 상승했습니다. 심지어 2008년 글로벌 금융위기까지 겪었
는데도 부동산 가격은 떨어지기는커녕 급등세가 이어지고 있습

밀레니얼 이코노미

니다.

IMF가 2013~2018년 세계 주요국과 주요 도시의 실질 주택 가격 상승률을 측정한 결과,[6] 고령화가 심각한 국가의 주요 도시들이 부동산 가격 상승을 주도했습니다. 가장 대표적인 곳이 아일랜드 더블린, 네덜란드 암스테르담, 독일 베를린이었습니다. 예외적으로 하락한 국가는 심각한 금융위기를 10년째 겪고 있는 이탈리아 로마였습니다. 참고로 이탈리아는 2010년 유럽 재정위기 이후 심각한 은행위기 속에서 부동산시장이 붕괴되었습니다. 물론 이탈리아는 유럽에서 독일 다음으로 고령화가 빠른 나라이기도 합니다.

그래서 인구 변화와 부동산 가격 변동에 대해서는 섣불리 단정 짓기 어렵다는 말씀을 드리는 겁니다. 변수가 워낙 많아서 예측도 쉽지 않습니다. 지금까지 잠깐 살펴본 것만 해도, 금리와 외국인 인구 유입, 그리고 금융기관의 건전성 등이 복합적인 영향을 미치는 것으로 보입니다. 따라서 박 기자님이 말씀하신 것처럼, 자산이 많고 정보력이 뛰어난 계층과 그렇지 않은 이들 사이에 부동산 투자의 성과 차이가 날 수밖에 없는 현실인 것 같습니다.

소득 크레바스와 피할 수 없는 정년 연장

— 2020년 이후 한국 사회의 고령화는 더욱 급격히 진행될 것이다. '58년 개띠'의 정년은 사실 일반적인 기업의 경우 진작부터

시작된 일이다. 그런데 지금 두 가지 방향에서 논의가 뜨겁다. 하나는 예상보다 빨라진 은퇴 시점 때문에 국민연금 수급까지의 시차가 재정 빈곤을 야기한다는 것, 또 다른 하나는 일부 직군에서는 임금피크제와 결합된 '정년 유예' 현상이 일어났다는 것이다. 이 상황이 밀레니얼 이코노미에 어떤 영향을 미칠 것으로 보는가.

박종훈　　　우리는 이 책을 통해 밀레니얼 세대가 겪는 어려움의 구조적 원인에 대해 많은 이야기를 나눴습니다. 그런데 사실 이 세대의 부모들 역시 상황이 좋아 보이지는 않아요. 베이비붐 세대는 사실 젊은 시절에 '한강의 기적'을 이루어낸, 전 세계에서 유례를 찾아보기 힘든 성실 근면한 삶을 살아오신 분들이잖아요. 그런데 이분들이 보기에 자녀들의 미래가 암울한 거예요. 기껏 교육도 열심히 시켰더니 취업도 힘들고, 돈도 없어요. 결혼도 안 한다고 하죠. 게다가 저렇게 벌어서 언제 집을 얻나 걱정도 크죠. 그 걱정의 산물이 증여라는 현상으로 드러나는 겁니다.

　또 짚어봐야 할 사실은 우리나라 60대 이상 노년층의 소비성향입니다. 현재 한국의 60대는 전 세계에서 소비성향이 가장 낮은 축에 속합니다. 우리나라의 60세 이상 노년층의 소비성향은 2016년 67.2%였는데요,[7] 미국의 104%,[8] 일본의 88.6%[9]와 비교하면 턱없이 낮은 수준입니다. 이 세대가 근검절약으로 유명한 일본의 60대들보다 소비를 덜 한다는 거예요. 1차 베이비붐 세대인 이분들이 소비를 줄이는 이유는 여러 가지겠지만 그 첫 번째는 자식에게 자산

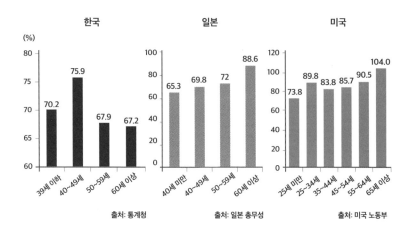

한-미-일 연령별 평균 소비성향 비교

한국	일본	미국

한국 (%): 39세 이하 70.2 / 40~49세 75.9 / 50~59세 67.9 / 60세 이상 67.2

일본 (%): 40세 미만 65.3 / 40~49세 69.8 / 50~59세 72 / 60세 이상 88.6

미국 (%): 25세 미만 73.8 / 25~34세 89.8 / 35~44세 83.8 / 45~54세 85.7 / 55~64세 90.5 / 65세 이상 104.0

출처: 통계청   출처: 일본 총무성   출처: 미국 노동부

을 최대한 많이 물려주기 위해서라는 분석이 많습니다. 자녀 세대에 대한 책임의식이 강한 세대이기에 가능한 해석이죠.

둘째로는 말 그대로 빈곤한 상태이기 때문에 소비를 못 한다는 겁니다. 게다가 수명이 점점 늘어나고 있잖아요. 당장 쓸 돈이 없어서 소비를 못 하기도 하지만 소득 없이 소비는 계속 증가할 수밖에 없는 생애주기를 고려하다 보니 60대가 넘어서도 맘 편한 소비가 불가능하다는 거죠. 양극화는 이 세대도 예외가 아닙니다. 한쪽에서는 증여와 상속을 고민하고 있지만, 한쪽에서는 생존에 위협이 될 만큼 가난한 일상을 꾸려가고 있다는 거예요.

홍춘욱   우리나라 노년층의 빈곤 문제는 생각보다 심각한 수준입니다. 우리나라 가구의 중위값 소득이 대략 200만 원 후반대라고 하는데, 소득이 그 절반도 되지 않는 가구들을 보통 빈곤 가구라고 부릅니다. 그런데 빈곤 가구에 해당하는 65세 이상 노인 가구가 50% 이상입니다. 솔직히 이 수치만 보면, 한국에서 가장 불평등한 세대는 밀레니얼 세대가 아니라 65세 이상 노인 세대예요. 그리고 이 세대의 자살률이 청년층 자살의 10배가 넘습니다. 고독사나 자살의 형태로 무수히 많은 사회적 죽음이 벌어지고 있거든요. 저는 앞에서 정부가 재정 정책을 더 확장해야 한다고 했습니다. 거기에는 이런 절대 빈곤 상태의 노인 가구들에 대한 기초연금 등의 사회적 복지 향상도 포함됩니다.

이렇게 노년층의 빈곤율이 높아지다 보니, 국민연금 수급 시기를 앞당기는 사람들도 늘어났습니다. 최근 국민연금의 발표에 따르면, 국민연금 수급 연령(올해 기준 만 62세)에 이르지 못했음에도 손해를 감수하면서까지 노령연금을 앞당겨 받는 조기노령연금 신청자 수가 누적 60만 명을 넘었다고 하더라고요. 전체 국민연금 수급자의 15%에 해당하는 수치죠. 반면 국민연금을 탈 수 있는 나이가 됐음에도 당장 생활 형편이 나쁘지 않아 이를 수년 늦춰 받는, 연기연금 신청자 역시 늘었다고 합니다. 노인들 사이에서도 '양극화' 현상이 갈수록 뚜렷해지고 있는 거죠.[10]

박종훈　　　　저는 국민연금 수급 시차에 대해 설명해보겠습니다. 유럽에서는 정년제도 자체가 연금 수급과 밀접한 관련 하에 설계되어 있습니다. 즉 정년을 연장하면 연금 지급 시기도 동시에

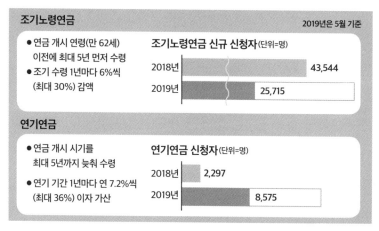

조기노령연금과 연기연금 신청자 추이

조기노령연금

2019년은 5월 기준

- 연금 개시 연령(만 62세)
  이전에 최대 5년 먼저 수령
- 조기 수령 1년마다 6%씩
  (최대 30%) 감액

조기노령연금 신규 신청자 (단위=명)

2018년	43,544
2019년	25,715

연기연금

- 연금 개시 시기를
  최대 5년까지 늦춰 수령
- 연기 기간 1년마다 연 7.2%씩
  (최대 36%) 이자 가산

연기연금 신청자 (단위=명)

2018년	2,297
2019년	8,575

출처: 국민연금공단

뒤로 밀리는 거죠. 예를 들어 독일에서는 65세까지 일하고 65세부터 연금을 받습니다. 당연히 노후 불안이 없죠. 프랑스의 경우도 직업에 따라 정년이 60~65세인데 연금 수급이 가능한 연령도 여기에 맞춰져 있습니다. 한마디로 정년과 연금 지급 간에 소득 크레바스가 없습니다. 그런데 우리나라는 정년과 국민연금 수급 시작 시기에 시차^{gap}가 있어서 일정 기간 소득이 전혀 없는 상황이 발생합니다. 바로 이 갭이 '노후 공포'를 만들고, 그 공포가 긍정적, 부정적 측면에서 우리 경제를 다른 고령화 국가들과 조금 다르게 만들고 있습니다.

이로 인해 국내에서는 수년간 정년 연장에 대한 논의가 급물살을 타고 있습니다. 현재 베이비붐 세대에 해당하는 장년층이 국민연금 수급 시기인 만 65세까지 정년을 늘리자고 요구하는 거지요. 다른 나라 사람들은 이해하기 쉽지 않은 상황입니다. 제가 핀란드에 취재를 갔다가 헬싱키대학 경제학과 교수랑 인터뷰를 하면서 "우리나라는 정년 연장 때문에 시위를 합니다"라고 했더니 "아, 그러면 거기도 우리나라처럼 정년 연장에 모두 반대하나 보죠?"라고 묻더라고요. 그래서 "아뇨. 정년을 연장해달라고 시위하는 겁니다"라고 말했더니, 그 교수가 충격을 받더군요. 대체 얼마나 일하는 걸 좋아하는 국민이기에 정년을 연장해달라고 요구하는 걸까 싶은 거죠.

왜 이런 인식 차가 생겼을까요? 유럽에서는 정년을 연장하면 연금 지급 시기도 동시에 뒤로 밀리기 때문이죠. 우리는 정년이 도래하면 소득 절벽이 기다리는 것이고요. 그래서 방금 홍 박사님이 언급하셨듯이, 차선책으로 국민연금 조기 수령을 신청하는 비율이 늘어나고 있는 겁니다. 그리고 소비 수준은 당연히 줄어들 수밖에 없고요.

주요 선진국의 정년제도

일본	1998년 정년 60세 시행
	2006년 65세까지 '고용확보조치'(사실상 정년 65세)
미국	1978년 정년 70세
	1986년 정년제도 폐지
영국	2006년 기본 퇴직연령 65세
	2010년 정년제도 폐지
독일	1889년 정년 65세(2029년까지 정년 67세로)
한국	2013년 '정년 60세법' 국회 통과
	2017년 전면 시행

이러한 소득 크레바스 때문에 장년층의 은퇴 시점이 뒤로 미뤄지면서 경제 전반에 은퇴로 인한 충격이 완만하게 전해진다는 점은 긍정적으로 평가할 수도 있습니다. 주변을 보면 다양한 근무 형태를 통해 60세가 아니라 70세까지도 일하는 사람의 비율이 결코 적지 않거든요. 우리나라는 실질 은퇴 연령이 73세로, OECD 회원국 중에서 가장 높은 편입니다. OECD 회원국들의 실질 은퇴 연령이 대체로 65세 안팎인 점을 감안하면[11] 무려 8년이나 더 일하는 셈이죠. 이는 노후 준비가 되어 있지 않아, 60세 정년이라는 말이 무색하게 나이가 들어서도 끝없이 일자리를 찾아야 하는 우리의 서글픈 현실을 반영하고 있습니다.

하지만 일자리를 놓고 청년들과 경쟁하는 탓에 청년 일자리 감소에 영향을 주게 됐습니다. 사실상 정년 연장이 청년 일자리 감소와 함께 맞물려 돌아가는 거죠. 그런데 정년제도라는 것이 청년층의 일자리 창출을 위해 독일의 명재상 오토 폰 비스마르크가 고안한 제도라는 점을 생각하면 현재의 상황이 참 아이러니하게 느껴집니다. 1880년 당시 독일은 100만 명이 넘어가던 극빈층 문제로 골머리를 앓았거든요. 그런데 가난한 고령층이 계속 일을 하면서 청년층이 노동시장에 진입하기가 힘든 상황이었어요. 그래서 비스마르크 재상이 정년을 65세로 제한하는 대신 연금을 지급하고 청년층에게 일자리를 만들어주겠다고 선언했습니다. 다만 당시 독일의 평균 수명이 65세 미만이었기 때문에 이 제도의 설계에는 약간의 정치적 술수가 담겨 있기는 합니다.

그런데 우리나라는 반대죠. 박근혜 정부 시절 정년을 60세로 늘린 것이 치명적인 문제를 야기했습니다. 앞에서 제가 언급하기도 했습니다만, 사실 정년이 적용되는 직장은 공기업과 대기업 생산직 정도라고 합니다. 일부 경제연구소나 언론에서 이전 세대는 주로 구산업에 종사하고, 청년들은 첨단 IT기업에 종사하기 때문에 정년 연장으로 청년들의 손해는 없다는 주장을 합니다. 그런데 바로 정년이 보장되는 '그 직장'들이 청년들이 원하는 직장이잖아요. 그런 직장은 정년이 연장되면 청년을 적게 뽑을 수밖에 없습니다. 그러니 정년 연장으로 청년들의 손해는 없다는 주장은 정말 무책임한 것이죠.

사실 정년 연장이 현실화되면 2차 베이비붐 세대에 속하고 공기업에 근무하는 저는 제일 수혜를 받는 사람 중에 한 명이 되겠죠. 그런데 그 대가로 제 자녀 세대의 미래가 희생당할 것이 정말 두렵습니다. 기성세대가 정년이 보장되는 좋은 직장을 계속 독점하게 되면, 결국 청년들의 몫이 줄어들 수밖에 없습니다. 이처럼 정년 연장에는 치열한 세대 갈등의 요소가 있기 때문에 저는 정년 연장이나 연금 지급 시기 문제가 앞으로 유럽처럼 첨예한 사회 갈등 요소가 되리라고 생각합니다.

연금 고갈, 최악의 시나리오를 넘어

홍춘욱　　　　결국 이 문제는 국민연금제도 개편에 대한 논의로 이어질 수밖에 없습니다. 저희가 이미 앞에서 국민연금과 관련한 논의를 진행했기에 여기서는 간단하게만 보충하면 될 것 같은데요([issue talk 4] '밀레니얼 세대도 노후에 국민연금 받을 수 있을까' 참고).

우리나라에서 가장 두터운 인구 집단이라고 하면 1957년부터 1974년까지 18년 동안 연평균 100만 명씩 태어난 사람들, 즉 1, 2차 베이비붐 세대(및 X세대 선두주자)입니다.[12] 게다가 이 세대들이 태어나고는 한국 경제가 줄곧 호황이었습니다. 빈곤으로부터 해방되니 유아사망률이 현저히 떨어지기 시작했고, 베이비붐 세대의 선두주자

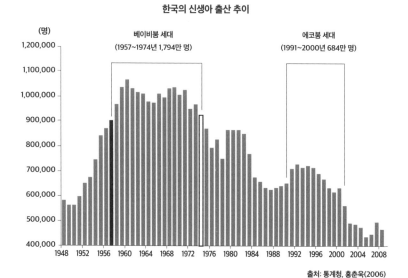

한국의 신생아 출산 추이

출처: 통계청, 홍춘욱(2006)

들이 취직하던 시기는 역사상 최대의 호황기였습니다. '88 서울 올림픽'을 성공적으로 치렀고, 부동산시장이 폭등하면서 직장인으로 자리 잡아 집 한 채를 마련한 분들은 꽤 부유하게 살 수 있었습니다.

이분들이 이제 중장년층이 되었습니다. 1970년 전후 출생한 사람은 만 65세에 연금을 받을 것이고, 1958년 전후 출생한 사람은 만 60세에 연금을 받기 시작했습니다. 출생년도를 기준으로 2년 간격으로 국민연금 수급 시기가 1년씩 밀립니다. 1970년생이 65세가 되는 해가 2035년인데요, 이때까지는 최대 인구 집단의 연금 수급이 본격화되지 않기 때문에 연금 적립액이 폭발적으로 증가합니다. 그런데 국민연금은 1988년에 도입되었지만 실제 대부분의 직장에서 국민연금 가입이 의무화된 때는 1994년경이라서 그때부터 연금을 납입한 사람들이 많습니다. 본격적으로 납입을 시작한 직장인들이 연금을 수령하는 시기, 즉 제일 많이 낸 사람들이 연금을 타기 시작하는 2035년 이후부터는 연금 증가 속도가 둔화되면서 유입과 유출의 균형이 맞춰질 것입니다. 그리고 2050년에서 2060년 사이에 밀레니얼 세대가 그토록 우려하는 '연금 고갈'의 서막이 오른다는 거죠.

그래서 앞서 언급했듯이, 후하게 연금이 설계된 초창기에 연금 수급 대상이 되었던 분들은 본인이 납입한 규모보다 훨씬 많은 금액을 수령하겠지만, 밀레니얼 세대는 그렇지 못할 확률이 높아졌습니다. 이런 상황에서 머지않은 미래에 정부가 연금제도를 손볼 것으로 예상됩니다. 연금제도를 수정하는 방향은 크게 두 가지입니다. 수령 시기를 늦추거나 연금 운용을 잘하거나. 그러나 앞에서 말했듯이 우리나라 국민연금의 수익률은 2017년 기준으로 전세계 최고 수준이니, 연금 운용을 지금보다 더 잘할 방법을 찾기는 쉽지 않겠죠(해외 투자 비중의 대폭적인 확대가 그나마 실행 가능한 개선 수단이다). 결국 남은 방법은 국민연금 수령 시기를 연기하거나 납입률을 인상하는 것입니다. 저 같은 2차 베이비붐 세대는 아마 70세 전후까지 수령 시기가 밀릴 가능성도 있어 보입니다. 그럼 저희는 70세까지 일을 해야 한다는 의미죠.

결국 2차 베이비붐 세대가 걱정해야 할 소득 크레바스 구간은 시기만 늦춰질 뿐, 그대로 존재하는 상황인 거죠. 개인이 이를 어떻게 대비할 수 있을까요? 제가 앞서 설명했던 국민연금과 함께 병행해야 할 '삼각 포트폴리오'를 다시 떠올려보시면 좋겠습니다. 이것은 저를 비롯한 후배 세대들 모두가 반드시 가져가야 할 대비 수단이라고 보셔야 합니다.

박종훈　　제가 제일 걱정되는 게 방금 박사님이 말씀하신 연금 고갈 문제입니다. 공식 용어로는 기금 소진이라고 하죠. 현재 합계 출산율이 0.977명으로 떨어졌는데, 기금 소진 시기에 대한 예측은 합계 출산율을 1.0이 넘는 것으로 계산한 것이라서 앞으로 다가올 저출산 시대를 제대로 반영하지 못한 것이라고 봐야 해요. 이제는 합계 출산율 0.8대까지도 고려해야 하기 때문에 저는 연금 적립금이 줄어들기 시작하는 시기가 박사님의 예측처럼

2050년대가 아니라 2040년대일 수도 있다고 생각합니다. 최악의 시나리오죠.

2035년 이후부터 저를 포함한 최대 인구 세대가 연금을 받기 시작하고 2040년대 적립기금이 줄어들면 국민연금은 어떤 선택을 할까요? 물론 더 내고 덜 받는 연금 개혁이 이루어지겠지만, 기금을 더 쌓을 수 있는 수준으로의 개혁은 불가능하기 때문에 결국은 시기만 늦출 수 있을 뿐, 기금 소진 자체를 막는 것은 대단히 어려운 일이라고 생각합니다. 그러면 국민연금공단은 운용기금 중에서 해외 자산부터 팔기 시작할 겁니다. 그리고 그 추세가 계속되면 결국에는 국내 주식과 부동산도 매각할 수밖에 없는 상황이 올 수 있습니다. 아마도 2040년대 중후반, 더 멀리는 2050년경이 되겠죠.

예측이 여기까지 다다르면 밀레니얼 세대뿐만 아니라 제 자녀가 포함된 Z세대까지, 우리 다음 세대들의 미래가 너무 걱정됩니다. '연못 안의 고래'라고 하잖아요. 기금 규모를 보면 우리나라는 '연못'이고 국민연금은 '고래'입니다. 2040년대까지 한국의 경제성장률이 다시 두 자릿수를 회복하거나, 출산율이 다시 2.0을 넘는다면 제가 걱정한 일은 일어나지 않을 수도 있습니다. 그러나 지금까지의 추세는 부정적인 기류가 더 우세할 것으로 보이거든요.

우리나라는 해외 투자자들의 영향을 직접적으로 받는 경제잖습니까. 아마 국민연금 적립기금이 본격적으로 줄기 전에 외국인 투자자들이 먼저 움직일 겁니다. 이들이 국내 투자 자산을 팔기 시작하면 국내 주식시장과 채권시장이 바로 영향을 받겠죠. 이로 인해 코스피가 폭락할 수도 있고요. 결국 우리 시장을 방어하려면 외국인이 먼저 팔고 나가는 주식까지 비싼 가격에 살 수밖에 없는 상황이 올 수도 있습니다.

더 큰 문제는 이 끔찍한 시나리오 범주를 비단 국민연금만이 아니라 건강보험에까지 연계해서 봐야 한다는 점입니다. 현재 노인 1인당 병원 진료비가 전체 평균보다 3배가량 높습니다. 현재 우리나라 국민 가운데 65세 이상이 차지하는 비율은 14%인 반면, 건강보험 진료비에서 65세 이상 노인들이 차지하는 비중은 40.8%나 됩니다. 고령화가 가속화되어 1970년생이 65세가 되는 2035년이 되면 노인의 비중은 훨씬 더 증가하겠죠. 우리 경제가 감내해야 할 건강보험료 부담 수준이 너무 높아진다는 것이 문제입니다. 그래서 앞에서 밀레니얼 세대는 자기 소득의 절반을 세금과 건강보험료로 내게 될지도 모르겠다고 우려했던 것이죠.

홍 박사님이 말씀하신 대로, 지금까지 국민연금은 기금 운용을

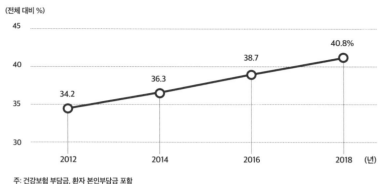

65세 이상의 건강보험 진료비 비중 변화

(전체 대비 %)

주: 건강보험 부담금, 환자 본인부담금 포함

출처: 국민보험공단

놀라우리만치 성공적으로 해왔습니다. 제가 우려하는 이런 최악의 시나리오가 현실이 되지 않기 위해서라도 저는 정부가 제가 속한 세대, 최대 인구 집단인 2차 베이비붐 세대를 이대로 은퇴시켜서는 안 된다고 봅니다. 반드시 저희 세대의 은퇴 전에 국민연금과 건강보험 설계를 대폭 조정해서 다음 세대의 부담을 최소화해야 한다고 봅니다.

저 역시도 최악의 시나리오는 그저 시나리오로 끝나길 바랍니다. 그러나 이 대담을 지속하면서 계속 밀레니얼 세대의 선배 세대인 우리가 어떤 경제를 물려주고 있는가에 대해 냉정하게 생각하게 되네요. 국민연금은 현 경제 상황의 축소판일지도 모르겠어요. 앞에서 살펴본 것처럼 밀레니얼 세대는 주택시장에도 진입이 어려워진 상황이고, 저성장 시대에 태어난 탓에 일자리와 자산 형성에서도 이전 세대들에 비해 매우 불리한 상황입니다. 밀레니얼 세대는 노동자이기도 하지만 소비자이기도 하죠. 이들이 우리 부동산시장에서 강력한 매수 주체로, 주식시장에서 새로운 투자 트렌드를 이끄는 투자 세력으로 성장해나가야 밀레니얼 이코노미가 2020년 이후의 한국 경제를 견인하는 뉴 패러다임으로 자리 잡을 수 있지 않을까요?

'금수저' 열풍이 만드는 세상은 노력이 더 이상 차이를 만들지 못하는 세상일 겁니다. 증여받은 청년들은 나태해지고, 증여받지 못한 청년들을 무너진 사다리에 좌절하겠죠. 노력에 따른 차이가 생겨야 뛰어난 청년들이 경쟁에 나설 것입니다. 이 마지막 장을 마무리하면서 제가 우리 기성세대들에게 드리고 싶은 말씀은 이제 곧 다가올 미래에 우리 청년들이 제대로 된 경제주체로 바로 설 수 있도록 그간 누려온 부와 기회를 제대로 승계해줄 수 있는 경제 시스템을 하루빨리 만들어야 한다는 것입니다. 다음 세대를 더 강한 경제주체로 키웠던 것이 지금까지 우리 경제를 이만큼 성장시킨 대한민국의 핵심 동력이었으니까요.

밀레니얼이 벤치마킹하면 좋을
국민연금의 자산운용 전략

홍춘욱　　　노령화가 가파르게 진행되는 가운데, 저물가/저 금리 현상이 심화되는 등 밀레니얼 세대의 재테크 환경은 하루하 루 어려워지는 것 같습니다. 이와 같은 어려움을 어떻게 하면 해 쳐나갈 수 있을까요? 저는 국민연금의 자산배분 전략을 '벤치마 크'할 필요가 있다고 봅니다. 참고로 국민연금은 2001~2017년 연 평균 6.5%의 수익률을 기록해, 세계 주요 연기금 중에 가장 높은 성과를 기록한 바 있습니다. 그럼 어떻게 국민연금은 이렇게 높은 성과를 올렸을까요?

여러 이유가 있겠습니다만, 가장 큰 것은 해외 투자 비중을 적 극적으로 높인 데 있다고 봅니다. 참고로 국민연금은 오는 2024년 까지 전체 자산의 50% 이상을 해외에 투자하기로 결정한 바 있습 니다.[13] 사실 수익률을 비교해보면, 해외 자산의 수익률이 국내 자

국내외 자산 수익률

(단위: %)

년도	KOSPI	국공채	회사채	전국 아파트	달러/원 환율	S&P 500	미국 국채	미국 정크본드	미국 리츠	EM 주식	글로벌 인프라	헤지 펀드
2002	32.1	10.3	8.9	22.8	-3.1	-19.4	4.4	-5.8	-8.4	-1.9	-2.2	1.8
2003	-10.2	6.0	5.0	9.6	-4.6	-7.4	3.0	10.9	-4.8	3.3	7.9	5.8
2004	22.5	10.0	9.0	-0.6	-3.9	12.5	-1.5	10.9	11.9	29.3	26.3	0.6
2005	28.9	-1.1	1.9	5.9	-10.6	-4.5	-7.6	-3.6	5.8	14.8	14.4	-8.8
2006	26.0	6.4	6.4	13.8	-6.7	1.2	-5.2	-0.3	15.1	24.1	15.6	0.0
2007	26.6	2.2	2.4	2.1	-2.7	9.7	3.0	6.2	8.2	31.4	29.7	6.2
2008	-10.7	11.9	7.3	2.3	18.5	-2.1	30.8	8.7	-10.9	6.1	6.6	10.4
2009	-6.6	2.8	9.3	1.6	15.8	-10.0	22.6	19.6	-34.3	-7.3	-12.1	1.9
2010	23.5	8.3	7.6	2.5	-9.4	9.0	-5.7	19.0	33.7	20.2	6.2	-2.2
2011	12.4	6.2	5.2	9.6	-4.2	6.5	0.7	6.0	14.3	0.7	4.7	-3.8
2012	-2.7	6.4	5.7	-0.2	1.7	10.6	8.4	11.2	15.6	-5.3	4.2	-2.0
2013	1.6	1.8	3.0	0.3	-2.8	15.8	-3.3	7.7	5.1	-1.2	9.0	2.2
2014	1.1	8.0	5.6	2.4	-3.8	13.0	-2.6	3.3	3.6	-3.7	12.4	-0.7
2015	1.5	5.3	3.2	5.1	7.5	14.7	11.1	7.3	18.4	-2.2	6.4	6.5
2016	-1.2	1.7	2.2	1.5	2.6	4.2	5.9	5.5	6.9	-6.6	1.9	-1.8
2017	16.3	0.0	1.6	1.3	-2.6	13.9	-3.2	10.1	-0.4	20.0	12.2	3.4
2018	0.6	5.8	3.9	3.0	-2.7	9.1	-3.5	0.2	-3.7	3.5	-2.1	-1.2
평균	9.5	5.4	5.2	4.9	-0.6	4.5	3.4	6.9	4.5	7.4	8.3	1.1
표준편차	14.7	3.7	2.6	6.0	7.9	10.1	10.3	6.9	14.9	13.1	10.1	4.6

출처: 블룸버그

산의 수익률보다 높지 않습니다. 예를 들어 한국 주식은 2002년 이후 연평균 9%가 넘는 높은 성과를 기록한 반면, 미국 주식의 수익률은 단 4.5%에 불과합니다. 따라서 수익률만 따져보면 해외로 나갈 이유가 군이 없습니다.

그럼, 왜 국민연금은 해외 자산에 대한 투자 비중을 높이는 것일까요? 여러 이유가 있겠습니다만, 가장 직접적인 이유는 해외 투자가 연금의 수익률 변동성을 줄여준다는 것입니다. 여기서 '변동성'이란 어떤 자산의 수익률이 들쑥날쑥한 정도를 뜻합니다. 예를 들어 한국 주식시장은 경기 호황에 아주 높은 투자 성과를 기록하는 반면, 2018년같이 수출이 부진할 때에는 큰 폭의 주가 하락을 경험하죠. 따라서 투자자들 입장에서, 수익률의 변동성이 큰 자산일수록 투자의 어려움이 가중될 수밖에 없습니다. 예를 들어, 직장에 취직한 후 힘들게 모은 목돈을 주식에 투자하자마자 2008년 같은 약세장을 만나게 되면 귀한 종잣돈을 잃어버리는 것은 물론 앞으로 주식에 투자할 엄두를 내지 못할 것입니다.

물론 아예 주식이나 부동산 같은 위험 자산에 투자하지 않고, 국채나 은행 예금 같은 '안전 자산'에 투자하는 것도 방법입니다. 실제로 지난 2002~2018년 한국 국공채의 연평균 수익률은 5.4%에 달했죠. 그러나 밀레니얼 세대에게 국공채의 과거 수익률은 '그림의 떡'에 불과합니다. 왜냐하면 최근 3년 만기 국채 금리가 연 1% 초반까지 떨어졌고, 은행 예금 금리도 연 1%대 중반에 불과하기 때문입니다. 아무리 '안전 자산'이라고 하지만, 수익률이 이렇게 낮으면 미래 설계에 어려움이 꽃필 것입니다.

안전 자산의 수익률은 낮고, 위험 자산은 변동성이 높다는 문제를 어떻게 해결할 수 있을까요? 그 답은 바로 국민연금의 자산배분에 있습니다. 해외 자산, 특히 그 가운데에서도 달러자산의 비중을 높이는 것이 사실상 유일한 해답이라 할 수 있습니다. 311쪽 그래프는 달러에 대한 원화 환율과 코스피 지수의 관계를 보여주는데, 한국 주식 가격이 폭락할 때마다 환율이 상승하고 반대로 환

달러에 대한 원화 환율과 코스피 변화 추이

— KOSPI(좌축)　　　— 달러에 대한 원화 환율(우축)

(1980.1=100)

출처: 한국은행 경제통계정보시스템

율이 떨어질 때 주식 가격이 상승하는 것을 발견할 수 있습니다.

상식적으로는 환율이 상승할 때 가격경쟁력이 개선되고, 개선된 가격경쟁력에 힘입어 주가가 상승할 것 같은데 현실은 정반대입니다. 이 의문을 풀기 위해서는 환율의 하락 원인에 눈을 돌릴 필요가 있습니다. 한국의 환율은 다양한 요인에 의해 영향을 받지만, 가장 중요한 것은 외국인 투자자의 매매 방향입니다. 예를 들어 환율이 18.7% 급등했던 2008년 외국인 투자자는 한국 주식 시장에서 무려 33조 원에 달하는 순매도를 기록했죠. 반면 환율이 9.4% 하락했던 2010년에는 19조 원의 주식 순매수를 기록했습니다. 즉 외국인이 적극적으로 주식을 매입하면 환율이 떨어지고, 반대로 주식을 매도하면 환율이 상승합니다.

이는 외환시장의 수요와 공급을 생각해보면 금방 이해됩니다. 수입 업체의 달러 매수세와 수출 업체의 달러 매도 물량이 팽팽히 균형을 맞추고 있다고 가정할 때, 갑작스럽게 외국인 투자자들이 한국 주식을 사기 위해 달러 '매도'에 나서면 순식간에 외환시장의 균형이 무너질 것이기 때문입니다. 물론 한국은행 등 관계 당국이 외환시장의 안정을 위해 여러 모로 노력하지만, 외국인 투자자의 주식 매매의 방향성 자체를 바꿀 수 없는 만큼 결국 환율의 추세는 외국인에 의해 결정될 가능성이 높습니다.

이제 한 발 더 나아가, 외국인의 매매 원인을 생각해보죠. 외국인들도 주식 투자를 할 때의 마음은 한국 투자자들과 똑같습니다. 그들도 한국 주식시장에 투자해서 성과를 내기 바라며, 글로벌 경

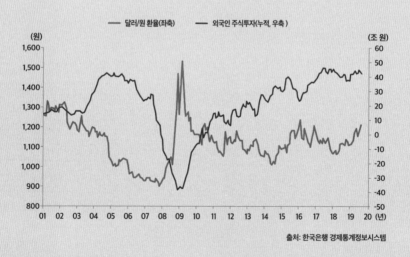

달러에 대한 원화 환율과 외국인 주식 순매수 추이

출처: 한국은행 경제통계정보시스템

밀레니얼 이코노미

기가 좋을 때 한국 기업의 실적이 좋아진다는 것을 잘 압니다. 따라서 외국인 투자자들은 2011년처럼 한국 기업의 실적이 악화될 때 대규모 매도(-10.3조 원)로 대응하며, 반대로 2017년처럼 기업 이익이 크게 늘어날 때 매수합니다. 다시 말해, 외국인은 삼성전자나 현대차 등 수출 기업의 실적에 매우 민감합니다. 수출 기업의 실적이 좋을 때 주식을 매수하기에 환율이 떨어지는 반면, 기업 실적이 부진할 것으로 예상될 때에는 주식을 매도하며, 그 결과 환율이 상승합니다.

이상의 분석을 통해, 달러 자산은 한국인에게 최적의 분산 투자 대상으로 판단됩니다. 성장률이 둔화되고 주식시장이 부진할 때마다 환율이 상승하여 '환차익'을 제공하며, 반대로 경기가 좋을 때에는 환율이 떨어져 평가손이 발생하는 대신 주식이나 부동산 등 한국 자산의 가격 상승이 이 손실을 벌충할 것이기 때문입니다.

마지막으로 '어떤' 달러 자산을 매입해야 할 것인지에 대해 살펴보겠습니다. 저는 전체 운용자산의 절반을 달러자산에 투자하며, 달러자산은 채권과 주식에 반반 투자하고 있습니다. 참고로 국민연금은 해외 자산(2024년 기준, 50%)의 거의 대부분을 해외 주식과 부동산 등 이른바 '위험자산'에 투자할 계획입니다. 왜냐하면 국민연금은 2040년까지 연금 적립 규모가 계속 늘어나기에, 장기적으로 수익률을 극대화할 수 있는 고수익 자산에 투자하는 게 이익이기 때문입니다. 반대로 저는 이제 50대에 접어들었기에, 보다 더 안정적인 수익률을 제공하는 해외 채권에 대한 비중이 높은 편입니다.

밀레니얼 세대는 국민연금의 자산배분 전략을 활용하면 좋지 않을까 생각됩니다. 이제 사회생활을 시작해 종잣돈을 모으는 중이기에, 다소간의 위험이 있더라도 해외 주식이나 부동산처럼 상대적으로 더 높은 성과가 기대되는 자산에 투자하는 게 좋을 것입니다. 특히 달러자산에 투자하면 2000년이나 2008년 같은 위기가 출현하더라도 원금에 큰 손실이 발생할 가능성이 낮다는 점에서 더욱 그렇죠.

제가 해외 투자에 처음 눈을 떴던 10여 년 전만 해도 '해외 펀드' 상품을 제외하고는 해외에 투자할 길이 마땅치 않았습니다만, 이제는 투자상품의 종류와 질이 크게 개선되었습니다. 저희 세대 (2차 베이비붐 세대)에 비해 해외 경험이 많은 밀레니얼 세대에게 '해외 투자'는 선택이 아니라 필수라 생각됩니다. 다양한 해외 상품에 대한 장기 투자를 통해 종잣돈을 마련하는 것은 물론, '재정적 자유'를 달성할 수 있기를 기원해 마지않습니다.

주

프로젝트를 시작하며

1. Richard Fry, "Millennials projected to overtake Baby Boomers as America's largest generation", Pew research center, March 1, 2018.

2. John Gapper, "How millennials became the world's most powerful consumers", *Financial Times*, June 6, 2018.

3. 김주영, "'부모보다 가난한 첫 세대'… 아프기만 한 청춘", 〈세계일보〉, 2019년 4월 10일.

4. 임보미, "미(美) 밀레니얼 세대 자산수준, 이전 세대보다 크게 뒤떨어져…노후 자금 부족 우려", 〈동아일보〉, 2019년 4월 8일.

Chapter 1 ————————————————————————————————

1. 통계청, 〈가계동향조사: 가구주 연령별 가구당 월평균 가계수지(도시, 2인 이상)〉.
http://kosis.kr/index/index.do

2. David H. Autor, Lawrence F. Katz, Melissa S. Kearney, "The Polarization of the U.S. Labor Market", *AEA Papers and Proceedings*, May 2006.
https://economics.mit.edu/files/11622.

3. 변기성, "청년-전체 실업률 격차 '사상 최대'", KBS, 2017년 5월 4일.

4. 통계청, 〈전국, 산업별, 성별, 규모별 사업체수 및 종사자수〉.
http://kosis.kr/index/index.do .

5. 유상우, "대기업, 전체 기업의 0.1%…고용비중은 24%", 〈중앙일보〉, 2015년 5월 18일.

6. Entrepreneurship at a Glance, OECD. p.44
https://www.oecd-ilibrary.org/employment/entrepreneurship-at-a-glance-2017_entrepreneur_aag-2017-en.

Chapter 2 ————————————————————————————————

1. 양봉식, "국민연금 월 200만 원 이상 수급자 늘었어도 77.5%는 50만 원 미만 그쳐", 〈세

계일보〉, 2019년 6월 16일.

2. Derek Thompson, "Millennials Didn't Kill the Economy. The Economy Killed Millennials", *the Atlantic*, December 6, 2019.

3. 남윤서, "SKY도 공대도 못 버텼다…대학가에 닥친 '취업 한파 '", 〈중앙일보〉, 2019년 1월 22일.

4. 심재현, "삼성전자 입사자 격려금 1000만 원…반도체 인력난 어떻길래", 〈머니투데이〉, 2019년 3월 28일.

5. Te-Ping Chen and Hanna Sender, "What's a Liberal Arts Degree Worth?", *the Wall Street Journal*, May 10, 2019.

6. 〈체류 외국인 현황〉, e-나라지표. 2019년 7월 26일 업데이트. http://www.index.go.kr/potal/main/EachDtlPageDetail.do?idx_cd=2756.

7. Tim Kane, "The Importance of Startups in Job Creation and Job Destruction", *Kauffman Foundation Research Series:Firm Formation and Economic Growth*, Ewing Marion Kauffman Foundation, July 2010.

8. 2018년 국세청 자료를 바탕으로 민주평화당 정동영 의원실과 경실련이 분석한 자료. 이태형, "[국감]대기업은 땅부자? 100대 기업, 10년간 8.2억 평↑", 〈헤럴드경제〉, 2018년 10월 17일.

9. 세계은행 발표 자료. https://data.worldbank.org/indicator/NE.GDI.TOTL.ZS?view=chart

10. 한요셉, 〈청년기 일자리 특성의 장기효과와 청년 고용대책에 관한 시사점〉, KDI 정책 연구시리즈, 2017년 12월 30일.

11. Lisa B.Kahn, "The long-term labor market consequences of graduating from college in a bad economy", *Labour Economics*, Volume 17, Issue 2, April 2010. pp. 303-316.

12. 한국경영자총협회, 〈2016년 신입사원 채용실태 조사 결과〉, 2016년 6월.

Chapter 3 ————————————————————————————

1. Asha Bharadwaj and Maximiliano A. Dvorkin, "The Rise of Automation: How Robots May Impact the U.S. Labor Market", Federal Reserve Bank of St. Louis, July 10, 2019. https://www.stlouisfed.org/publications/regional-economist/second-quarter-2019/rise-automation-robots.

2. Asha Bharadwaj and Maximiliano A. Dvorkin, 위의 글.

3. "Employment by major occupational group", Bureau of Labor Statistic, September 4, 2019. https://www.bls.gov/emp/tables/emp-by-major-occupational-group.htm.

4. 김태형, "청년 고용률 오르고 실업률 내려도 비난, OECD와 비교해보니", 〈머니투데이〉,

5. 〈인구추계 장기 시계열 데이터(일본의 추계인구)〉, e-Stat.
   https://www.e-stat.go.jp/stat-search/files?page=1&layout=datalist&toukei=00200524
   &tstat=000000090001&cycle=0&tclass1=000000090004&tclass2=000000090005.

6. 민동훈, 박준식, "문노믹스 '3% 도그마' 캔다…달빛재정 확장", 〈머니투데이〉, 2019년
   5월 20일.

7. Olivier Blanchard and Lawrence H. Summers, *Evolution or Revolution?: Rethinking
   Macroeconomic Policy after the Great Recession*, The MIT Press, 2019.

8. 김선영, "내일 졸업인데… 폭설이 아들 앗아가", 〈세계일보〉, 2014년 2월 12일.

Chapter 4

1. John Gapper, "Europe's tech start-ups need to scale faster", *Financial Times*, January
   21, 2016.

2. 박소현, "문(文)과 함께 핀란드 다녀온 스타트업에게 물어보니…", 〈파이낸셜 뉴스〉,
   2019년 6월 16일.

3. 이영선, 《경제기적의 비밀》, 경향BP, 2012. 38~39쪽.

4. 특집 다큐멘터리 〈제2의 도전, 실패에서 성공을 배운다〉, KBS 1TV, 2016년 11월.

5. McKinsey Global Institute, "A labor market that works: connecting talent with
   opportunity in the digital age", McKinsey&Company, June 2015.

6. 이새봄, 문가영, "'비정규직 싫어'…'긱 이코노미'에 등 돌린 밀레니얼 세대", 〈매일경제〉,
   2019년 1월 17일.

7. 김선재, "갈수록 확산되는 '긱 경제(Gig Economy)'…약일까, 독일까?", 〈M이코노미뉴스〉,
   2019년 7월 11일.

8. Alison Griswold, "The sharing economy is a massive transfer of wealth from rich
   investors to rich consumers", *QUARTZ*, August 22, 2019.

9. 배준호, "우버 설립자의 '클라우드키친', 한국 상륙…외식 생태계 바꾼다", 〈이투데이〉,
   2019년 7월 15일.

10. 최수진, "워커홀릭 여성이 '금남의 커뮤니티' 내걸고 창업한 이유", 〈한국경제〉, 2019년
    7월 28일.

11. "독(獨) 산별노조, 한국과 차이", CBS 베를린, 2007년 8월 23일.

12. 박태주, 《현대자동차에는 한국 노사관계가 있다》, 매일노동뉴스, 2014년. 92쪽.

Chapter 5

1. Lauren Leather, "Five charts show why millennials are worse off than their parents", *Financial Times*, August 30, 2017.

2. 남정훈, "저축하라는 '베이비붐 세대'… 욜로 하겠다는 '밀레니얼 세대'", 〈세계일보〉, 2019년 5월 9일.

3. 오홍석, "밀레니얼 세대, 사치하는 것 아냐…이전 세대보다 가난할 뿐", 〈조선일보〉, 2019년 6월 3일.

4. 통계청, 〈2018년 가계동향조사(지출 부문) 결과〉, 2019년 4월 25일.

5. Lauren S. Laughlin, "Tiger Woods Can't Keep Golf Out of the Bunker", *Wall Street Journal*, April 19, 2019.

6. 김남영, "모르는 사람과 함께 책 읽고 대화하고 운동하고…2030 잡았다", 〈한국경제〉, 2019년 8월 12일.

7. 〈곤도 마리에: 설레지 않으면 버려라〉, 넷플릭스, 2019.
   https://www.netflix.com/kr/title/80209379.

8. Rosen, Sherwin. "The Economics of Superstars", *American Economic Review* 71, no. 5 (1981): p. 845-58.

9. 한국은행, "최근 가계 저축률 상승 원인 및 시사점", 〈조사통계월보〉, 2018년 3월, 16~35쪽.

10. Wilson Ring, "Meet Ida May Fuller, recipient of 1st Social Security check 75 years ago", *Washington Post*, January 30, 2015.

11. 최기홍, 〈장기재정추계에 의한 국민연금의 세대간 회계〉, 국민연금 연구원.

12. 김성일, 《마법의 연금 굴리기》, 에이지21, 2019, 95쪽.

13. 김성일의 같은 책, 97~98쪽.

14. 김성일의 같은 책, 101~103쪽.

Chapter 6

1. 정욱, 유영욱, "20억 원 맡기면 1,200만 원 내야…유럽, 예금이자 받는 시대 끝나", 〈매일경제〉, 2019년 8월 21일.

2. 김성환·허윤경, 〈2019년 하반기 주택경기 전망〉, 한국건설산업연구원, 2019년 7월.

3. 국토교통부, 〈2018년도 주거실태 조사〉, 2019년 5월.

4. 국토교통부, 〈분양가 상한제에 대한 궁금증, 알려드립니다!〉, 2019년 8월 12일.
   http://www.korea.kr/news/pressReleaseView.do?newsId=156345193&call_from=seoul_paper.

5. 국토교통부, 〈광역교통시설부담금〉, 2013년 10월 22일.

http://www.molit.go.kr/USR/policyData/m_34681/dtl?id=347.

6. 길해성, "3기 신도시 광역교통시설부담금, 입주민에게 '양날의 검'", 〈시사저널이코노미〉, 2019년 5월 14일.

7. 국회예산정책처, 〈2019 대한민국 재정〉, 2019년, 4쪽.

8. 장석우, 《집 없는 김대리에게 인서울 기회가 왔다》, 매경출판, 2019년, 28~30쪽.

9. 박해나, "대출 막혔는데 당첨 기준은 비현실 '신혼부부 특별공급'의 배신", 〈비즈한국〉, 2019년 6월 27일.

10. 유원모, "청약가점 커트라인 껑충… 인기단지 60~70점 돼야", 〈동아일보〉, 2019년 9월 6일.

11. 이순혁, "주택담보대출, 3040 줄고 5060 늘었다", 〈한겨레〉, 2018년 1월 21일.

12. 이승훈, 최영우, "주택자산 보유의 세대별 격차가 소비에 미치는 영향", 〈한국은행 조사 통계월보〉, 2018년 11월.

13. 박춘성, "우리나라 주택담보대출의 연령대별 비중", 〈한국금융연구원 금융브리프〉, 2018년 1월 20일.

14. 〈2018 국내인구이동통계〉, 통계청, 2019년 1월 29일.

15. 조은임, "우리나라 가계 빚 1,556조…석달 새 16조 증가", 〈조선비즈〉, 2019년 8월 22일.

16. IMF, "Mapping the World's Financial Weak Spots", 2019.

17. 원재연, "지금 금(金) 사는 건 명청이, 생산적 자산 투자하라", 〈세계일보〉, 2011년 5월 9일.

18. 정용환, "DLS 투자자 수천억 원 날릴 위기", 〈중앙일보〉, 2019년 8월 13일.

19. 〈XAU/USD - 금 현물가격 미국 달러〉.

https://kr.investing.com/currencies/xau-usd-chart.

〈BTC/USD - 비트코인 미국 달러〉.

https://kr.investing.com/crypto/bitcoin/btc-usd-chart.

Chapter 7

1. 성문재, "등록 임대주택 혜택 축소…향후 전월세 시장 불안 야기", 〈이데일리〉, 2018년 9월 2일.

2. 월간 KB주택 가격동향. https://onland.kbstar.com/quics?page=C059744.

3. 건설교통부, 〈주택시장 안정대책〉, 2018년 9월 13일 참고.

4. 주택도시기금, 〈민간임대주택매입자금 제도〉 참고.

http://nhuf.molit.go.kr/FP/FP06/FP0602/FP06020603.jsp.

5. 이보미, "결국… 최저임금발 고용쇼크 인정한 정부", 〈파이낸셜뉴스〉, 2019년 5월 21일.

6. "House Prices Are Up: Should We Be Happy?", IMF, 16 May, 2019.

7. 국회예산정책처, 〈2019년 및 중기 경제 전망〉, 2018년 10월 28일.

8. "미국의 65세 이상 가구주 소비성향", ⟨Consumer Expenditure Survey⟩ 참고.

9. 일본 총무성, ⟨가계조사보고⟩.

10. 연규욱, "'당장 급해서'…국민연금 조기수령자 60만 명 넘었다", ⟨매일경제⟩, 2019년 8월 27일.

11. 백승현, "미국 · 영국은 정년 기준 없고 일본 · 독일은 연장 추진", ⟨한국경제⟩, 2019년 3월 4일.

12. 통계청 발표 자료와 ⟪인구변화가 부의 지도를 바꾼다⟫(홍춘욱, 2006)도 함께 참고. 단, 1970년 이전에는 공식적인 출산율 통계가 없어, 1970년 이후의 생명표를 이용하여 1948~1969년의 신생아 출산을 역으로 추계했다.

13. 국민연금 기금운용본부, "국민연금, 2024년까지 해외 투자 50% 수준으로 확대, 단기적으로 국내주식, 채권의 급격한 축소는 없어", 2019년 5월 31일. https://www.gov.kr/portal/ntnadmNews/1888159